Die Autoren

Sonja Richter, Jahrgang 1968, studierte Geschichte und Ethnologie in Göttingen, lebt und arbeitet als freie Autorin und Dozentin für Deutsch als Fremdsprache in Norddeutschland. Sie ist das einzige Enkelkind des Protagonisten Johannes Richter.

François Leroux, Jahrgang 1940, Ingenieur und ehemaliger Geschäftsmann, lebt als Rentner in Paris. Er hat mehrere Bücher zu Wirtschaftsthemen sowie zur Geschichte seiner Familie verfasst, insbesondere über seinen Großvater André Vacquier.

Sonja Richter / François Leroux

Jenseits der Gräben

Ein deutsch-französisches
Drama von Krieg und Frieden

© 2019 Sonja Richter / François Leroux
Umschlag, Illustration: Sonja Richter / tredition
Korrektorat: Bernhard Terjung, Sonja Richter
Übersetzung und Bearbeitung der Texte aus dem Französischen: Sonja Richter

Verlag & Druck: tredition GmbH, Hamburg

ISBN
Paperback   978-3-7469-7930-4
Hardcover   978-3-7469-7931-1
e-Book   978-3-7469-7932-8

Für André und Élisabeth Vacquier,
ihre Töchter sowie Helmut Richter

Inhalt

Prolog

Ein ungewöhnlicher Brief

François Leroux

Ende Juni 2007 teilten unser Sohn Matthieu und unsere deutsche Schwiegertochter Anke meiner Frau und mir bei einem Besuch in Paris mit, dass sie ein Kind erwarten. Unser erstes Enkelkind sollte voraussichtlich im Februar 2008 auf die Welt kommen. Wir alle freuten uns sehr über diese Nachricht.

Drei Monate später brachte sich eine ganz andere Beziehung unserer Familie zu Deutschland wieder in Erinnerung, mit einem Brief vom 6. September des Jahres, adressiert an die Stadtverwaltung von Montignac. Diese hatte ihn an meine Kusine weitergeleitet, die noch im Besitz des dortigen Familienanwesens war.

Sehr geehrte Damen und Herren,

erlauben Sie mir, mich in einer ungewöhnlichen Angelegenheit an Sie zu wenden. Es geht um einen ehemaligen Bürger Ihrer Gemeinde, oder besser gesagt, dessen Nachkommen, oder die seiner Familie, sofern es welche gibt.

Im Herbst 1918, während des Ersten Weltkrieges, überraschte mein Vater, damals Leutnant in der deutschen Armee und im Elsass stationiert, bei einer Aufklärungspatrouille einen französischen Hauptmann und tötete ihn. Dieser Hauptmann hieß Vacquier und stammte aus Montignac. Name und Ort waren in eine Plakette eingraviert, die an zwei Medaillen befestigt war, die um göttlichen Schutz baten (in diesem Fall leider vergeblich). Da Hauptmann Vacquier mehrere Dokumente von militärischer Bedeutung bei sich trug, erhielt mein Vater eine Auszeichnung.

Mein Vater ist vor 30 Jahren gestorben und hat mir diese Medaillen hinterlassen, mit weiteren Erinnerungsstücken an sein langes Leben. Seither habe ich mich mit dem Gedanken getragen, sie zurückzugeben – doch wem, und wie?

Zum Glück kann ich mich heute, auch dank des Internets, wenigstens an Sie wenden. Wenn Sie mir mitteilen könnten, wie ich in Kontakt mit der Familie von Hauptmann Vacquier komme, würden Sie mir helfen, eine sowohl menschliche wie patriotische Pflicht zu erfüllen, und alle wären Ihnen sehr dankbar.

Falls Sie mir nicht weiterhelfen können, werde ich das Stück aufheben und dabei die Erinnerung an diesen französischen Soldaten wahren.

Mit freundlichen Grüßen
Helmut Richter

1918–2007: 89 Jahre lagen zwischen dem Tod meines Großvaters André Vacquier und diesem Brief. Mein Großvater hatte eine Frau und zwei Töchter hinterlassen. Alle drei lebten nicht mehr. Die nächste Generation bestand aus meiner Kusine Élisabeth, meinem älteren Bruder Jean und mir. Mein Bruder war am 31. August 2007 verstorben, so dass nur noch meine Kusine und ich da waren, die die Erinnerungsstücke entgegennehmen konnten.

Unsere Reaktionen auf den Brief waren entgegengesetzt. Die meiner Kusine war eher feindselig. Sie war verärgert darüber, dass Helmut Richter so lange gewartet hatte. Denn hätte er einige Jahre früher diesen Schritt unternommen, hätte ihre Mutter, die ältere Tochter André Vacquiers, noch gelebt. Was mich betraf, so fand ich es sympathisch und mutig. Dass Helmut Richter erst nach 30 Jahren diese Geste getan hatte, konnte ich verstehen, da es kein einfaches Unterfangen war, und weil er es sicher auch nicht jeden Tag auf dem Schirm hatte. Später erfuhren wir übrigens, dass seine Schwester Erika die Erinnerungsstücke verwahrt und erst vor einiger Zeit hervor geholt hatte, damit er sie an seine Tochter Sonja weitergibt.

Am meisten berührte mich, dass dieser Vorstoß genau zu der Zeit erfolgte, als mein Großvater einen deutsch-französischen Nachkommen bekommen sollte. War das nicht ein bewegender Zufall in Anbetracht unserer Beziehungen zu Deutschland: das Leben nach dem Tod? Das Zeitfenster betrug neun Monate. In Anbetracht von 89 bzw. 30 Jahren, die vergangen waren, war es schmal, und Helmut Richter traf praktisch ins Schwarze, da meine Schwiegertochter mitten in ihrer Schwangerschaft war. Für mich, schon immer zutiefst europäisch und überzeugt, dass die EU nicht ohne die beiden eng miteinander verbundenen starken Länder Frankreich und Deutschland existieren kann, hatte dieser historische Zufall eine hohe Symbolkraft.

Auch um Helmut Richter diese nicht einfache Mission, die ihm sein Vater hinterlassen hatte, zu erleichtern, bat ich ihn nicht darum, die Gegenstände per Post zu schicken, sondern beschloss sie persönlich abzuholen und ihn bei sich zu Hause zu treffen. Es sollte auch ein Zeichen der Anerkennung von unserer Seite für seinen Schritt sein. Mein Entschluss verwunderte, ja schockierte meine Kusine, aber einer ihrer Söhne überzeugte sie mich zu begleiten.

Meine Schwiegertochter indes brachte gewisse Schuldgefühle zum Ausdruck, weil ein Deutscher meiner Familie etwas Schlimmes angetan hatte. Ich sagte ihr natürlich, dass es überhaupt keinen Grund gebe, sich für irgendetwas schuldig zu fühlen, schließlich hatte er nur seine Pflicht getan, und dass sie uns das allerschönste Geschenk machte: das Leben. Das Leben eines wunderbaren kleinen Mädchens, Noémie, gefolgt 28 Monate später von einem wunderbaren kleinen Jungen, Maxime.

Unser Treffen mit Helmut Richter und seiner Schwester Erika fand am Nachmittag des 22. Juni 2008 statt. Die beiden empfingen uns sehr freundlich zum Kaffeetrinken. Wir waren alle vier etwas angespannt, zumal meine Kusine immer noch ihre ursprüngliche Haltung zum Brief vom 6. September 2007 bewahrt hatte.

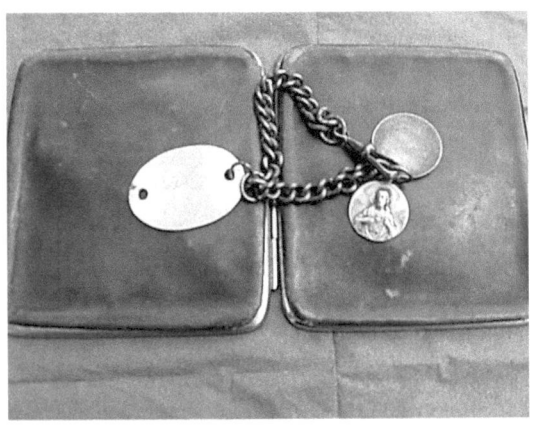

Ein Zigarrenetui, eine Metallplakette und zwei Marienmedaillen: diese Erinnerungsstücke an ihren Großvater André Vacquier erhielten François Leroux und seine Kusine Élisabeth Soulé 2008 von Helmut Richter zurück

Nach den üblichen Höflichkeitsfloskeln, Kaffee und Kuchen überreichte Helmut Richter uns ein Zigarettenetui und eine Kette, an der eine Metallplakette mit dem Namen meines Großvaters und seiner Adresse sowie zwei kleine Medaillen mit der Bitte um göttlichen Schutz befestigt waren. Wie ich später herausfand, hatte mein Großvater die eine von seinen Töchtern, die andere von einer Freundin der Familie erhalten. Auch gab Helmut Richter uns die Kopie eines Auszugs aus der Feldzeitung einer deutschen Division vom 10. Oktober 1918: „Aus Sundgau und Wasgenwald". Darin ist zu lesen, wie mein Großvater gefallen ist.

Als wir am selben Tag Anke und Noémie wiedersahen, die gerade zu Besuch bei Ankes Eltern waren, war ich tief bewegt und voller Wertschätzung für die Väter Europas und die deutsch-französische Aussöhnung.

Französische Recherchen

François Leroux

Dieser völlig unwahrscheinliche Brief vom 6. September 2007 brachte mich dazu, Recherchen über die Militärzeit meines Großvaters durchzuführen. Dazu habe ich das Internet konsultiert, dann die Archive der Französischen Armee in Vincennes, dann die Hinterlassenschaften meiner Großmutter, die ich auf dem Speicher ihres Hauses in Montignac fand.

Im Internet entdeckte ich das 1923 erschienene „Goldene Buch des Großen Krieges des Kolleg Saint-Joseph de Périgueux". Drei Seiten darin sind meinem Großvater gewidmet.

Auf dem Speicher des Hauses fand ich zunächst das Kreuz, das meine Großmutter vom Grab ihres Mannes auf einem kleinen deutschen Soldatenfriedhof mitten in den Vogesen in der Nähe des Schlumberger-Brunnens erhalten hatte. Darauf steht sein Todesdatum: 30. August 1918, der Tag, an dem er vermisst gemeldet wurde.

Dieses Kreuz ist erstaunlich imposant und schön gefertigt. Ein kleines Foto des Friedhofs, das 1920 kurz nach seiner Entdeckung aufgenommen wurde, zeigt das Grab meines Großvaters mit seinem Kreuz sowie den deutschen und französischen Nachbargräbern. Es sind dort wesentlich bescheidenere Kreuze zu sehen für Männer von Rang und ähnliche Kreuze für die Offiziere beider Seiten, die sich kaum unterscheiden außer in einem Detail, das ermöglichte, auf den ersten Blick ihre Nationalität zu erkennen. Bei den Deutschen waren die persönlichen Daten (Vorname, Name, Geburts- und Todesdatum) auf einer Tafel in Form eines Eisernen Kreuzes eingraviert. Bei den Franzosen war es eine ovale Tafel mit einer Kokarde und Bändern in den französischen Nationalfarben blau, weiß und rot darunter. Diese Kokarde und die drei Bänder (in Metall) gab es auch auf den einfachen Kreuzen der Franzosen.

Das Kreuz meines Großvaters wurde restauriert und 2014 von *Souvenir français* auf dem Familiengrab aufgestellt.

Dann fand ich eine Schachtel, in der meine Großmutter alles gesammelt hatte, was ihren Mann während des Krieges betraf, seine Briefe, einige Erinnerungsstücke, Zeitungsausschnitte sowie im Elsass „unter den Augen der Deutschen" kurz vor seinem Tod gepflückte Blumen.

Ich entdeckte auf diese Weise, mit welchem Einsatz – besser gesagt welcher Verbissenheit – meine Großmutter alle ihre zivilen und militärischen Kontakte mobilisiert hatte, um herauszufinden, was mit ihrem Mann passiert war: War er gefangen genommen worden oder gefallen? Danach, um sein Grab zu finden. Dann, um ihn nach Montignac überführen zu lassen, wo er ordentlich mit Ehrenbezeugungen der lokalen Würdenträger und Bevölkerung im Familiengrab bestattet wurde. Und schließlich, damit er in die Ehrenlegion aufgenommen wurde.

Dank dieser Recherchen konnte ich die Ereignisse, die dem 30. August gefolgt waren, rekonstruieren. Zugleich war mein Interesse geweckt, das Leben meiner Großeltern sowie meine gesamte Familiengeschichte über mehrere Generationen hinweg zu erforschen und zu dokumentieren und auch die wichtigsten Stationen meines eigenen Lebens aufzuschreiben. Daraus sind bis heute drei Bücher entstanden, die 2014, 2015 und 2018 erschienen sind. Die wichtigsten Auszüge daraus, die meine Großeltern, meine Eltern und meine Kindheit betreffen, bilden das biografische Material Vacquier-Leroux des vorliegenden Buches.

Deutsche Recherchen

Sonja Richter

Im Juli 2011 erschien unter dem Titel „Die Jahrhundertver-
söhnung" auf Spiegel Online ein Artikel über das Drama
Vacquier-Richter und die dank des Briefes meines Vaters erfolgte Versöhnung 90 Jahre später. François Leroux hatte
den Spiegel auf die Geschichte aufmerksam gemacht. Ich
glaube, erst da nahm ich richtig Notiz davon. Mein Vater
hatte wohl vorher schon mal davon erzählt, aber viel war bei
mir nicht hängen geblieben und ich hatte mich nicht weiter
darum gekümmert. Was mir heute unverständlich ist,
schließlich hatte ich mich schon immer sehr für Familienge-
schichtliches interessiert. Aber mich beschäftigten damals
einfach andere Dinge.

Drei Jahre später starb mein Vater im Alter von 81 Jahren. Ich dachte, François sollte das wissen, denn die beiden
waren nach ihrem Treffen in Frankfurt in Kontakt geblieben.
Ich schrieb ihm also eine E-Mail, er antwortete. Kurz darauf
lud er mich zu einer Gedenkfeier an den Ersten Weltkrieg in
Loivres bei Reims ein, wo es eine Ausstellung zu sehen gab,
zu der er etwas beigetragen hatte. Es war das Jahr 2014, in
dem an vielen Orten an den Beginn des Ersten Weltkrieges
vor 100 Jahren erinnert wurde. Wir trafen uns in Paris. Er
und seine Frau luden mich zum Essen ein. Auch seine Kusine Élisabeth war dabei. Alle waren freundlich, aber zurückhaltend. Ich zeigte ein paar Familiendokumente, schaute mir

Fotos von ihren Kindern und Enkeln an und genoss die französische Küche. Dann fuhren wir zusammen durch den dichten Pariser Feierabendverkehr hinaus aufs Land, sammelten noch eine Enkelin der Kusine ein und schafften es gerade rechtzeitig zur Gedenkfeier.

Als François mich abends nach einer kleinen Stadtrundfahrt durch das nächtlich beleuchtete Paris wieder bei meinem Hotel in der Nähe des Gare de l'Est ablieferte, sagte er mir zum Abschied: „Das nächste Mal können Sie bei uns übernachten." Ich war sehr glücklich, dass das Eis gebrochen war.

Auf der Heimfahrt im TGV kam mir eine Idee. François hatte die Geschichte seines Großvaters und seiner Familie aufgeschrieben. Wie wäre es, dieser Geschichte die meines Großvaters und dessen Familie gegenüberzustellen und sie zusammen in einem Buch zu veröffentlichen? Zu Hause schrieb ich François von dieser Idee, und er war tatsächlich dafür zu haben.

Das war der Anfang einer aufregenden Entdeckungsreise auf den Spuren meines Großvaters Johannes Richter und anderer Familienangehöriger, die mehr zutage förderte, als ich je zu hoffen gewagt hatte. Von ihm selbst hat sich ein ganzer Schuhkarton voller Briefe aus dem Ersten Weltkrieg erhalten, die mein Vater vor Jahren einmal alle fein säuberlich abgetippt und sogar mit Erläuterungen versehen hatte. Ein wahrer Schatz. Nur zwei Feldpostkarten haben sich indes aus dem Zweiten Weltkrieg erhalten, in dem mein Opa ebenfalls viele Jahre im Kriegseinsatz war.

Ein erster bedeutsamer Archivfund war die im Niedersächsischen Landesarchiv verwahrte Entnazifizierungsakte, die Aufschluss darüber gibt, wie mein Großvater es schaffte, sich von seiner NS-Vergangenheit reinzuwaschen. Einen wichtigen Teil eben dieser Vergangenheit erhellten Akten im Archiv der Landeskirche Hannovers, in deren Diensten Johannes mehrere Jahre gestanden hatte. Wie sich zeigte, hatte er eine maßgebliche Rolle im damaligen Kirchenstreit zwischen Deutschen Christen und Bekennender Kirche gespielt, wie auch in einigen kirchengeschichtlichen Werken nachzulesen ist. Ich fragte auch im Militärarchiv in Freiburg und im Bundesarchiv in Berlin an. Letzteres förderte seine Bemühungen um einen Staatsbeamtenposten zutage, in Freiburg gab sein Name nichts her, da viele der entsprechenden Bestände bei Kriegsende verbrannt sind. Aber eine Mitarbeiterin konnte mir aufgrund vorhandener Bezeichnungen der Einheiten sagen, in welchen Divisionen mein Großvater gedient hatte. Über diese wiederum gibt es sogar eigene Bücher. Allmählich gewann sein Leben und Wirken insbesondere während der NS-Zeit immer mehr Kontur.

Die private Seite meines Großvaters beleuchten neben Briefen vor allem schriftliche Erinnerungen von Angehörigen und Fotos, die ich in meiner familiengeschichtlichen Sammlung und im umfangreichen Familienarchiv meines Onkels Johannes Grelle fand. Hier kam mir der dokumentarische Eifer von Generationen, insbesondere von Minnie Grelle, einer Schwester meines Großvaters, zugute. Die einen hatten Vieles aufgeschrieben, die nächste Generation hatte alles aufgehoben, geordnet und zum Teil bereits aufbereitet. Es fehlte nur noch jemand in den nachfolgenden Generationen, der damit auch etwas anfangen konnte. Das schien meine Mission zu sein. All diese Schätze hatten auf mich gewartet und es war höchste Zeit, etwas daraus zu machen. Ich begann zu schreiben.

Im Juli 2016 traf ich François und seine Frau Claire wieder. Gemeinsam besuchten wir Schauplätze des Ersten Weltkrieges in den Vogesen. Étienne Zahnd von der elsässischen Regionaldirektion der nationalen Forstbehörde ONF hatte anhand einiger alter Karten, die François aufgetrieben hatte, den Ort ausfindig gemacht, an dem vermutlich die tödliche Begegnung unserer Großväter am 30. August 1918 stattfand. Mit ihm und einem Offizier der französischen Armee liefen wir durch den Wald, der einen Berghang bedeckt, hörten den Bach rauschen, von dem in dem Zeitungsbericht von 1918 die Rede ist, und versuchten uns vorzustellen, was sich wo genau abgespielt hatte. Im Gegensatz zum Hartmannswillerkopf, wo noch jede Menge Reste der Schützengräben erhalten sind, erinnert hier so gut wie nichts mehr an die Kriegszeit. Verschwunden ist auch der kleine Soldatenfriedhof am Schlumberger-Brunnen, auf dem André Vacquier zunächst beerdigt worden war. Heute ist dort ein Picknick-Platz für Spaziergänger und Radfahrer, die in der herrlichen Natur Erholung suchen.

Einige Wochen später spazierte ich durch Gehrde, das westfälische Dorf, in dem mein Großvater geboren wurde und wo er die ersten zwölf Jahre seines Lebens verbrachte. Das alte Pfarrhaus, in dem er mit seinen Geschwistern aufwuchs, steht nicht mehr, aber die Kirche, in der sein Vater predigte, ragt mit ihrem barocken Kirchturm wie eh und je in den Himmel. Und die schmucken Straßen mit den gepflegten alten Häusern scheinen sich in mehr als 100 Jahren kaum verändert zu haben. Umgeben ist das Dorf nach wie vor von Wiesen, Feldern und Höfen, wer ländliche Idylle sucht, ist hier am richtigen Fleck. Kurz vor seinem Tod in den 1970er Jahren sollte mein Großvater einmal klagen, wie schwer sein Leben doch gewesen sei. Hier in Gehrde indes hatte es mit unbeschwerten Kindertagen seinen Anfang genommen.

Nun sind 100 Jahre vergangen seit jener unglückseligen Begegnung André Vacquiers und meines Großvaters. 100 Jahre ist es auch her, dass der grausame Krieg, der so viel Unheil angerichtet hat, zu Ende ging, ohne allerdings einen dauerhaften Frieden zu sichern. Ich gehöre vielleicht der ersten Generation in meiner Familie an, die selbst keinen Krieg erlebt hat und für die die friedliche Nachbarschaft mit Frankreich selbstverständlich ist.

Im Oktober 2018 nahm ich am Jahreskongress der deutsch-französischen Gesellschaften in Deutschland und Frankreich teil, der in diesem Jahr ausgerechnet in Colmar stattfand, unweit des Ortes in den Vogesen, an dem mein Großvater und André Vacquier 100 Jahre zuvor in so ganz anderen Umständen aufeinandergetroffen waren. Alles drehte sich um die deutsch-französische Zusammenarbeit, grenzüberschreitende Projekte und die große Bedeutung der Freundschaft beider Länder, gerade auch für ein vereintes Europa. Zum Abschluss wurden gemeinsam die Hymnen beider Länder und die Europahymne gesungen. Vor hundert Jahren undenkbar, heute bereits Tradition – die sich allerdings mit einem wieder zunehmenden Nationalismus in vielen Teilen Europas und der Welt konfrontiert sieht und gerade daher als umso wertvoller empfunden wird. Möge dieses Buch ein kleiner Beitrag dazu sein, diesen Schatz des Miteinanders zu bewahren.

Im November 2018

Vor den Kriegen

Perlhuhn mit Trüffeln

François Leroux

Eine Legende besagt, dass Gott einst einem Engel einen Beutel voller Diamanten unterschiedlicher Größe anvertraute und ihm auftrug, die Welt zu durchstreifen, und dass dort, wo dieser einen Diamanten fallen ließe, ein Schloss entstünde. So tat es der Engel, doch er war dabei zu großzügig. Denn als er eine der schönsten Gegenden der Welt, das Périgord, erreichte, hatte er keine Diamanten mehr in seinem Beutel. Verzweifelt stülpte er den Beutel um, schüttete ihn aus, und es fiel jede Menge Diamantenstaub heraus. Auf diese Weise soll dieses gesegnete Land zu seinen mehr als tausend Schlösschen und Gutshäusern gekommen sein.

In einem davon wächst André Vacquier, der Vater meiner Mutter, gemeinsam mit seinen vier älteren Geschwistern auf, nachdem er am 16. Februar 1873 das Licht der Welt erblickt hat. Das im Wald gelegene Herrenhaus aus dem 15. Jahrhundert befindet sich etwa sechs Kilometer vom Städtchen Sarlat entfernt, auf dessen historischem Marktplatz heute jeden Sommer Frankreichs zweitältestes Filmfestival stattfindet.

André stammt aus einer frommen bürgerlichen Familie, ein Onkel ist Priester und Gemeindepfarrer, eine seiner Schwestern wird Nonne, und ein Großonkel hat mehrere Orden gegründet. Entsprechend erhält André seine höhere Schulbildung an einer katholischen Einrichtung, das erste

Jahr in der Provinzhauptstadt Périgueux, dann in Sarlat, das leichter zu erreichen ist. Im Goldenen Buch des Kolleg Saint-Joseph von Périgueux, das 1923 an ihn erinnert, können wir noch heute nachlesen, dass mein Großvater „ein liebenswertes, freundliches und umgängliches Kind" war. Als André zehn Jahre alt ist, stirbt sein Vater.

Nachdem er die Schule abgeschlossen hat, geht André mit 18 für vier Jahre zur Armee – zur Infanterie –, danach verlängert er noch einmal um zwei Jahre. Anschließend nimmt er regelmäßig an militärischen Übungen teil, und 1907 wird er zum Leutnant der Reserve befördert. In einer Würdigung heißt es: „Er ist immer aufgefallen als ein robuster, energischer und disziplinierter, mit den Regeln bestens vertrauter Offizier".

Mit 24 beendet André seinen Militärdienst und beginnt ein Jurastudium. Am 21. Februar 1900 leistet er in Bordeaux den Eid, dann lässt er sich in Bergerac beim Amtsgericht als Anwalt eintragen. Er übt diese Tätigkeit jedoch nur wenig aus und kümmert sich lieber um die Güter, die er geerbt hat.

An „guten Partien" mangelt es nicht in der Region und auch nicht an Müttern und Vermittlerinnen, die die Ehen dieser jungen Männer und Frauen arrangieren. Außerdem gibt es ein sehr aktives gesellschaftliches Leben, bei dem sich der Kleinadel und das gehobene Bürgertum begegnen. So kommt es, dass André Vacquier Élisabeth de Cézac kennenlernt. Élisabeth entstammt einem Périgorder Adelsgeschlecht, das jedoch seit der Abschaffung der Monarchie viel an Bedeutung verloren hat.

*André und Élisabeth Vacquier, hinten links, im Kreise der Familie
de Cézac, in der Mitte Élisabeths Vater, rechts dahinter ihre Mutter,
vorne ihre jüngere Schwester Marguerite*

Am 3. April 1902 heiraten die beiden – sie 22, er 29 Jahre alt – im Chateau d'Ajat, einem zwischen Montignac und
Périgueux gelegenen Schloss, das der Wohnsitz von Élisabeths Eltern und später ihres Bruders Bertrand, des einzigen
männlichen Nachkommen ihrer Eltern, ist. Von der standes-
gemäßen Feier überliefert ist das vielgängige Hochzeitsme-
nü voller köstlicher Speisen: Potage Fribourg, kalte Vorspei-
se, Steinbutt in weißer Sauce, Salmis de Palombes, Timba-
les milanaises, Rinderfilet an Périgueux-Sauce, Perlhuhn
mit Trüffeln, Ballotine à la gelée, kleine Erbsen à la crème,
Salade Danicheff, Entremets, Französische Hochzeitstorte
und Dessert. Dazu werden sechs erlesene Weine und Cham-
pagner ausgeschenkt. Alle Hochzeitsgäste bekommen bei
Tisch reichlich von jedem Gang serviert.

Solche üppigen Mahlzeiten sind damals übrigens nicht auf Hochzeiten beschränkt. Allerdings praktizieren die Périgorder nicht das „Trou Normand", das Reichen eines Apfelbrandes zwischen den Gängen, um den Appetit anzuregen und die Verdauung zu fördern. Wie die Römer haben sie ein radikaleres Mittel, um dem Magen die Aufnahme solch riesiger Nahrungsmengen zu ermöglichen.

Es ist damals auch üblich, viel abgehangenes Wild zu verzehren. André Vacquier ist ein großer Jäger. Wenn er Schnepfen geschossen hat, hängt er sie mit dem Kopf an einem Balken im Keller auf und wartet, bis sie herunterfallen. Dann werden sie gegessen.

Zwei Großonkel, die unverheiratet geblieben sind, der eine ein ehemaliger höherer Offizier und der andere ein ehemaliger höherer Beamter, haben André einiges Vermögen hinterlassen. So verfügt mein Großvater über genügend Mittel, um komfortabel leben und ohne finanzielle Sorgen seinen Anwaltsberuf ausüben zu können. Sein Leben dreht sich um die Verwaltung seines Besitzes, seine Familie, die Jagd, üppige Mahlzeiten und andere Annehmlichkeiten in einer Region, in der es sich gut leben lässt, und zu einer Zeit, die später die „Belle Époque" genannt werden wird. Diese Bezeichnung kommt 1919 auf, um mit viel Nostalgie die so herrlich erscheinenden Jahre des Friedens in Erinnerung zu rufen: die Industrialisierung, die zu mehr Wohlstand geführt hat, bedeutende wissenschaftliche Erfindungen, ein künstlerisches und kulturelles Leben, das weltweit ausstrahlt, zwei große Weltausstellungen 1889 und 1900 in Paris, Kolonialausstellungen, die die französischen Überseegebiete verherrlichen, und eine Republik, die endlich als politisches System des Landes akzeptiert wird.

Nach ihrer Hochzeit ziehen André und Élisabeth in ein großes Haus im Zentrum des Städtchens Montignac. 1903 bekommen sie dort ihr erstes Kind, Jean, das jedoch mit nur drei Monaten an einer Lungenentzündung stirbt. Das Haus ist unkomfortabel und feucht und vermutlich mitverantwortlich für den Tod des Sohnes, und bald darauf zieht das Paar in ein neues Heim um. „Le Jardin", ein großzügiges Haus mit einem baumbestandenen Park, einem Ziergarten und einem Nutzgarten, liegt etwas außerhalb von Montignac nicht weit vom Fluss Vézère. Es ist zwar ebenfalls feucht, kann aber besser beheizt werden. Außerdem ist seine Umgebung deutlich angenehmer, und es erlaubt meiner Großmutter, ihre gärtnerischen Fähigkeiten einzusetzen. Hier bekommt sie zwei Töchter: 1909 Germaine und 1911 Marguerite.

Ich weiß wenig über das Leben meiner Großeltern in der damaligen Zeit. Sicher nehmen sie aktiv am gesellschaftlichen Leben in Montignac teil. Dieses Leben in der Provinz ist eine recht abgeschottete Welt, dem „Ancien Régime" vor der Französischen Revolution verhaftet und wenig betroffen von den sozialen, wirtschaftlichen und technischen Entwicklungen der Zeit.

„Die Enten sind noch alle gesund"

Sonja Richter

Ein sonniger Tag im September. Der Himmel ist leicht bewölkt, es weht ein frisches Lüftchen. Eine kleine Menschengruppe hat sich auf einer Wiese draußen vor dem Dorf versammelt, auf der gerade keine Kühe oder Pferde weiden. Fast alle – vier kleine Jungs, zwei junge Frauen, eine ältere Frau und ein Mann – blicken gespannt auf das, was sich da wenige Meter über dem Boden bewegt: ein Drachen mit langem Schwanz. Wird er wohl hoch in den Himmel steigen? Oder gleich wieder im gelben Gras landen? Einer hat es in der Hand. Ein vielleicht zwölfjähriger Junge mit Schirmmütze. Als einziger ist er in Bewegung, die Drachenschnur haltend, und versucht, dem Drachen den nötigen Auftrieb zu geben. Das ist mein Großvater Johannes. Wahrscheinlich läuft er wenige Sekunden später an dem Stativ mit der Kamera vorbei, das sein großer Bruder Wilhelm aufgebaut hat, um die Szene festzuhalten. Ob letztendlich Johannes oder die Schwerkraft gesiegt hat, werden wir nie erfahren.

Mehr als 100 Jahre, zwei Weltkriege und zahlreiche Umzüge hat die Fotografie überstanden, die diese Szene zeigt. Sie ist vergilbt und abgeschabt. Und zugleich kann man sich als Betrachter fast vorstellen, dabei zu sein und selbst mit dem Blick dem Flug des Drachens zu folgen. So wie Johannes, seine Schwestern, Mutter und Freunde.

Noch etwas macht das Bild für mich zu einem besonderen Bild. Es zeigt einen Jungen, meinen Großvater, der sich abhebt von seinem Umfeld. Alle anderen stehen reglos, die meisten mit dem Rücken zur Kamera. Er tritt als einziger heraus aus der Gruppe und bewegt sich auf die Kamera zu. Damit eignet es sich gut als Ausgangspunkt für eine Geschichte, in der er im Mittelpunkt stehen soll. Was zunächst einmal nicht ganz einfach ist, denn als Kind ist er nur einer unter vielen, der als Familienzuwachs Nummer vier im Schatten seiner älteren Geschwister steht, aber auch nicht lange den Nesthäkchen-Bonus besitzt. Der bleibt seinem fünf Jahre jüngeren Bruder Friedrich vorbehalten.

Eine glückliche Kindheit auf dem Lande – auch das suggeriert dieses Bild. Das mag idealisiert sein. Aber im Vergleich zu dem, was Johannes in seinem späteren Leben alles wird durchstehen müssen, sind es gute Zeiten. Auf jeden Fall die ersten zehn Jahre.

Als Lina Richter 1895 mit Johannes schwanger ist, ist Deutschland ein dynamisches Land mit großem Zukunftspotenzial. Die Schrecken späterer Weltkriege liegen noch in weiter Ferne, stattdessen entwickelt sich das seit 24 Jahren geeinte Deutsche Reich, das von Elsass-Lothringen im Westen bis nach Schlesien, Ostpreußen und das westliche Polen im Osten reicht, rasant. Die industrielle Produktion legt enorm zu, ebenso wächst die Bevölkerung, besonders in den Städten, in denen sich eine rege Bautätigkeit entfaltet. Das Streckennetz der Eisenbahn wird stetig ausgebaut, was die Erschließung von Rohstoffen und den Transport von Gütern aller Art erleichtert. Wissenschaft und Forschung blühen. Wichtige Erfindungen werden gemacht, und es gibt wegweisende Gründungen. Allein das Jahr 1895 hat in dieser Hinsicht Einiges aufzuweisen: die Inbetriebnahme der ersten Bus-Linie mit einem benzinbetriebenen Omnibus, die Einweihung des heutigen Nord-Ostsee-Kanals, die weltweit erste öffentliche Filmvorführung in Berlin und die Entdeckung der Röntgenstrahlen durch den deutschen Physiker Wilhelm Conrad Röntgen.

Linas Mann ist seit sieben Jahren Pastor in dem kleinen Dorf Gehrde im Artland, einer fruchtbaren Landschaft nördlich von Osnabrück, wo nach wie vor die Landwirtschaft eine große Rolle spielt. Er sorgt für ein sicheres Einkommen, dazu bewirtschaftet seine Frau einen riesigen Garten und hält einige Tiere. Das alte Pfarrhaus, in das die beiden nach ihrer Hochzeit eingezogen sind, bietet mit 15 Zimmern reichlich Platz für eine große Nachkommenschaft. Als erstes Kind war 1889 Sohn Wilhelm dort auf die Welt gekommen, zwei Jahre später ein Mädchen, das Margarete getauft wurde. Wieder zwei Jahre später folgte ein weiteres Mädchen, Hermine, genannt Minnie. Und nach weiteren zwei Jahren schickt sich nun Johannes an, das Licht der Welt zu erblicken.

Doch bevor es soweit ist, passiert etwas, das man im Nachhinein vielleicht als Omen für spätere stürmische Zeiten und ihre Folgen sehen mag, die das Leben meines Großvaters prägen werden. Ein schwerer Hagelschlag trifft den Ort mit voller Wucht, ausgerechnet während des jährlichen Schützenfestes, das an diesem Juni-Tag mit dem Königsschießen seinen krönenden Abschluss finden sollte, und an Schwester Minnies zweitem Geburtstag.

Im Nu schwand die Sonne, schob sich eine gelbgraue Wand von Südwesten her auf das Dorf zu. Regen kündigte sich nicht erst lange an, er wuchtete gleich in bleischweren Tropfen herab. Blitze zuckten, Donner rollten, schwollen an zum Brüllen, die Schwüle des Sommertags verwandelte sich alsbald in eiskalte Luft, der Regen in einen Hagel – einen Hagel, der mit furchtbarer Grausamkeit alles, was draußen wuchs und grünte, niederriss, in den Boden stampfte, mit einer Wucht, die einem bleiernen Hagel aus Millionen Flintenläufen nichts nachgegeben hätte. In das wirbelnde Heulen des Sturmes, der das ganze Weltenall auszufüllen und durcheinander zu rütteln schien, polterten die aufregend nahen Schreckensgeräusche herabstürzender Dachziegel, klirrten splitternde Fensterscheiben, krachten brechende Baumäste.

So beschreibt es die älteste Schwester Margarete später, die das apokalyptische Ereignis im Alter von vier Jahren erlebt hat, nach den Erzählungen ihrer Eltern.

Als nach ein, zwei Stunden das Unwetter, schnell wie es kam, nachließ, als die Nacht sich wieder in Tag aufhellte, da schaute man in eine tief, tief verschneite Winterlandschaft! Trostlos streckten die Bäume ihre kahlen schneebedeckten Äste gegen den Himmel; nicht ein einziges grünes Blättchen hatte der Hagel ihnen gelassen; unzählige Bäume hatte der Sturm gefällt. Ein großer starker Birnbaum des Pfarrgartens war auch darunter, und wie sah es unter den vom Pfarrer mit Sorgfalt gezogenen jungen Obstbäumchen aus! Soweit das Auge sehen konnte, lagen die herrlich prangenden Gärten und Felder – wie wunderbar hatte schon das Korn gestanden! – unter einer schweren Schicht von Hagel-

schnee begraben. [...] Im Pfarrhause gab es zu unzähligen Dachpfannen über 100 zertrümmerte Fensterscheiben.

Die Spuren dieses ungewöhnlich schweren Unwetters müssen immer noch sichtbar gewesen sein, als Johannes drei Monate später, am 15. September 1895, im Pfarrhaus geboren wird. Ansonsten aber ist die Welt für ihn erst einmal in Ordnung. Wohl behütet und zugleich in einer Freiheit, die Kinder heute kaum noch kennen, wächst er im Kreise seiner älteren Geschwister heran, in einem gemütlichen und geräumigen Heim, in dem die Mutter, von Gehilfinnen unterstützt, allerlei häuslichen Tätigkeiten nachgeht, während der Vater meist in seinem Arbeitszimmer sitzt und seine dienstlichen Angelegenheiten erledigt oder unterwegs ist. Ein Garten, in dem Obst und Gemüse gedeihen, wo sich Bienen, Vögel, Frösche und anderes Kleingetier tummeln und Hühner und Enten gehalten werden. Außerdem besitzt die Pastorenfamilie mindestens ein Pferd, das als Transportmittel für weitere Strecken dient, ein Schwein, eine Kuh, Schafe und einen Hund. Und Bruder Wilhelm hält sich Tauben. Kurz gesagt: ein kleines Kinderparadies, von dem Minnie noch viele Jahrzehnte später schwärmt:

Unser altes Pfarrhaus wirkte von außen wie ein vornehmes Bauernhaus; es hatte drei Eingänge. An der Giebelseite kam man durch eine große Einfahrtstür für Heu und Getreide auf die Viehdiele. Darüber befand sich der Heuboden mit der Luke. Von diesem Boden gelangte man auf einer mir endlos erscheinenden Leiter zum sogenannten „Hahnenkipp". Hier wurde aus einem kleinen Fenster unsere sieben Meter lange schwarzweißrote Fahne am 27. Januar (Kai-

sers Geburtstag), am 2. September (Sedantag) und am Schützenfest heruntergelassen. [...]

Das Haus hatte viele Räume, fünfzehn an der Zahl, Küche und je ein Vorratsraum oben und unten im Haus nicht eingerechnet: drei Wohnzimmer, Studierzimmer, Konfirmandenzimmer, Bibliothek, Registratur, Küchenstube und die Schlafzimmer, von denen zwei eine schräge Wand hatten. Die Zimmer lagen zum Teil rechts und links des langen Flures, zum Teil oben. Dorthin führte eine sehr breite Treppe. Leider war es streng verboten, auf dem Geländer herunterzurutschen.

Der Garten weckt bei Minnie Assoziationen an das biblische Paradies, sie sieht Adam und Eva darin wandeln. Und sie liebt das Leben, das in ihm pulsierte:

Das alte Pfarrhaus in Gehrde; später musste es einem Neubau weichen

Vom Vorfrühling bis zum Herbst, vom Morgen früh bis zum Abend – ein Zwitschern und Flöten von Staren, Buchfinken, Meisen und Nachtigallen, um nur einige zu nennen. In der Luft schwirrte es nur so von Hummeln, Wespen und Hornissen. Diese allerdings schätzten wir nicht, weil sie uns die schönsten Birnen streitig machten. Natürlich gehörten auch Bienenkörbe in einen echten Pfarrgarten. Schmetterlinge und blauschimmernde Libellen liebten wir, auch mit Schnecken und Ameisen waren wir gut Freund, wie mit dem Maulwurf. Der ließ sich aber nur selten sehen.

Unser Garten war schön zu jeder Jahreszeit, auch im Winter hatte er seine Reize, wenn alles mit Schnee bedeckt war wie mit einem großen weißen Laken. Besonders zur Weihnachtszeit – in meiner Erinnerung gab es nur weiße Weihnachten – suchten wir nach Christkinds Spuren im Schnee, oder es wurde der Stuhlschlitten hervorgeholt, und wir Kinder wurden darin geschoben. Meine älteren Geschwister liefen Schlittschuh auf dem Graben, der den Garten an drei Seiten begrenzte.

Groß war die Freude im Frühling, wenn sich die ersten Schneeglöckchen hervorwagten. Wer später das erste Veilchen fand, bekam einen Groschen. Bald war es dann so weit, daß die Schaflämmer ins Freie durften. Sie waren unsere besten Spielgefährten. [...]

Wie hat es unsere Mutter nur geschafft, mit dem vielen Obst fertig zu werden, das Jahr für Jahr anfiel! Da wurde Wein gemacht von Holunder, Johannis- und Stachelbeeren, viele Gläser mit Marmelade, Gelee und Kompott standen aufgereiht in den Börten. [...] Äpfel, Zwetschgen und Birnen wurden im Backofen getrocknet und so für den Winter haltbar gemacht. Einen Hauptspaß bereiteten uns Kindern

im Herbst die Kartoffelfeuer mit den darin knusprig gebra-
tenen Kartoffeln.

Ist schon die Blumenfülle des Sommers kaum zu be-
schreiben, so übertraf sie der Herbst fast noch durch seine
Mannigfaltigkeit der Farben und die Vielzahl der Stauden,
Sträucher und Gewächse. Einmal kam ich ins Haus gelau-
fen mit einer Schürze voll Blüten, um unserer Mutter eine
Freude zu machen. Ein großes Blumenbeet hatte ich voll-
ständig kahlgerupft.

Die Eltern sind gerecht, gutmütig, freigebig, aufrichtig, na-
turlieb, fleißig und kinderlieb, so Minnie in ihren Memoiren. Es gibt gewisse Regeln, an die sich die Kinder zu halten
haben, zum Beispiel das tägliche gemeinsame Mittagessen
mit Tischgebet und das Gebot, den Vater nicht bei der Arbeit
zu stören. Doch sonst können sie sich frei entfalten und das
machen, was Kinder auch heute noch gern tun: schaukeln,
turnen und herumtollen, baden im Sommer, Drachen steigen
lassen im Herbst und Schlittschuhlaufen, Schneeballschlachten und Gesellschaftsspiele im Winter. Außerdem hat
jedes der Kinder im Garten ein kleines Stück für sich zum
Anbauen und sie kümmern sich auch um die Tiere.

Da Minnie Johannes altersmäßig am Nächsten steht,
spielen die beiden oft zusammen. Mal werden die Tauben
unter das Kohlensieb in der Küche gesetzt, mal die Hühner
im Garten „spazieren" geführt und dann mit in den Apfel-
baum genommen, wo die Kinder ihnen Geschichten erzählen. Auf dem Hof gibt es ein großes Turnreck und auf der
großen Diele sind eine Schaukel, Ringe und eine Turnstange
angebracht. Minnie beneidet Johannes um die Kniewelle,
die er immer besser hinbekommt als sie. Geschaukelt wird

auch gern auf einem zwischen zwei Bäumen befestigten Strick im Wald, auf dem als Sitzfläche ein zusammengefalteter Sack liegt. Minnie versteht es, ihren kleinen Bruder zu manipulieren:

Johannes, vorne rechts, mit seinen älteren Geschwistern Hermine (Minnie), links, Margarete (Gretchen) und Wilhelm, um 1899/1900

Wenn ich dann zu Johannes sagte: „Daß du mich aber nicht schaukelst", reizte das seinen Widerspruch, und je mehr ich protestierte, desto mehr strengte er sich an. Mein Zweck war erfüllt.

Nur wenige Schritte vom Pfarrhaus und -garten entfernt steht die Kirche, in der Johannes' Vater als Pastor wirkt. Ein massives, aus Bruchstein gebautes Gebäude aus dem 14. Jahrhundert, das mit seinem Kirchturm, den eine besonders schön geschwungene Kuppel ziert, das Zentrum und Wahrzeichen von Gehrde ist. In ihrem Inneren wohnt Johannes – mit Blick auf einen kunstvoll gestalteten, mit den Aposteln Petrus und Paulus sowie etlichen Engelsfiguren bestückten Barockaltar – so manchem Gottesdienst bei.

Hier und durch die christliche Erziehung zu Hause wird die Grundlage für Johannes' Glauben und seine protestantischen Überzeugungen gelegt, die in seinem Leben immer eine wichtige Rolle spielen werden. Übrigens sind Gehrde und einige weitere Gemeinden eine evangelische Enklave in einer ansonsten katholischen Region. Ob daher die sein Leben lang festsitzende antikatholische Haltung meines Großvaters rührt? Jedenfalls wird er noch ein halbes Jahrhundert später seinem Sohn, meinem Vater, einschärfen, ja keine Katholikin zu ehelichen.

Das Dorf besteht überwiegend aus ein- bis zweigeschossigen Häusern mit oft schmucken Giebeln und zum Teil reich verzierten Türen, außerdem spenden zahlreiche Bäume Schatten. Direkt neben der Kirche befindet sich die Volksschule, die alle Pastorenkinder, auch Johannes, zunächst besuchen. Viele Bäume müssen im Verlauf des 20. Jahrhunderts weichen, doch die Kirche, die alten Häuser und die –

seit 1915 in einem neueren Gebäude befindliche – Schule bilden bis heute den Ortskern. Und noch immer erfüllen in den Pausen Kindergeschrei und Kinderlachen die Luft, wie es damals sicherlich auch schon der Fall war. Wenige Straßen weiter beginnt bereits das freie Feld, wo man im Herbst gut Drachen steigen lassen kann. Ob es dort damals auch schon so viele Apfelbäume gab, wie ich sie bei einem Besuch im August 2016 vorfand?

Als Johannes die Dorfschule besucht, werden dort drei Klassen unterrichtet. Ein 1902 vor der Kirchenmauer aufgenommenes Foto zeigt etwa 70 Jungen und Mädchen unterschiedlichen Alters mit ihrem Lehrer; Johannes sitzt als einer der Jüngsten in der ersten Reihe. Im viel zu kleinen Klassenraum im Schulgebäude herrscht großes Gedränge. Wie es sich Anfang des 20. Jahrhunderts dort lernt, ist dem Bericht eines ehemaligen Schülers zu entnehmen, der die Schule wenige Jahre nach Johannes besucht, vermutlich etwa zeitgleich mit dessen jüngstem Bruder Friedrich:

Je zu viert oder zu fünft saßen wir auf unbequemen Bänken, in denen wir nur mit Mühe aufstehen konnten, wenn Lehrer Bergmann die Schulstube betrat. Er hatte vorne sein Pult etwas erhöht, um die Schar seiner Zöglinge besser überblicken zu können. Meistens war er aber auf den Beinen.

Vor dem Pult saßen Mädchen und Jungen getrennt; die Jungen rechts, die Mädchen links. In den ersten Reihen saßen die jüngeren Schülerinnen und Schüler. Dazwischen war ein schmaler Durchgang. Die älteren quetschten sich in die hinteren Bänke. Man konnte täglich aufgrund der eigenen Leistungen aufrücken oder zurückversetzt werden.

Wer den Ärger des Lehrers heraufbeschwor, mußte mit seinen Holsken nach vorne zum Lehrer kommen, um sich sein „Fett" abzuholen. Es gab dann 1–2–3 Streiche in die offene Hand. Der Lehrer war damit freigiebig. Die Kinder hatten manchmal mehr Angst als Respekt vor ihm. [...]

Morgens bei seinem Eintritt in die Klasse erhoben sich alle. Der Lehrer sprach ein Morgengebet. Dann konnte man sich setzen. Zum Einüben der Lieder nahm Lehrer Bergmann seine Geige zur Hand. Alle Gehrder Lehrer spielten Geige. Es wurden Volks-, Kinder- und Kirchenlieder geübt. Auch für das Singen in der Kirche sowie bei Beerdigungen.

Allerdings bleibt Johannes nur zwei Jahre auf der Dorfschule, dann kommt er auf die örtliche Privatschule, in die die Kinder geschickt werden, die später Abitur machen sollen. Schließlich stammt er aus einer bildungsbürgerlichen Familie, sein Vater hat studiert, dessen Vater war Lehrer gewesen. Für seine Eltern hat Bildung einen hohen Stellenwert. Die Gene und das Vorbild helfen: Das Lernen fällt Johannes nicht schwer, er ist wissbegierig und begabt und macht seinen Eltern und Lehrern offenbar nur Freude. Eine Altersgenossin soll einmal Minnie gegenüber geklagt haben: „Euer Johannes ist ja ein wirklich netter Junge, aber ich mag ihn doch nicht gern, weil mir so oft vorgehalten wird, wie artig der immer ist, und was der alles weiß."

Neben der Schule dienen Eltern und Geschwister ihm als Inspiration, Vorbild und Wissensquelle, vermutlich besonders sein sechs Jahre älterer Bruder Wilhelm, dessen Wissensdurst und Experimentierfreude keine Grenzen kennen. So ist Wilhelm der Erste im Dorf, der einen Fotoapparat besitzt, eine Tatsache, der zu verdanken ist, dass nicht nur Familienfotos von herausgeputzten Kindern im Fotostudio entstehen, sondern auch eine Reihe von lebensnahen Alltagsaufnahmen.

Ein Bild zeigt Johannes im Alter von zehn Jahren mit einem Buch in der Hand und seinem fünf Jahre alten Bruder Friedrich, dem er vermutlich gerade vorliest. Nachdem ein 1897 geborenes Mädchen gleich nach der Geburt gestorben war, hatte Lina im Oktober 1900 noch einmal einen Sohn geboren, wodurch Johannes nun nicht mehr der Kleinste ist, sondern sich seinerseits als älterer Bruder um das Nesthäkchen zu kümmern hat, was er offenbar auch gerne tut. Von seiner brüderlichen Fürsorge zeugt auch ein Brief, den er an seine Mutter, Schwestern und Friedrich geschrieben hat, als die offenbar gerade während der Sommerferien auf dem Hof der Großmutter in Bottum bei Ueffeln weilen:

Johannes mit seiner Mutter und Bruder Friedrich 1906 im Gehrder Pfarrhaus

Gehrde, 27. Juli
1904 abends

Liebe Mama, Gretchen, Minnie und Friedrich!

Herzlichen Dank für Deine schöne Karte, ich freue mich sehr darüber und tue ordentlich wichtig. Die Küken sind schon wieder da, sie sind gleich abends wiedergekommen. Die Enten sind noch alle gesund und so vergnügt, es sind mit der alten Ente 2 Enten, die andern 4 sind Enteriche. Ich glaube, die schwarze hat schon gelegt. Die Goldgimpel haben 2 Junge. Die sind schon ganz groß. Lieber Friedrich, wie geht es Dir? Wenn du wiederkommst, spiele ich mit Dir. Die andern lassen alle grüßen. Es grüßt Dein
Johannes

Johannes' Vater ist nicht nur als Theologe hochgebildet, er kennt sich auch sonst mit allerlei Dingen aus und hält oft Vorträge. Hin und wieder führt er den Kindern kleine Experimente vor. Außerdem war er weit gereist wie kaum sonst jemand in seinem Gehrder Umfeld. Sechs Jahre hatte er auf den hawaiischen Inseln gelebt, dort zunächst die Kinder des deutschen Konsuls in Honolulu unterrichtet, später dann als Pastor für die deutschen Einwanderer auf der Insel Kauai gewirkt und dort eine Kirche bauen lassen. Erst 1887 war er zurückgekehrt und hatte kurz darauf seine Lina geheiratet, die als Verlobte auf ihn gewartet hatte. Von dieser Zeit in einer fernen, exotischen Welt erzählt er gelegentlich seinen Kindern.

Bis eben hatten seine ersten drei Kleinen bei ihm gehockt, er hatte ihnen von jenem fernen Inselreiche jenseits der Erde erzählt, wo er – ein ganz junger Mensch noch – für

45

das lutherische Deutschtum unter seinen eingewanderten Landsleuten wirkte, bevor er sich in der nie vergessenen Stammesheimat als Pfarrer niederließ; er hatte den Kindern ausgemalt, wie auf jenen Inseln im Stillen Ozean Niedersachsen das Zuckerrohr bauen und – zweimal im Jahre! – ernten, hatte erzählt, dass sie unter schlanken Palmen wohnen, die, wie bei uns die Eichen und Buchen, in einen tiefblauen Himmel ragen und – dass sie dort nie mehr unsern schönen deutschen Winter erleben dürfen!

Diese von Margarete später erzählte Szene, die sich an jenem Tage abgespielt haben soll, als Gehrde vom Hagelschlag getroffen wurde, dürfte sich noch öfters auch im Beisein von Johannes wiederholt haben. Außerdem hatte sein Vater auch vieles über seine Fahrt nach Hawaii und die Zeit dort aufgeschrieben. Man kann sich kaum vorstellen, dass die Kinder das unbeeindruckt gelassen hat.

Zu einer besonderen Neugier auf andere Länder und Kulturen scheint es allerdings nicht geführt zu haben. Johannes jedenfalls entwickelt mehr Interesse an fernen Sternen und Planeten als an fernen Ländern und Inseln. Außerdem hat es ihm die heimische Tier- und Pflanzenwelt angetan, wozu sicher auch die häufigen Ausflüge zum heimatlichen Hof der Mutter in Bottum beitragen sowie Wilhelms Jagdleidenschaft, die später auf ihn abfärbt.

Ähnlich wie seine Schwester Minnie entwickelt Johannes ein eher sonniges Gemüt, im Gegensatz zu seiner kränklichen, ängstlichen und melancholischen Schwester Margarete und dem auch etwas ernster veranlagten Wilhelm. Überschattet werden seine ersten zehn Lebensjahre allenfalls von gesundheitlichen Beschwerden der Mutter und Margaretes, er selbst scheint sich – von einer etwas schwachen Lunge und schlechten Augen abgesehen – einer eher guten Gesundheit zu erfreuen. So stelle ich mir sein Leben weitgehend sorgenfrei vor, bis zu jenem schwarzen Tag im Januar 1906, als sein Vater urplötzlich verstirbt.

Mit einer starken Erkältung hat Pastor Richter sich ins Bett gelegt, der herbeigerufene Arzt hat ein Medikament verschrieben und ist wieder gegangen. Wenige Stunden später bekommt der Kranke einen Anfall, ringt nach Luft und stirbt in den Armen seiner Frau. An Herzlähmung, wie es später heißt. Gerade 47 Jahre alt, wird er aus seinem arbeitsreichen Leben gerissen. Noch am Tag zuvor hat er einen Termin wahrgenommen, heute wollte er eigentlich Konfirmandenunterricht geben.

Minnie ist gerade in der Schule, als es passiert. Als man sie benachrichtigt, läuft sie nach Hause, wo sie ihre Mutter noch am Bett des Vaters vorfindet, den Arm um ihren toten Mann gelegt. Vier Tage später stehen sie und ihr zehnjähriger Bruder Johannes oben an der Treppe des Pfarrhauses und schauen hinunter auf den Sarg, der im Flur aufgestellt ist. Auf Wunsch ihrer Tante Marie sollen die beiden sowie ihr großer Bruder Wilhelm an der Beisetzung ihres Vaters teilnehmen. Margarete ist krank, Friedrich noch zu klein. Die Versammelten singen „Was Gott tut, das ist wohlgetan". Vom Rest der Zeremonie bekommen Minnie und Johannes nichts mehr mit. Als sie in Tränen ausbrechen, erspart man ihnen die weitere Anwesenheit und führt sie in ein Zimmer. Ihr Vater wird unter großer Anteilnahme auf dem gleich neben dem Pfarrhaus gelegenen Friedhof beigesetzt. Mit zahlreichen Kränzen und Nachrufen wird der Verstorbene geehrt, dessen Frau nun mit fünf Kindern allein dasteht.

Mit Friedrichs Tod verlieren Lina und die Kinder nicht nur den geliebten Mann und Vater, sondern auch dessen Einkommen sowie Haus und Garten. Ein halbes Jahr bleibt ihnen, um sich eine neue Bleibe zu suchen, denn das Pfarrhaus steht nun dem neuen Pastor zu. Lina fasst den Plan, mit ihren Kindern nach Göttingen zu ziehen, in die altehrwürdige Universitätsstadt, in der ihr Mann einst studiert hat und die auch für die nächste Generation als geeigneter Bildungsstandort erscheint. Doch erst soll Wilhelm noch das von ihm besuchte Gymnasium in Quakenbrück beenden, also bleibt die Familie erst einmal in Gehrde, wo die anderen Kinder ebenfalls weiter zur Schule gehen. Mit Witwenrente und Unterstützung der Verwandtschaft gelingt es Lina, weiterhin die Familie durchzubringen, ohne dass die älteren Kinder die Schule verlassen und arbeiten gehen müssen. Mit Nachhilfestunden verdient Wilhelm ein kleines Zubrot.

Wie sehr Johannes unter dem Verlust seines Vaters und den veränderten Lebensumständen gelitten hat, lässt sich heute nicht mehr sagen. Mir ist nichts überliefert, das seine damalige Gemütsverfassung erkennen ließe. Seinen guten schulischen Leistungen hat es jedenfalls keinen großen Abbruch getan, die letzten Zeugnisse aus Gehrde weisen durchwegs gute Noten auf, in Betragen, Aufmerksamkeit, häuslichem Fleiß und Ordnung erhält er sogar ein „sehr gut".

„Ans Vaterland, ans teure, schließ dich an"

Sonja Richter

Im April 1909, als Wilhelm sein Abitur gemacht hat, zieht Lina mit ihren Kindern nach Göttingen. Es ist sicher eine große Umstellung für alle, plötzlich in einer quirligen Universitätsstadt zu leben. Allerdings sind alle Kinder bis auf Friedrich bereits im Teenageralter und finden es vermutlich ganz aufregend, was das Stadtleben so zu bieten hat. Trotzdem werden sie Minnie zufolge noch lange Sehnsucht nach der alten Heimat haben.Das im späten Mittelalter gegründete, südwestlich des Harzes gelegene Göttingen hatte seit der Mitte des 19. Jahrhunderts einen enormen Bevölkerungszuwachs zu verzeichnen. Wies die Stadt 1850 noch 10.000 Einwohner auf, waren es 1910 knapp 38.000 – was weniger an einer enorm gestiegenen Gebärfreudigkeit der Bevölkerung lag als an einem starken Zuzug, vor allem aus dem Umland. Die sechsköpfige Richter-Familie liegt somit voll im Trend, als sie sich ebenfalls hier niederlässt. Da Göttingen nicht nur Universitätsstadt, sondern damals auch Garnisonstadt ist, halten sich neben der sonstigen Bevölkerung immer auch mehrere Tausend Studenten und Soldaten hier auf und sorgen dafür, dass die Stadt einen bemerkenswerten, damals sicherlich ziemlich unrühmlichen Rekord aufstellt: Unter allen preußischen Städten soll Göttingen diejenige mit der höchsten Anzahl unehelicher Geburten gewesen sein!

In der von einem Wall umgebenen Altstadt wohnen vor allem die einfacheren Leute; Universitätsprofessoren und andere besser Situierte hatte es zunehmend in die Außenbezirke gezogen, besonders den Hainberg hinauf, an dessen Fuß die Stadt liegt, wo sie sich schöne Villen bauen ließen. Die Richters bewohnen nun die obere Wohnung eines mehrstöckigen Backsteinhauses, das schon außerhalb der Altstadt, aber direkt am Wall liegt, was ihrer Situation, zwar bürgerlich, aber nicht wohlhabend zu sein, wohl ganz gut entspricht. Altstadt, Bahnhof, Schulen und die Universität, das alles ist von hier aus gut zu Fuß zu erreichen.

Anstelle des beschaulichen Landlebens gibt es für die Richters jetzt die Möglichkeit, an einem reichhaltigen Kulturleben teilzunehmen, an Vorträgen, Konzerten oder Theateraufführungen. Das wichtigste aber sind die Bildungseinrichtungen, deretwegen die Familie hierher gezogen ist. Wilhelm nimmt ein Philologie-Studium auf, das ihm aber gar nicht liegt, und wechselt dann zu Jura. Seine Geschwister gehen erst einmal weiter zur Schule. Sechs Jahre lang wohnt auch noch Cousin Albert bei der Familie, um in Göttingen das Gymnasium besuchen zu können. Bald schon verfügen die Geschwister über einen großen Bekannten- und Freundeskreis, und Mutter Lina hat häufig allerlei Gäste zu bewirten.

Irgendwie schafft Lina es auch weiterhin, die große Familie durchzubringen. Neben ihrer Fähigkeit, gut zu wirtschaften, hilft ihr besonders auch ihr Bruder Hermann aus Bottum dabei, wo die Kinder auch später noch oft ihre Ferien verbringen. Außerdem vermietet sie Zimmer an Studenten unter. Wie schon Wilhelm, so verdienen auch Johannes und später Friedrich mit Privatstunden etwas Geld dazu.

Auch die Mädchen können vielleicht schon etwas zum Familieneinkommen beitragen. Doch zweifellos rackert sich Lina ab und opfert sich, trotz vieler gesundheitlicher Probleme, auf, damit ihre Kinder bestmöglich aufwachsen können und das Rüstzeug für ein späteres erfolgreiches Berufsleben erhalten. Wilhelm wird es ihr noch 40 Jahre später danken:

In Göttingen bewohnen die Richters ab April 1909 eine Wohnung im obersten Stockwerk dieses Backsteinhauses in der Bürgerstraße

Ihr ganzes Wesen war Liebe und Fürsorge, sie kannte darin keine Grenzen. Wie sie Papa betreut und verwöhnt hatte, so betreute und verwöhnte sie uns Kinder, unermüdlich arbeitend vom frühen Morgen bis in die Nacht, mit Kochen, Nähen, Flicken, Stopfen, Schularbeiten Überwachen. Wie aufopfernd war sie in der Pflege, wenn ein Kind krank war, wie konnte sie mit beschränkten Mitteln das schönste Essen kochen und sich freuen, wenn unser Appetit geradezu unersättlich war. Sie selbst kam mit einem Mindestmaß an Nahrung aus – schien damit auszukommen. Und wir Kinder nahmen alles so selbstverständlich an, ihre Selbstlosigkeit, ihr unermüdliches Arbeiten, Sparen und Sorgen für uns.

Durch den Umzug Anfang April war es Johannes und Friedrich möglich, zu Beginn des neuen Schuljahres die Schule zu wechseln. Johannes besucht nun die Untertertia II des Königlichen Gymnasiums, das auf eine mehr als 300jährige Bildungstradition zurückblicken kann. Die Schule befindet sich seit 1884 in einem etwas oberhalb der Altstadt hinter dem Stadttheater gelegenen Neubau im klassizistischen Stil und ist ein Hort des humanistischen Bildungsideals. Acht Wochenstunden Latein und sechs Stunden Griechisch stehen auf dem Lehrplan für Johannes' Klasse, und dieses Pensum wird auch in den folgenden Jahren beibehalten. Außerdem gibt es drei Stunden Rechnen und Mathematik, je zwei Stunden Religion, Deutsch und Geschichtserzählungen, Französisch, Geschichte, Naturwissenschaften und Zeichnen sowie eine Stunde Erdkunde. Großer Wert wird auch auf die Leibesertüchtigung gelegt, drei Stunden Turnen pro Woche stehen für alle Klassen auf dem Programm, und zu besonderen Gelegenheiten werden sportliche Wettkämpfe abgehalten. Im Sommer finden „Schulspaziergänge" in die Umgebung statt und im Winter bekommen die Schüler an einigen Tagen die Gelegenheit, Schlittschuhlaufen zu gehen.

385 Schüler besuchen die Schule im Sommerhalbjahr 1909, darunter 34 Katholiken, 18 Juden und 2 „Dissidenten", also Andersgläubige oder keiner Religion Angehörige, alle anderen sind Protestanten wie Johannes. Im selben Jahr, als dieser neu auf die Schule kommt, freut sich das Gymnasium auch über Zuwachs im „naturwissenschaftlichen Kabinett": eine „Sammlung mexikanischer Reptilien (Schlange, Eidechsen und Arthropoden) in 40 Präparatengläsern" bekommt die Schule von einem ihrer Professoren geschenkt.

In dieser Bildungsoase mit antiken Fresken im Treppenhaus lernt Johannes im Laufe der Jahre nicht nur die Klassiker der hellenischen, römischen und deutschen Literatur von Homer über Vergil bis Schiller kennen, ihm wird auch eine in jeder Hinsicht patriotische, kaisertreue vaterländische Erziehung zuteil. Diese spiegelt sich in vielen Lehrinhalten, besonders den Deutschaufsätzen. „Ans Vaterland, ans teure, schließ dich an; das halte fest mit deinem ganzen Herzen!" – dazu sollen Johannes und seine Klassenkameraden im Schuljahr 1911/12 etwas zu Papier bringen. Aber auch an zahlreichen Gedenktagen werden patriotische Gefühle beschworen, sei es der Jahrestag der Schlacht von Sedan, einem entscheidenden Sieg der Deutschen gegen die Franzosen im Krieg von 1870/71, der hundertjährige Todestag von Königin Luise von Preußen oder der hundertste Jahrestag der „glorreichen Erhebung der Nation" von 1813.

Der Geburtstag „Seiner Majestät des Kaisers und Königs" Ende Januar wird jedes Jahr groß gefeiert, 1912 würdigt man ihn gemeinsam mit dem Geburtstag Friedrichs des

Großen, der sich zum 200. Mal jährt. In der festlich geschmückten Aula lauscht ein zahlreich erschienenes Publikum aus Eltern und anderen Familienangehörigen Schülern, die Volkslieder aus der Zeit des Siebenjährigen Krieges vortragen, einer Festrede und einem Satz aus einem von Friedrich II. komponierten Konzert für Flöte und Streichquartett.

Zu Vaterlandsliebe und Kaisertreue gesellt sich schließlich noch ein gerüttelt Maß an Militarismus bis hin zur Kriegsverherrlichung, die nicht zuletzt auf den Siegen der Vergangenheit gründet. Im September 1910 fällt einen Tag lang der Unterricht aus, damit die Schüler einem Manöver in der Nähe der Stadt beiwohnen können. Im Jahresbericht der Schule heißt es dazu: „Die Militärbehörde hatte für die Schule einen Standort bezeichnet, von dem aus die militärischen Bewegungen gut zu übersehen waren, und in dankenswerter Weise für Erklärung und Erläuterung der Operationen durch einige der Herren Offiziere Fürsorge getroffen."

Das einstige Königliche Gymnasium zu Göttingen

Am Kaisergeburtstag 1913 trägt ein Schüler namens Richter, vielleicht Johannes' Cousin Albert oder sein Bruder Friedrich, das Gedicht „Die Leipziger Schlacht" von Ernst Moritz Arndt vor, im selben Schuljahr schreibt Johannes' Klasse einen Aufsatz zum Thema: „Der Krieg ist schrecklich wie des Himmels Plagen, Doch er ist gut, ist ein Geschick wie sie".

Ansonsten bemühen sich Schule und Bildungsministerium darum, der Jugend Sitte und Anstand beizubringen, worum es, wie zu allen Zeiten, nicht immer zum Besten bestellt ist. Einmal müssen alle Schüler einen Vortrag zum Thema „Unsere gebildete Jugend und die Alkoholfrage" über sich ergehen lassen, und wiederholt werden die Eltern auf die Gefahren des Tanzunterrichts hingewiesen, der „für einzelne Schüler nicht ohne nachteilige Folgen gewesen" sei. Auch der private Lesestoff gibt Anlass zur Sorge. Ein diesbezüglicher Ministerial-Erlass, abgedruckt im Jahrbuch 1912/13, mag einem in mancher Hinsicht noch oder wieder erstaunlich aktuell vorkommen:

Die Gefahren, die durch die überhandnehmende Schundliteratur der Jugend und damit der Zukunft des ganzen Volkes drohen, sind in den letzten Jahren immer mehr zutage getreten. Neuerdings hat sich wieder mehrfach gezeigt, daß durch die Abenteurer-, Gauner- und Schmutzgeschichten, wie sie namentlich auch in einzelnen illustrierten Zeitschriften verbreitet worden sind, die Phantasie verdorben und das sittliche Empfinden und Wollen derart verwirrt worden ist, daß sich die jugendlichen Leser zu schlechten und selbst gerichtlich strafbaren Handlungen haben hinreißen lassen.

Die Schule hat es auch bisher nicht daran fehlen lassen, mit all ihr zu Gebote stehenden Mitteln dieses Übel zu bekämpfen und alles zu tun, um bei den Schülern und Schülerinnen das rechte Verständnis für gute Literatur, Freude an ihren Werken zu wecken und dadurch die sittliche Festigung in Gedanken, Worten und Taten herbeizuführen. In fast allen Schulen finden sich reichhaltige Büchereien, die von den Schülern und Schülerinnen kostenlos benutzt werden können.

Aber die Schule ist machtlos, wenn sie von dem Elternhause nicht ausreichend unterstützt wird. Nur wenn die Eltern in klarer Erkenntnis der ihren Kindern drohenden Gefahren und im Bewußtsein ihrer Verantwortung die Lesestoffe ihrer Kinder, einschließlich der Tagespresse, sorgsam überwachen, das versteckte Wandern häßlicher Schriften von Hand zu Hand verhindern, das Betreten aller Buch- und Schreibwarenhandlungen, in denen Erzeugnisse der Schundliteratur feilgeboten werden, streng verbieten und selbst überall gegen Erscheinungen dieser Art vorbildlich und tatkräftig Stellung nehmen, nur dann ist Hoffnung vorhanden, daß dem Übel gesteuert werden kann.

Bei der Auswahl guter und wertvoller Bücher wird die Schule den Eltern wie auch den Schülern und Schülerinnen selbst mit Rat und Tat zur Seite stehen und ihnen diejenigen Bücher angeben, die sich für die Altersstufe und für ihre geistige Entwicklung eignen. [...]

Ob Johannes sich solcher oder anderer Sünden schuldig gemacht und inwieweit Mutter Lina sein Verhalten überwacht hat, weiß ich leider nicht. Überliefert ist nur, dass er wohl gern mal einen über den Durst trank und wie sein Bruder

Wilhelm heftig rauchte. Ob er schon in der Schulzeit damit anfing oder erst später als Soldat, ist unklar. Zumindest Wilhelm berichtet in seinen Memoiren, dass in seiner Zeit als Schüler am Realgymnasium in Quakenbrück Kneipenbesuche an der Tagesordnung waren und er sich damals angewöhnt habe, Unmengen von Alkohol, besonders Bier zu konsumieren und bis zu 12 oder 13 Zigarren täglich zu rauchen, dazu noch Pfeife.

Am 17. April 1912 gibt es ein Ereignis, das Johannes mit seinem großen Interesse an den Himmelskörpern bestimmt mit besonderem Interesse verfolgt. Mitten am Tag, ziemlich genau zur Mittagszeit, verdunkelt eine ringförmige Sonnenfinsternis, die Norddeutschland überquert, die Stadt. In der Schule wird in dieser Zeit der Unterricht ausgesetzt. Bei bestem Wetter können alle das außergewöhnliche Ereignis verfolgen.

Johannes' Bruder Friedrich folgt seinem älteren Bruder aufs Gymnasium. Ob und wenn ja, wie lange Margarete und Minnie in Göttingen noch zur Schule gehen, ist nicht belegt. Ansonsten singen die beiden Schwestern im Chor, spielen Klavier und lernen tanzen, wie es sich für junge Bürgerstöchter gehört. Minnie trifft sich mit Verehrern, Margarete muss als Anstandsdame mitkommen. Auch Gretchen bleibt nicht unbeachtet von der Männerwelt, wirkt mit ihrem ernsten Wesen und ihrer kränklichen Konstitution aber vermutlich weniger attraktiv auf das andere Geschlecht als ihre sonnige, gesunde Schwester.

Einmal will Minnie auch Universitätsluft schnuppern. Da müsse sie sich erst „richtig" anziehen, rät ihr Bruder Wilhelm. Minnie nimmt ihre rote Haarschleife ab, zieht ein graues Kleid an und leiht sich von ihrer Mutter die Brille.

Dazu ein ernstes Gesicht und schon hält sie jeder für eine richtige Studentin, von denen es damals noch gar nicht so viele gibt. An einem richtigen Studium scheint sie jedoch kein Interesse zu haben. Wilhelm indes beendet bereits 1912 sein Jurastudium und beginnt sein Referendariat.

Weihnachten bei Richters im neuen Heim in Göttingen, um 1910

Zu Hause herrscht meistens eine lockere Atmosphäre, es wird gern gescherzt und gelacht und man liebt es, sich allerlei Anekdoten zu erzählen. Die Ferien verbringen die jungen Leute oft in Bottum bei der westfälischen Verwandtschaft, wo Wilhelm und Johannes ihrer Jagdleidenschaft frönen können. Auch andere Verwandte werden besucht; da beide Eltern aus großen Familien stammen, gibt es unzählige Tanten und Onkel, Cousins und Kusinen. Bis heute beneide ich meine Vorfahren um dieses riesige familiäre Netzwerk.

Mehrere Fotos zeigen die Richter-Familie vor und in ihrem neuen Göttinger Heim. Auf einem sieht man sie feierlich vor dem festlich, von zahlreichen brennenden Kerzen erleuchteten Christbaum versammelt, Minnie am Klavier, Friedrich davor und Margarete dahinter stehend. Lina sitzt gemütlich im Schaukelstuhl, Johannes steht hinter ihr vor einer mit Jagdtrophäen geschmückten Wohnzimmerwand. Weihnachten wie im Bilderbuch.

Erster Weltkrieg

„Der Krieg lässt die Kraft erscheinen"

Sonja Richter

Nach Ostern 1914 beginnt für Johannes das letzte Schuljahr. Als Oberprimaner steuert er allmählich auf die Abiturprüfungen zu, die im Frühjahr 1915 anstehen. Mittlerweile lernt er fünf Sprachen, neben Latein, Griechisch und Französisch auch Englisch und Hebräisch. Im ersten Deutschaufsatz muss er sich mit „Schuld und Schicksal in Schillers Braut von Messina" auseinandersetzen. Schillers Trauerspiel handelt von zwei Brüdern, die sich in dieselbe Frau verlieben, von der sie nicht wissen, dass sie ihre Schwester ist. Beide bezahlen dafür mit ihrem Leben. Warum wohl gerade dieses tragische Liebesdrama auf dem Lehrplan für den Abiturjahrgang steht? Im Mai geht es auf Klassenfahrt, Mitte Juli beginnen die Sommerferien und Johannes fährt wie üblich aufs Land nach Bottum.

Derweil hält Minnie Ausschau nach einem passenden Bräutigam. Eine gute Gelegenheit dafür ist das Stiftungsfest der Burschenschaft „Germania", zu dem offenbar auch junge, nicht studierende Damen eingeladen werden, um es für die Herren Studenten unterhaltsamer zu machen. Mit Kutschen geht es zum außerhalb gelegenen Ort der Feierlichkeit. Friedrich Grelle, ein junger, ihr bisher unbekannter Theologiestudent, ist Minnie als Begleitung zugeteilt. Eine gute Wahl, wie sich schnell zeigt, denn es funkt. Die beiden feiern gemeinsam bis in den nächsten Morgen hinein, wenige Tage später hat Minnie einen Rosenstrauß von ihm auf dem Klavier stehen – einträchtig neben dem eines anderen Verehrers. Minnie gefällt der gut aussehende und kultivierte angehende Theologe, und die beiden treffen sich noch öfter, bis Minnie in die Sommerfrische, vermutlich ebenfalls nach Bottum, fährt.

Ich weiß nicht, ob die beiden, Johannes oder sonst jemand in der Familie täglich die Zeitung gelesen haben, aber ich vermute es. In Göttingen gibt es damals zwei Lokalblätter, das – bis heute bestehende – Göttinger Tageblatt und die Göttinger Zeitung. Auch am 30. Juni 1914 bietet das auflagenstärkere Tageblatt wie immer eine bunte Mischung aus nationalen, internationalen und regionalen Nachrichten und Berichten, dazu die aktuelle Folge des Fortsetzungsromans „Das Geheimnis von Siebenstein" der unter dem Pseudonym Erich Ebenstein schreibenden österreichischen Schriftstellerin Annie Hruschka sowie Werbeanzeigen lokaler Unternehmer und private Kleinanzeigen.

Die Zeitung berichtet über die feierliche Beerdigung des Herzogs von Meiningen, der nicht standesgemäß verheiratet war, über das Sommerfest der Deutsch-Hannoverschen Partei und den Feuerwehr-Kreisverbandstag. In Hannover ist die Leiche eines Neugeborenen gefunden, in Hildesheim ein Mann wegen versuchter Vergewaltigung verhaftet worden. Die Bienenvölker in der Lüneburger Heide geben Anlass zur Sorge, und Göttinger Hauseigentümer werden zur Mückenbekämpfung in ihren Gebäuden aufgerufen. Ein örtlicher Zahnarzt wirbt für „künstliche Zähne von der einfachsten bis zur elegantesten Ausführung", ein Modegeschäft für einen großen „Saison-Ausverkauf" am nächsten Tag, ein Lebensmittelhändler preist „feinste neue Heringe" an, ein anderer frische Heidel-, Johannis- und Stachelbeeren.

Einen Großteil der ersten und zweiten Seite allerdings füllt die Berichterstattung zu einem Ereignis, das sich vor zwei Tagen im fernen Sarajevo abgespielt hat: die Ermordung des österreichischen Thronfolgers Erzherzog Franz Ferdinand und seiner Frau Sophie durch den 19jährigen bosnisch-serbischen Nationalisten Gavrilo Princip. Die Zeitung schildert den genauen Tathergang, erste Ermittlungsergebnisse und die internationalen Reaktionen auf das Attentat. Dahinter stecke möglicherweise eine großserbische Verschwörung, heißt es in dem Artikel.

Heute wissen wir, dass dieses Attentat der Auslöser einer Entwicklung ist, die einen guten Monat später in den Ersten Weltkrieg führt. Doch was denken die Leser des Göttinger Tageblattes damals? Wird im Hause Richter über mögliche Folgen, auch für Deutschland, spekuliert? Vermutlich verfolgt man die weitere Entwicklung mit einem leicht mulmigen Gefühl und geht ansonsten seinem Alltag nach. Minnies neuer Freund Friedrich Grelle nutzt die Semesterferien zum Lernen und trifft sich ab und an mit seiner Liebsten. Ende Juli aber zeichnet sich ab, dass es damit bald vorbei sein wird. Am 31. Juli, dem Tag, als Russland die Generalmobilmachung seiner Armee verkündet, schreibt er ihr:

Liebes Fräulein Richter,

zum Sonntag sende ich Ihnen die besten Grüße. Wie schön war doch der vorige! Und wie einsam wird dieser werden! In gewisser Weise ja allerdings nicht einsam. Denn in Göttingen herrscht jetzt ein mächtiges Leben. Die politischen Ereignisse überstürzen sich jetzt zu sehr. Wie leicht kann es nun kommen, dass wir uns gar nicht wiedersehen. Wann gedenken Sie, nach hier zurückzukehren? Ich muß vorläufig noch hierbleiben. Allerdings zum Arbeiten, wie ich eigentlich vorhatte, komme ich jetzt natürlich nicht. Ich habe eben meine sämtlichen Bücher eingepackt. Einige Zeit wird ja wohl noch verstreichen, ehe ich eingezogen werde. Dann werde ich in 6 Wochen ausgebildet u. muß hinaus. [...] Doch noch ist es ja nicht soweit, wenn auch nur wenig zu hoffen ist.

Am nächsten Tag gibt auch der deutsche Kaiser Wilhelm II. den Mobilmachungsbefehl und erklärt Russland den Krieg. Bis heute streiten Historiker darüber, welche Schuld Deutschland an dem Ausbrechen des Krieges trägt, da es seine uneingeschränkte Bündnistreue zu Österreich-Ungarn erklärt und offenbar wenig dafür getan hat, dessen Konflikt mit dem mit Russland verbündeten Serbien – eine Folge des Attentats –, zu deeskalieren. Für das Göttinger Tageblatt, dessen Berichterstattung in erster Linie auf Verlautbarungen der deutschen Regierung beruht, ist damals indes klar: Der Krieg wurde Deutschland von den anderen Mächten aufgezwungen, und es geht nun darum, mit allen Mitteln das Vaterland zu verteidigen. In einer längeren Schilderung des Kriegsausbruchs in der Ausgabe vom 5. August werden Russland und Frankreich für diesen verantwortlich gemacht. Im letzten Abschnitt heißt es:

Die russische Regierung hat durch ihre die Reichssicherheit gefährdende Mobilmachung die mühsame Vermittlungsarbeit der europäischen Staatskanzleien kurz vor dem Erfolge zerschlagen. Die Mobilisierungsmaßregeln, über deren

Ernst der russischen Regierung von Anfang an kein Zweifel gelassen wurde, in Verbindung mit der fortgesetzten Ableugnung zeigen klar, daß Rußland den Krieg wollte. [...]

Zwar habe der Kaiser am 1. August die Mobilmachung des gesamten deutschen Heeres und der Marine befohlen und Russland den Krieg erklärt, doch sei dies nur als Reaktion auf die russische Mobilmachung geschehen. Und bereits am Nachmittag des 1. August hätten russische Truppen die Grenze überschritten und seien auf deutschem Gebiet vorgerückt. „Hiermit hat Rußland den Krieg gegen uns begonnen." Am selben Tag habe auch Frankreich seine Armee und Flotte mobilisiert und am Morgen des nächsten Tages habe es die Feindseligkeiten eröffnet. Das Göttinger Tageblatt kommt zu dem Schluss:

Diese amtlichen, klaren Darlegungen der deutschen Regierung zeigen, mit welcher kühlen, zielbewußten Feindseligkeit und mit welcher hinterhältigen Verleugnung von Ehre, Treue und Glauben, an der auch der Herrscher aller Reußen beteiligt war, der Krieg von unseren beiden tückischen Gegnern von langer Hand vorbereitet und begonnen worden ist.

Der Wahrheitsgehalt dieser Darstellung ist hier unerheblich, denn es geht darum, welches Bild der deutschen Bevölkerung damals vermittelt wurde, und das war Deutschland als Opfer böswilliger Feinde. So sah es ein Großteil der deutschen Presse und folglich auch der deutschen und der Göttinger Bevölkerung.

Für Johannes ist sofort klar, dass auch er sich zur Verteidigung seines Landes zur Verfügung stellen wird. Bereits am 2. August, dem ersten Mobilmachungstag, schreibt er seiner in Göttingen verbliebenen Mutter:

Liebe Mama!

Deine Karte habe ich gekriegt. Besten Dank. Nun ist mobil. Ich habe vor, mich zu stellen, u. werde wahrscheinlich, wenn die Züge so gehen, Dienstag oder so nach Hause fahren. Hier geht es allen gut. Schon viel Roggen eingefahren. Kommt Wilhelm denn noch? Der kann das ja gut, Landsturm ohne Waffen. Onkel H. hat fürchterliche Angst, ganz lächerlich.

Auf Wiedersehen

Euer Johannes

Nicht nur er will „sich stellen", sondern auch alle seine Mitschüler. Nur wenige Tage später finden am Königlichen Gymnasium in Göttingen Notreifeprüfungen statt. 32 Schüler aus den obersten Klassen nehmen daran teil, darunter natürlich auch Johannes. Für den Deutschaufsatz werden die Schüler gebeten, ein Zitat aus Schillers „Braut von Messina" zu interpretieren, die in diesem Schuljahr von der Oberprima durchgenommen wird: „Der Krieg läßt die Kraft erscheinen, Alles erhebt er zum Ungemeinen, Selber den Feigen erzeugt er den Mut". Die gesamten zwei Strophen, deren Abschluss das Zitat bildet, eignen sich bestens, um die jungen Männer positiv auf die neue Zeit einzustimmen.

Schön ist der Friede! Ein lieblicher Knabe

Liegt er gelagert am ruhigen Bach,

Und die hüpfenden Lämmer grasen
Lustig um ihn auf dem sonnigen Rasen;
Süßes Tönen entlockt er der Flöte,
Und das Echo des Berges wird wach.
Oder im Schimmer der Abendröte
Wiegt ihn in Schlummer der murmelnde Bach –
Aber der Krieg auch hat seine Ehre,
Der Beweger des Menschengeschicks,
Mir gefällt ein lebendiges Leben,
Mir ein ewiges Schwanken und Schwingen und Schweben
Auf der steigenden, fallenden Welle des Glücks.
Denn der Mensch verkümmert im Frieden;
Müßige Ruh' ist das Grab des Muts.
Das Gesetz ist der Freund der Schwachen,
Alles will es nur eben machen,
Möchte gern die Welt verflachen;
Aber der Krieg lässt die Kraft erscheinen,
Alles erhebt er zum Ungemeinen,
Selber dem Feigen erzeugt er den Mut.

Die Einstellung, dass Krieg nicht nur ein Unglück sei, sondern auch so manches Gute hervorbringe, ist den Schülern
damals keineswegs fremd. Sie entspricht dem militaristischen Zeitgeist und wurde schon lange in der Schule propagiert. Sie ist damals auch nicht so abwegig, wie sie uns heute erscheinen mag, ist Deutschland doch aus dem Krieg von
1870/71 gegen Frankreich geeint und gestärkt hervorgegangen. Nun wird von den Abiturienten erwartet, das aktuelle
Geschehen in diesem Sinne zu deuten, was ihnen vermutlich
nicht schwer fällt. Dennoch will Deutschland nicht als
Kriegstreiber dastehen, sondern als Opfer, das sich gegen

böswillige Feinde zur Wehr setzt. Das können die Schüler in der Zeitung lesen, die am 7. August, also unmittelbar vor den Abiturprüfungen, auch folgenden Aufruf Wilhelms II. abdruckt:

Der Kaiser an sein Volk

An das deutsche Volk! Seit der Reichsgründung ist durch 43 Jahre mein und meiner Vorfahren heißes Bemühen gewesen, den Weltfrieden zu erhalten und im Frieden unsere kraftvolle Entwicklung zu fördern. Aber Gegner beneiden uns den Erfolg unserer Arbeit. Alle offenkundige und heimliche Feindschaft von Ost und West, von jenseits der See haben wir bisher ertragen im Bewußtsein unserer Verantwortung und Kraft. Nun aber will man uns demütigen. Man verlangt, daß wir mit verschränkten Armen zusehen, wie unsere Feinde sich zu tückischem Überfall rüsten, man will nicht dulden, daß wir in entschlossener Treue zu unserem Bundesgenossen stehen, der um sein Ansehen als Großmacht kämpft, mit dessen Erniedrigung auch unsere Macht und Ehre verloren ist. So muß denn das Schwert entscheiden! Mitten im Frieden überfällt uns der Feind, darum auf zu den Waffen! Jedes Schwanken, jedes Zögern wäre Verrat am Vaterlande. Um Sein oder Nichtsein unseres Reiches handelt es sich, das unsere Väter sich neu gründeten, um Sein oder Nichtsein deutscher Macht und deutschen Wesens. Wir werden uns wehren bis zum letzten Hauch von Mann und Roß. Wir werden diesen Kampf bestehen, auch gegen eine Welt von Feinden. Noch nie ward Deutschland überwunden, wenn es einig war! Vorwärts mit Gott, der mit uns sein wird, wie er mit unseren Vätern war!

Kein Wunder, dass Johannes und seine Mitschüler es in ihren Aufsätzen nicht an patriotischem Eifer und Opferbereitschaft fehlen lassen. Hier nun Auszüge aus Johannes' Aufsatz, für den er die Note „Gut" erhalten hat. Gemeinsam mit den Texten seiner Mitschüler, die alle bis heute im Göttinger Stadtarchiv verwahrt sind, stellt er ein berührendes Zeugnis des damaligen Zeitgeistes dar.

Vierzig Jahre lang durfte unser liebes Vaterland Ruhe und Frieden genießen. Mächtig entwickelte es sich auf allen Gebieten. Kein Mensch dachte daran, daß diese gesegnete Zeit durch die Böswilligkeit und Tücke unserer Nachbarn so schnell ein Ende nehmen könnte.

Jetzt bricht eine ungeheure Gefahr über Deutschland herein: der Krieg. Nun droht ein scharfer Frost den schön aufblühenden Frühling unbarmherzig zunichte zu machen. Die Großmächte haben sich verschworen, uns zu verderben. Schier unmöglich scheint manchem nüchternen Denker unser Sieg. Man sollte verzagen. Aber „der Krieg läßt die Kraft erscheinen", sagt Schiller in der Braut von Messina.

Der Krieg läßt die Kraft erscheinen, das lehrt uns diese Zeit. Wir Jungen fühlen es ja am eigenen Leibe, wie die Kraft, die in uns schlummerte, erwacht. Bisher fehlte ihr nur die Gelegenheit, sich für eine große Sache zu betätigen. Wie gern wollen wir jetzt die Anstrengungen des Soldatenlebens ertragen! Wie wacker wollen wir uns schlagen, wenn wir nur erst fest im Sattel sitzen und Lanze und Karabiner beherrschen! Ich bin überzeugt, daß jeder deutsche Soldat jetzt von demselben unbändigen Kraftgefühl durchdrungen ist, das ich in mir fühle. [...]

Was an sich nichts Besonderes wäre, das veredelt [der Krieg]. „Alles erhebt er zum Ungemeinen." Wenn sonst ein junger Mann sein Jahr abdient, so ist das nichts Besonderes, wird vielmehr oft als ein notwendiges Übel betrachtet. Jetzt, im Kriege, ist das etwas „Ungemeines", ja, das Schönste, was man sich wünschen kann. Kleinliche, alltägliche Dinge werden jetzt beiseite geschoben; alles denkt nur an die große Aufgabe, Gut und Blut einzusetzen für Kaiser und Reich. Für uns steht ja auch das höchste weltliche Gut auf dem Spiele. Wir kämpfen für Leib und Leben unserer Lieben daheim, für unsern geliebten Kaiser und für unser teures Vaterland. [...]*

Die Kraft entspringt aus der Begeisterung, ohne die kein Sieg erfochten werden kann. Unsern braven Kriegern fehlt es weder an Kraft noch an Begeisterung, ein jeder hofft fest auf den Sieg unserer gerechten Sache. Und ich bin gewiß, der Sieg wird uns krönen, wenn wir ins Feld ziehen „Mit Gott für König und Vaterland".

Ungeahnte Kräfte, Begeisterung und Opferbereitschaft – all das bringt der Krieg in Johannes' Augen hervor. Im Gegensatz zu Schillers Worten in der Braut von Messina scheint mein Großvater allerdings nicht der Ansicht zu sein, dass der Mensch „im Frieden verkümmert" und Krieg deshalb geradezu erstrebenswert sei. Einige seiner Mitschüler klingen da deutlich enthusiastischer. „Wieviel überwiegt all' die Schrecken des Krieges das Herrliche, Erhebende, das er mit sich bringt", schreibt Johannes' Klassenkamerad und Freund Paul Schmidt, und verdammt etwas später jegliche andere Sicht der Dinge: „Wer aber an der erhebenden Begeisterung der letzten Tage achtlos vorübergegangen ist und wem das Herz nicht höher geschlagen hat bei dem jubelnden Auszug der Truppen, der ist nicht wert, ein Deutscher zu sein."

Auch die Übersetzung eines Textes aus dem Altgriechischen, die Johannes und seine Mitschüler anfertigen müssen, handelt von ausziehenden Kämpfern, und selbst die Mathe-Arbeit ist ganz auf der Höhe der Zeit. So muss Johannes in der schriftlichen Abiturprüfung unter anderem folgende Aufgabe lösen:

Von einer Strandbatterie A liegt eine andere mit ihr telephonisch verbundene B 12,9 km in der Richtung N 31° W entfernt. Von B aus beobachtet man ein feindliches Schiff in der Richtung O 9,4° N, von A aus in der Richtung N 15,8° O. Wie weit ist das Schiff von A und B entfernt?

Sollte jemand von den Schülern Zweifel gehabt haben oder einfach nur Angst vor dem, was ihnen nun bevorstand, wird er es vermutlich für sich behalten haben, um nicht die Verachtung von Mitschülern und Lehrern und ein schlechtes Abitur zu riskieren. Jedenfalls ist am 11. August im Tageblatt zu lesen: „Die Notreifeprüfungen haben am 4. und 9. August stattgefunden. Alle 32 Primaner, die sich gemeldet hatten, sind für reif erklärt worden." Einen Tag später werden ihre Namen veröffentlicht. Außer ihnen verlassen auch noch 15 Lehrer sowie 23 Schüler aus den unteren Klassen die Schule, um im Heer zu dienen. Überall in der Region werden in dieser Zeit Notreifeprüfungen abgehalten, damit die ältesten Schüler mit einem Abschluss in der Tasche in den Krieg ziehen können. Keine Schule und kein Schüler will als Drückeberger dastehen. Und natürlich melden sich nicht nur Schüler freiwillig. In ganz Deutschland eilen junge Männer zu den Fahnen, und so berichtet das Tageblatt denn bereits an jenem 11. August:

Der Zudrang der Kriegsfreiwilligen übersteigt alle Erwartungen. Von zuverlässiger Seite wird mitgeteilt, daß sich bisher im Deutschen Reiche 1 300 000 Mann Kriegsfreiwillige gestellt haben.

Am 15. August wird Johannes zusammen mit anderen Göttinger Kriegsfreiwilligen feierlich vereidigt. In einer durch und durch christlichen Zeremonie wird ihnen der Beistand Gottes in Aussicht stellt, wenn sie auf diesen vertrauen und im Feld ihren Mann stehen. Schließlich ist Gott ja auch „deutsch", wie es im zum Abschluss der Feier angestimmten Lied von Ernst-Moritz Arndt heißt:

Auf! Bleibet treu und haltet fest! So wird euch mehr gelingen!
Wer sich von Gott nicht scheiden läßt, der kann die Hölle zwingen:
Der alte Gott, der deutsche Gott läßt sich noch immer schauen
Und macht des Teufels List zu Spott und seinen Stolz zu Grauen.

Voller Stolz und Rührung wird noch ein Dreivierteljahr später der Schulchronist des Königlichen Gymnasiums darüber berichten:

56 Schüler der Anstalt zogen also ins Feld. Mit heißer Begeisterung folgten alle dem Rufe ihres Kaisers und Königs, und nie werden wir die Stunde vergessen, da die jungen Krieger, auf dem weiten bergumkränzten Felde an der Stadt versammelt, nach feierlichem Gottesdienste den Fahneneid in unserer Gegenwart leisteten. Wie kräftig klang das Arndt-sche Lied vom Gott, der Eisen wachsen ließ und keine Knechte wollte, zu den waldgekrönten Hügeln empor, wie andächtig lauschten die Jünglinge den mahnenden und an-feuernden Worten des Geistlichen, wie laut schallte der Schwur, wie leuchteten die Augen, als alle beim Abmarsch von der Feierlichkeit die Wacht am Rhein anstimmten.

Nun hat Johannes also das Abitur in der Tasche, ist vereidigt und voller Tatendrang. Als Kriegsfreiwilliger mit höherem Schulabschluss kann er sich selbst aussuchen, bei welchem Truppenteil er dienen möchte, und für ihn ist klar: Er möch-te zur Kavallerie. „Fest im Sattel sitzen, Lanze und Karabi-ner beherrschen", so stellt er sich den Krieg vor. Und Pferde sind ihm bereits seit seiner Kindheit vertraut. Die Einheiten, bei denen er sich bewirbt, haben jedoch vorerst gar keinen Bedarf, da sich schon mehr Freiwillige gemeldet haben, als aufgenommen werden können. Immer wieder erhält er Ab-sagen. Von seinen intensiven Bemühungen, bei der Kavalle-rie unterzukommen, zeugt unter anderem ein Schreiben vom 22. September an das Ersatzdepot Oldenburg:

Ich möchte ganz ergebenst anfragen, ob und wann ich dort als Kriegsfreiwilliger eintreten kann. Ich bin 19 Jahre, taug-lich, kann gut mit Pferden umgehen und habe schon viel (ohne Sattel) geritten. Ich war am 4. August in Braun-schweig beim 17. Husarenreg. angenommen, wurde aber wegen eines Examens nicht einberufen und habe nach Mit-teilungen des dortigen Ersatzdepots gar keine Aussicht, in absehbarer Zeit eingestellt zu werden. Falls dort in Olden-burg wieder Kriegsfreiwillige eingestellt werden, bitte ich

ergebenst um Berücksichtigung und Nachricht. Ich bin gern
bereit, mir eine Wohnung zu mieten.
Mit der höflichen Bitte um Antwort bin ich gehorsamst Jo-
hannes Richter

Der Brief kommt mit dem Vermerk zurück: „Eine Einstellung ist wegen Überfüllung nicht möglich. Nochmals anfragen." Doch auch die erneute Anfrage führt nicht zum Erfolg.
Johannes gibt nicht auf, und schließlich klappt es doch
noch, allerdings fern der Heimat beim 1. Brandenburgischen
Dragonerregiment No. 2 in Schwedt an der Oder. Von dort
teilt er am 2. Oktober per Telegramm seiner Mutter mit:
„Glücklich eingekleidet, bald mehr – Johannes". Am 3. Oktober folgt ein ausführlicher Bericht über seinen Dienstan-
tritt:

[...] wurde um 9 untersucht, aber ausgiebig, für tauglich be-
funden, nach 7 Stunden Warten mit 7 anderen von 12 Taug-
lichen vom Rittmeister v. Gerlach angenommen. Das wäre
beinahe schief gegangen. Wegen meiner Brille und meiner
„zarten Hände" wurde er falsch, und erst als ich sagte, ich
hätte 3 cm mehr Unterschied in der Brustweite gehabt als
die anderen, sagte er: „Na, dann wollen wir'n mal erst neh-
men. Ich seh' mir Sie aber Montag noch mal an!" Wurden
dann sofort eingekleidet, kriegten Reithose, Waffenrock,
Drillichanzug, Mütze, Reitstiefel, Schnürschuhe u. 2 Unter-
hosen u. 2 Hemden. Kein Dienst am Nachmittag, in d. Ka-
serne auf Stube 25 gesteckt u. (erst selbst Strohsack ge-
stopft, war leer) ganz gut geschlafen. Heute Morgen um 3/4
5 Stalldienst: Ausmisten, Putzen, Tränken, Füttern u.s.w.,
dann gab's Kaffee u. ich holte mir ein paar Brötchen aus d.

Kantine, dann Instruktionsstunde, dann geritten. Mir ist eine hübsche schwarzbraune Stute „Otter" zugeteilt, vorläufig, recht fromm, reitet sich auch hübsch, aber dabei sehr mutig. Reiten, mit Sattel, ohne Bügel, eine halbe Stunde deutschen Trab, noch nicht durchgeritten, wie viele. Es ging ganz gut, dann Zügel über Hals gelegt, Schritt u. Freiübungen machen. Sich quer auf Sattel setzen u. kopfüber nach hinten runterrollen. [...]

Die Aufnahme in die Armee hat er geschafft, doch Gelegenheit, das Vaterland zu verteidigen, bekommt er so bald noch nicht. Bei der Kavallerie müssen Pferd und Reiter zunächst gründlich geschult werden. Von dem intensiven Reittraining haben viele Rekruten bald ihr Gesäß wund gescheuert, Johannes' Mitbewohner kann sich kaum noch rühren, Johannes steht es dank dem eifrigen Einsatz von „Präservativcreme" und Hirschtalg einigermaßen durch.

Heute 3 Stden Geländereiten. Nach großem Exerzierplatz. Eine Stunde durch Forsten. Wohl 25 Stück Damwild tollte da rum wie die Zigeuner. „Marschtempo", rascher Trab, strengt gräßlich an ohne Bügel. Dabei wird mein Gaul immer mutiger. Ich reiße mir sämtliche Finger kaputt. Aber es ging ganz gut. Dann quer durch Tannenhochwald. Schaurig. [...] Auf d. Platz erst etwas geritten, im 4eck, Abstände wahren etc. pp. Dann von 22 Mann 6 ausgewählt u. mit d. Auserwählten von d. andern Abteilungen neue Abteilung gebildet, die morgen reiten muß, wenn Oberst v. Horn kommt u. uns sich ansieht. Ich war auch dabei.

Mit Brille und „zarten Händen": Johannes als Kriegsfreiwilliger 1914

Wenn gerade nicht trainiert wird, versorgt Johannes die Pferde im Stall oder putzt, um Pferd, Zaumzeug und Kleidung vom Dreck zu befreien, den die Übungen, vor allem im Gelände, mit sich bringen. So wechselt körperlich forderndes Training, zu dem bald auch der Umgang mit Lanze und Karabiner und erste Gefechtsübungen zählen, mit stundenlangem Putzen und Stallwachen. Abends lässt er sich von Frau Froh versorgen, bei der er gemeinsam mit einem anderen Kriegsfreiwilligen eine Wohnung gemietet hat. Sich um eine eigene Unterkunft zu kümmern wird von den „Einjährigen" – Rekruten mit höherem Bildungsabschluss – erwartet, während die übrigen einfachen Soldaten in der Kaserne wohnen. Die Kosten dafür müssen die Einjährigen selbst tragen. Sooft er Zeit findet, schreibt Johannes an Familie, Verwandte, Freunde und Bekannte, bedankt sich für „Liebesgaben" und lässt sie an seinem Kavalleristenleben teilhaben. Dabei schildert er die Härten, ohne groß zu klagen, aber auch die Freude, die ihm das Reiten macht, abgesehen von seinem wunden Hintern.

Daheim ist ihm die Bewunderung seiner Familie, Verwandten und Bekannten sicher, auch wenn sich alle um ihn sorgen. Vielen hat er ein Bild von sich in seiner nagelneuen Uniform geschickt, das offenbar Eindruck macht. Ein ehemaliger Lehrer schreibt ihm:

Es freut mich, daß Sie mit Leib u. Seele Ihrem neuen Beruf sich widmen, ich weiß, daß Sie als Reiter u. Soldat Ihrem Vaterlande ebenso treu dienen werden, wie Sie bisher als Schüler so vortrefflich sich bewährten. Hoch zu Roß werden auch Sie in naher Zukunft Schrecken unter die verwünschten Feinde tragen. Meine besten Wünsche begleiten Sie,

möge es Ihnen vergönnt sein, gesund u. glücklich heimzu-
kehren.

Und von einer Frau Fratzscher, einer Bekannten der Familie,
erhält er folgende Zeilen:

Es war sehr nett von Ihnen auch uns mit einer Karte, die Sie
als stolzer Reitersmann zeigt, zu erfreuen. Wie schön doch,
daß Sie so mit Leib und Seele bei der Sache sind. Ihr Pferd
gefällt uns auch sehr, ich könnte Sie fast darum beneiden.

Neben einer Grundausbildung in Reiten, Pferdepflege, Umgang mit der Waffe und Einsatz im Feld, die offenbar alle
Rekruten durchlaufen, erhalten die Einjährigen besonderen
Unterricht, der sie bereits auf Leitungsfunktionen vorbereiten soll, denn aus ihren Reihen soll der Nachwuchs an Unteroffizieren und Offizieren hervorgehen. Dazu gehört auch
das Führen einer Patrouille und der Einsatz als Meldereiter,
Funktionen, für die die Kavallerie zur Unterstützung von Infanterie und Artillerie benötigt wird, um diese über die Auf-
stellung der gegnerischen Armee zu informieren. Auch hier
bewährt sich Johannes:

Wir Einj. haben Extra-Unterricht bei v. Oppen, sehr „fes-
selnd"! Da wird Krieg auf d. Karte geführt u. wir begleiten
eine Patrouille, deren Meldungen wir zu Hause anfertigen
müssen. Unter der ersten u. einzigen bis jetzt hatte ich
„Gut" – sehr gefreut. Vorgestern Abend war Nachtübung,
Vorübung für Patrouille. Alle 10 min 2 Abmärsche zu je 3
Mann auf verschiedenen Wegen. Unmittelbar vorher geheim
instruiert, wofür u. auf welchen Wegen. Nach Karte. Dann

kriegt d. Führer, meist Einjähr., eine Karte u. geheim ging's los. Ich ritt als letzter mit nur einem, auch Einj. (war keiner mehr da), dem Grafen Brederloh los. Ich war Führer. Bin gut zurechtgekommen, 3 ½ Std. geritten. Kalt, aber schön, Zigarre im Maul.

Bisweilen wird es auch mal richtig spannend und so, wie sich Johannes das Kriegführen damals wohl noch am liebsten vorstellt und wie wir es heute noch aus zahlreichen Westernfilmen kennen:

Heute beim Felddienst bekamk leider langweiligen, allerdings bequemen Posten: Ich trug Fahne an senkrechter Lanze (in Ermangelung von Lanzenschuh in Stiefel gesteckt), und ritt im Schritt allein auf bezeichnetem Wege vor, hinter mir in 1 km Abstand eben so einer, auch mit Fahne. Auf den Abstand kam es an. Er bedeutete, dazwischen marschiert Truppe, bei 1 km also Division. Es ging ganz gemütlich, ich rauchte (anstecken ist schwer, linke Hand hält Zügel (4 Stück!), rechte Lanze) und doch kann man Zigarre aus Etui nehmen u. anzünden, trotzdem Pferd unruhig. Schließlich gab Oberleutn. v. Oppen Marschrichtung an u. ritt neben mir her, plötzlich Schüsse links, Oppen brüllt: Zur Attacke links marschiert auf, Marschmarsch, Hurra! Ich als Repräsentant der Brigade doch mindestens Karacho links auf den Feind, Oppen nach. Dabei flogen mir die Platzpatronen aus 15 Schritt Entfernung um die Ohren! Das macht Spaß! Wir waren bis auf 40 Schritt mit der Division ungesehen herangekommen u. hätten im Ernstfall die abgesessenen Schützen glatt überrannt.

In Wirklichkeit finden solche berittenen Attacken in diesem Krieg allerdings kaum noch statt, da die Feuerkraft der gegnerischen Seite zu unverhältnismäßig großen Verlusten auf Seiten der Angreifer führt. Wichtiger ist zunächst noch die Aufklärungsarbeit.

Allmählich gesellen sich zu allen möglichen Ritten und Übungen im Gelände, zu denen auch das Buddeln von Schießlöchern und Ausheben von Schützengräben zählen, konkrete Vorbereitungen für das baldige Ausrücken. Die Rekruten werden gegen Typhus, Pocken und Cholera geimpft. Für einen möglichen Einsatz im Osten erhalten die Einjährigen Polnisch- und Russischunterricht. Es werden größere Expeditionen unternommen. Aber noch ist es nicht soweit, der Krieg bleibt fern, abstrakt und verlockend, und Johannes brennt darauf, all das Gelernte nun auch endlich mal an der Front einzusetzen.

Dass der Krieg auch blutiger, ja tödlicher Ernst sein kann, bleibt ihm indes nicht verborgen, denn im Laufe des Herbstes erfährt er alle paar Tage, dass Schulkameraden, Bekannte und Verwandte von ihm verwundet oder gefallen sind. Besonders trifft ihn der Tod von Paul Schmidt, mit dem zusammen er Abitur gemacht hat und wohl auch befreundet war. Am 11. Oktober hatte der ihm noch enthusiastisch geschrieben:

Endlich hat die ersehnte Stunde geschlagen!! Morgen geht's los! Wahrscheinlich und hoffentlich gen Westen! [...] Du wirst mich sicher darum beneiden, dass ich jetzt, wo Du kaum eingetreten bist, schon ran an den Feind komme. Aber sei nur getrost, Du kommst auch noch ran. Denn der

Schweinehunde, die wir verhauen müssen, sind noch genug da. ... Auf ihn, er röchelt noch! Auf ihn mit Gebrüll!

Anfang Dezember kommt eine Karte, die Johannes ihm geschrieben hat, mit dem Vermerk „tot" zurück. Von einer Bekannten erfährt er später, dass Paul bei einem Sturmangriff auf einen französischen Schützengraben gefallen ist, wo man ihn und seine Kameraden offenbar ins offene Feuer rennen ließ. Von 49 Mann hätten nur neun überlebt. Ein ehemaliger Lehrer schreibt Johannes dazu, ganz im an der Schule gelehrten Geiste:

Es ist mir sehr schmerzlich, daß er sein junges Leben so früh hat hingeben müssen. Aber wir sollen ja nicht trauern, sondern jeden beneiden, dem es vergönnt ist, diesen schönsten Tod, den es nun einmal gibt, zu finden. So werden Sie ja auch denken.

Ob Johannes so gedacht hat, kann ich nicht sagen. Sicher ist nur, dass ihn solche Meldungen ganz offensichtlich nicht abgeschreckt haben. Denn als er Mitte Dezember von einem entscheidenden Sieg über Russland hört, sorgt er sich: „Wenn sie uns bloß noch nötig haben." Und als es sich Ende des Jahres endlich abzeichnet, dass er bald ins Feld kommt, kommentiert er das mit den Worten: „Ich freue mich wie'n Schneekönig!!!"

Ganz anders als Johannes' Briefe lesen sich diejenigen seines künftigen Schwagers Friedrich, mit dem sich Minnie einige Wochen nach Kriegsausbruch heimlich verlobt hat. Schon in den ersten Tagen war er alles andere als begeistert und hatte sich nur freiwillig gemeldet, weil er es als seine vaterländische Pflicht ansah. Auch er strebt nach einer mehrwöchigen Ausbildungszeit ins Feld, aber vor allem deshalb, weil er den „geisttötenden Dienst" nicht mehr erträgt, dem er als angehender Infanterist ausgesetzt ist. Anfang November klagt er:

[...] denn ich bin furchtbar erbittert auf den Militärdienst. [...] uns während des Krieges, kurze Zeit vor unserm Ausrücken ins Feld, einen ganzen Vormittag mit Parademarsch zu drillen, ist ein so unglaublicher Blödsinn, daß er nur beim preußischen Militär vorkommen kann. Aber das Ziel dabei ist ja, den Geist zu töten, u. das wird auf solche Weise großartig erreicht.

Da hat es Johannes mit seiner abwechslungsreichen und anspruchsvollen Kavallerie-Ausbildung natürlich besser getroffen. Als Friedrich dann wenig später an die Front in Ostpreußen kommt, wo er mithelfen muss, die russischen Invasoren zu vertreiben, hat er bereits nach wenigen Tagen genug vom Kämpfen. Ende 1914 schreibt er an Johannes aus der Festung Lötzen:

Einmal waren wir 3 Tage im Schützengraben, dann lieferten wir ein kleines Nachtgefecht, lagen bei dem großen Sturmangriff auf die russ. Stellung in Reserve u. legten während 5 Nächte einen neuen Schützengraben an einem See entlang an. Währenddes waren wir mehrmals im Feuer. Bes. unangenehm waren im Schützengraben einmal die Granaten, die 5 m vor uns einschlugen, u. sodann bei dem Nachtgefecht ein Maschinengewehrfeuer. Das ist eine ganz scheußliche Waffe. An größeren Unternehmungen habe ich noch nicht mitgemacht. Jetzt liegen wir hier wieder in der Festung für den Fall eines Angriffs. Hoffentlich bleiben wir bis Weihnachten hier u. dann ist hoffentlich bald Friede. Du brauchst es nicht weiter zu bedauern, wenn Du nicht mehr mitkommst. Wir sehnen uns alle sehr nach dem Frieden.

Im Gegensatz zu Johannes ist Friedrich frisch verliebt und hat eine Braut, die auf ihn wartet. Er sehnt sich nach ihr, seine Briefe an sie sind ernst und nachdenklich, und er macht sich Gedanken über den Tod. Ein Karton mit vielen hundert Briefen von ihm, die sich bis heute erhalten haben, birgt auch folgendes Schreiben mit dem Vermerk „Erst nach Eintreffen einer verbürgten Nachricht von meinem Tode zu öffnen!".

Meine liebe Minnie!
Wenn Du diesen Brief liest, bin ich nicht mehr auf dieser Erde. Unser himmlischer Vater hat mich zu sich in sein Reich genommen. Nach so kurzer, so schöner Glückszeit werden wir wieder auseinandergerissen, u. ich muß dich allein zurücklassen. Da muß ich noch einmal zu Dir reden, als säße ich neben Dir; und da möchte ich Dich bitten, Dein so schweres Geschick als Christ u. Deutsche zu ertragen. Es ist der alte Ruhm der deutschen Frau, nicht allzu bitter zu klagen über den Verlust des Mannes, der fürs Vaterland starb. Es wird Dir niemand verargen, wenn Du weinst. Auch bitte ich Dich, meinetwegen in Schwarz zu trauern. Es ist alte Sitte, u. ich bin eben für das Alte. Auch dokumentierst du dadurch noch einmal unsere Zusammengehörigkeit. Aber geh in Deinem Trauern nicht zu weit; das verbietet Dir auch

Dein Christenruhm. [...] Zum letzten Mal küsse und herze ich Dich!

Dein Dich ewig treu liebender Bräutigam Fr. Grelle. Im Felde 1914

An Weihnachten kann Johannes noch einmal für ein paar Tage auf Urlaub nach Hause kommen, dann wird es auch für ihn langsam ernst. Er sucht sich ein gutes Pferd aus, bekommt eine neue Uniform, Sattel, Karabiner und Lanze verpasst und packt alles zusammen, was er für das Feld braucht. Für etwa zehn Tage kommt er zunächst zur weiteren Vorbereitung nach Jüterbog südlich von Berlin, wo er noch sein Soldbuch und eine „Hundemarke" erhält. Noch immer weiß er nicht, ob er in den Westen oder in den Osten geschickt wird. Wenige Tage später setzt er dann zum ersten Mal seinen Fuß auf französischen Boden.

„Heute schossen die Russen wieder"

Sonja Richter

Ohne Braut, voller jugendlichem Elan und weniger zart besaitet, freut sich Johannes, als er Anfang 1915 – vom Frieden, den viele schon längst herbeisehnen, keine Spur – endlich ausrücken darf. Frohen Mutes schreibt er nach Hause:

Ich habe jetzt feine Uniform, morgen Stiefel verpassen, große. Uniform, Dragonerröcke, weiße Borstelierung (statt schwarz), schönes Zeug. Mein Rock ist schön weit. Es geht alles darunter. Morgen willk mich noch photografieren lassen.

Am 20. Januar 1915 ist es dann soweit: Mit der Eisenbahn wird sein Regiment oder ein Teil davon quer durch Deutschland und das besetzte Belgien nach Nordfrankreich gebracht, wo es als Divisionskavallerie eine Infanteriedivision unterstützen soll. Über das gleich hinter der belgisch-französischen Grenze gelegene Maubeuge geht es zunächst in ein Dorf bei Nesle, wenige Kilometer von der Front entfernt, wo die Soldaten in einem verlassenen Gutshaus einquartiert werden. Hier werden sie vom Kaiser höchstpersönlich auf ihren Einsatz eingestimmt, denn einen Tag nach seiner Ankunft schreibt Johannes: „Heute war ein großer Friedenstag: Parade vor S.M. Er sah prachtvoll aus. Ich bin entzückt. Hat

Ansprache gehalten." Seine ersten Eindrücke aus dem Feindesland schildert er so:

Die Kanonen donnern, u. wir trinken gemütlich Kaffee, den wir uns auf d. Maschine des Gutes hier kochen, in großen Mengen, und gut. Die Leute hier sind nett. Natürlich bin ich vorsichtig (Pistole nachts). [...] Ich verständige mich tadellos mit den Leuten. [...] Ich habe immer noch friedliche Gefühle, d.h. merke außer zerschossenen Häusern, Kanonendonner u. Granaten, die überall herumliegen, und den endlosen Truppenmengen, Truppengattungen, die man sieht, [nichts vom Krieg.]

Einen Tag später beziehen Johannes und seine Kameraden Quartier in der Zuckerfabrik von Licourt, einem kleinen Ort westlich von Saint-Quentin hinter der Somme. Zwei Monate bleiben sie hier, doch da der deutsche Vormarsch schon seit Monaten zum Erliegen gekommen ist und es nun erst mal nur darum geht, die jetzige Frontlinie zu halten, gibt es für die Kavalleristen in ihrer eigentlichen Funktion als Kundschafter und Meldereiter nicht viel zu tun. Stattdessen fällt ihnen die Aufgabe zu, im besetzten Land für Ruhe und Ordnung zu sorgen. Ab und an werden Patrouillen geritten, ansonsten muss Johannes abends im Dorf Wache halten und jeden Zivilisten festnehmen, der sich nicht an die abendliche Ausgangssperre hält. Als Teil einer Besatzungsarmee macht er auch ohne Gewissensbisse und mit gewissem Vergnügen von der Möglichkeit Gebrauch, Lebensmittel und was sonst benötigt wird, bei der heimischen Bevölkerung zu „requirieren".

Paßt mal auf, wie man so lebt hier, wie heute z.B.: Um 7 aufgestanden, aus Stroh oder vielmehr ungedr. Weizen, Pferde gefüttert, getränkt, alles Sattelzeug etc. geputzt, Kaffee im Hause gekocht, Mittag Reis, unbändig gefuttert, weiter geputzt, in d. Zuckerfabrik umgezogen, alles da in Ordnung gebracht, dann hatte Orlob (Schlachter von Beruf) aus unserm Beritt ein Kalb ergattert u. geschlachtet, die Keule wurde sauber zerlegt u. dann zogen wir ins Dorf, gingen in ein Haus, ich als Dolmetscher verlange Topf Wasser u. Feuer u. die Braterei in meiner letzten Butter geht los. Dann stiefeln 2 los, holen vom Gute Kartoffeln, die werden geschält, dann gehen wir in ein anderes Haus u. kochen die da. Die Öfen hier in d. Küchen sind alle gleich, haben Plätze für 2 Töpfe, heizen aber gut. Die Leute sind meist freundlich, wo ich jetzt sitze (die Kartoffeln koche) deren Mann u. Sohn (immer nur Frauen u. Kinder u. Mümmelgreise da) gefangen in Deutschland. Ich kann sie ja etwas trösten. Kartoffeln gar, Fleisch gar, das Göttermal nimmt d. Anfang.

So durchsuchen von leeren Häusern (Pistole in d. Hand) mache ich öfter, das macht Jux, wenn man dann eine Pulle Wein entdeckt oder ähnliches.
Hier war es diese Tage ruhig. Ich habe allerhand Sachen im Dorfe mit requiriert u. allerlei Verstecktes entdeckt.

Zur Entlastung meines Großvaters sei gesagt, dass diese Art der Truppenverpflegung von oben vorgegeben wurde. Man sollte sich im Land bedienen, andernfalls hätten die Soldaten darben müssen. Dafür muss nun die französische Zivilbevölkerung darben und manche Bewohner betteln bei den deutschen Soldaten um Brot. Wenigstens bekommen sie auch etwas, denn Johannes zufolge kommen einige immer wieder. Dennoch hält sich sein Mitgefühl in Grenzen, er schreibt eher belustigt über seine Begegnungen:

Eben waren 2 kleine Mädels da, die kommen öfter: „du pain, s'il vous plait" sagten sie früher, eben aber: „du Brot!" Da hak doch lachen müssen. Überhaupt ist es sehr witzig oft, wenn Franzosen nicht wissen, daß man Franz. kann u. einem auf Deutsch etwas sagen wollen. Dann reden die Franz. Deutsch u. ich Französ., verkehrte Welt.

Am 14. Februar schreibt Johannes nach Hause: „Erlebt hak noch nicht viel u. gefährlich war garnichts. Das muß noch anders kommen u. tut's hoffentlich auch." Obwohl ihm offenbar der Kick fehlt, empfiehlt er seinem Bruder Wilhelm: „Sieh zu, daß Du Kavallerist wirst. [...] Kavall. ist das einzig Wahre, außerdem die reine Lebensversicherung!" Dabei wird akustisch und visuell durchaus Einiges geboten: Geschützdonner und Gewehrfeuer, Flugzeuge, Leuchtkugeln und Scheinwerfer in der Nacht: vor allem der Gegner versucht nach wie vor, noch etwas zu seinen Gunsten zu bewegen oder den Deutschen wenigstens das Leben schwer zu machen.

Montag Abend war punkt 8 ein wahnsinniges Geknalle. Es blitzte unaufhörlich u. der Donner rollte in einem fort. Leuchtkugeln flogen hin u. her, Lichtsignale rot u. weiß (für unsere Division) beunruhigten uns. Nach 10 Min. hörte es plötzlich auf. Nur noch vereinzelt blitzte es auf. Die Nacht ging es noch wieder los. Wir waren alarmbereit. Es handelte sich um Stürme der Engländer, die jetzt uns gegenüber liegen. Im Falle eines Durchbruchs müssen wir die Somme-brücke besetzt halten, bis der letzte Mann herüber ist. Gestern Nachmittag haben sie wieder gestürmt, aber Scheibe!

Unmittelbar in die Kämpfe verwickelt wird Johannes jedoch nicht. Den Kontrast zwischen dem Kampfgeschehen einerseits und der eigenen eher ungefährlichen Tätigkeit bringt Johannes in einem Brief vom 4. März zum Ausdruck:

Sonst gibt es hier nur Artilleriekämpfe, sie bullern andauernd. Heute, Sommerwetter, Flieger in Scharen. Viele beschossen die Artillerie, aber alle entwischt. So sieht das aus [Skizze]: So platzen die Schrapnells in d. Luft [weiße Wolken], die kleinen zuletzt abgeschossen, allmählich teilen sie sich dann. Ich habe heute wohl 30 Flieger gesehen. Hier ist fast lauter friedliche Arbeit, außer den paar Patrouillen (Gendarmeriearbeit, Leute verhaften etc.).

Ende März zeichnet sich daher auch ab, dass er und seine Truppe anderswo dringender benötigt werden. Russland kommt ins Gespräch, und tatsächlich befindet sich Johannes Mitte April auf dem Weg an die Ostfront, wo er zwar auch noch nicht gleich ins Kampfgeschehen kommt, aber größere körperliche Strapazen auf sich nehmen muss und jetzt auch endlich eine richtige kavalleristische Aufgabe hat. Am 29. April schreibt er:

Seit eben bin ich hier bei der Division, wohl als Meldereiter, mit noch mehreren anderen. Wir sind in Galizien, etwas westlich Goybono, haben viele beschwerliche Märsche durch Karpathen etc. gemacht, herrliche Gegenden, schö-

nes Wetter, schlechte Ställe, garkeine Quartiere (Wir haben Zeltbahnen etc. u. schlafen schön draußen).

Ein Großteil des zu Österreich-Ungarn gehörenden Galiziens ist von russischen Truppen besetzt, Anfang April hat die Oberste Heeresleitung beschlossen, im Raum Tarnów–Gorlice östlich von Krakau eine Offensive gegen die russischen Stellungen zu unternehmen, um dort die Front zu durchbrechen und die Russen zurückzudrängen. Unter Generaloberst v. Mackensen wird eine Heeresgruppe, bestehend aus der 11. deutschen und 4. österreichischen Armee, bereitgestellt, die aus von der Westfront abgezogenen Truppenteilen gebildet wird, darunter auch Johannes' Kavallerieabteilung. Am 2. Mai stürmt nach achtstündigem Artilleriebeschuss die Infanterie die stark befestigte Verteidigungsstellung der Russen und der Durchbruch gelingt. Danach sind die Russen gezwungen, peu à peu immer weiter zurückzuweichen, Mitte Mai erzwingen die Deutschen unterhalb von Przemyśl den Übergang über den Fluss San, am 3. Juni nehmen sie Przemyśl ein und am 22. Juni Lemberg, die Hauptstadt Galiziens. Damit ist die Verbindung zwischen den russischen Fronten in Südostgalizien und Ostpolen abgerissen, fast ganz Galizien wieder in österreichischer Hand und die Gefahr einer russischen Besetzung Ungarns gebannt.

An diesem hart erkämpften Vormarsch der Mittelmächte ist Johannes nun unmittelbar beteiligt, als Meldereiter ist er dem direkten Kampfgeschehen jedoch weit weniger ausgesetzt als die an vorderster Front kämpfenden Infanteristen. Allerdings können auch ihm Granaten gefährlich werden, die immer mal von russischer Seite herüber geschossen werden. Einige Male wird er nur knapp verfehlt, was er mit einer bemerkenswerten Gelassenheit hinnimmt:

Gestern platzte eine Granate genau auf dem Platz, den ich 1/4 Minute vorher verlassen hatte. Das Pfeifen und Zischen stört einen garnicht mehr,

berichtet er am 17. Mai nach Hause, und sechs Tage später:

Die Russen sitzen hier sehr fest vor dem San. Unser Stab beobachtet. Die Pferde stehen im Walde. Die Granaten u. Schrapnells sausen u. zischen in allen Tonarten u. ganzen Tonleitern (von oben nach unten) über uns her, schlagen vor und hinter uns ein; die Pferde kennen das schon, wir auch.

Allerdings machen die Angriffe sowie die Opfer und Zerstörungen, die sie verursachen, dann doch Eindruck auf ihn und er schildert sie zum Teil sehr detailliert:

In Radyniwo sah u. hörte ich 30,5 cm Motormörser. Ich stand zu Pferde dicht dahinter. Beim Schuß gingen alle Pferde tief in d. Knie, viele Menschen fielen um, eine Wand des nächsten Hauses stürzte ein. Dann hörte man 30 Sek lang das Sausen, Zischen, Pfeifen u. Singen der bis 8000 m steigenden Granate. Das Rohr steht vielleicht im Winkel von 70°. Bevor die Batterie da auffuhr (jetzt sind wir übrigens in einem von ihr vorher beschossenen Dorfe, es sieht toll aus) lagen wir da u. eine Menge Bagagen. Ein russischer Flieger flog mehrmals herüber, vergeblich beschossen. Er verschwand endlich, u. ich dachte gleich, jetzt kriegen wir Zunder, u. richtig, nach 10 min kamen die ersten schweren Grü-

ße herübergeschliddert. Sie saßen ganz gut, 50, 100 m von uns. Die Bagagen hatten Verluste. Alles zog sich eiligst 5 min weiter seitwärts. Die Russen schossen noch eine Zeitlang auf den leeren Platz. Die Motorbatterie, die noch während des Schießens da in Stellung ging und losfunkte, vermuteten sie nun anderwärts u. schossen nun wo anders hin. Gerade saust von hinten ein 21 cm über mir weg, der schliddert auch gut. Die stehen hinter diesem Dorfe. Östlich von mir in der weiten Ebene, die ich übersehe, tobt seit der Nacht schon fürchterlicher Artilleriekampf. Das nächste Gehöft hier, 5 min übers Feld, wird schwer beschossen. Die ganze Ebene ist voll Qualm, ab u. zu ein Blitz, u. der Donner nimmt kein Ende. Gerade kommt wieder ein russischer Flieger.

Neben den Kämpfen machen Johannes aber nun vor allem die schlechten Lebensbedingungen zu schaffen, besonders die allgegenwärtigen Läuse und Flöhe:

Schickt bitte viele u. gute Mittel gegen Läuse, die ich jetzt in allen 3 Sorten aufweisen kann. Das ist die Regel hier. Galizier u. Russen sind gleichgroße Schweine in dieser Beziehung.

Außerdem ist die Verpflegung miserabel, die Soldaten müssen oft unter freiem Himmel schlafen und fast alle bekommen Durchfall, viele Cholera. Als Johannes einmal mehr als zwei Tage nichts zu essen hat, kippt er um. Mit Baldriantropfen, etwas Ruhe und einem ordentlichen Frühstück wird er wieder aufgepäppelt. Zu allem Übel bekommt er auch noch Geschwüre an den Beinen.

Auch in Galizien kommt Johannes mit der Zivilbevölkerung in Kontakt, für die er allerdings noch weniger Sympathie oder Mitleid empfindet als in Frankreich, obwohl die Menschen hier ja sogar Staatsbürger des verbündeten Österreich-Ungarn sind. Mit einer Mischung aus Belustigung und Verachtung berichtet und kommentiert er das, was er von ihnen und ihren Lebensgewohnheiten wahrnimmt.

Ich glaube, am treffendsten die Leute zu zeichnen, wenn ich sie Yuhus nenne. Halbe Tiere. Was ich haben will, kriege ich auch ohne Worte [...]. Man braucht bloß etwas mit der Lanze zu spielen. Die Bande ist hier verflucht russenfreundlich.

Die Wände sind fast alle Weidengeflecht wie Bieneken Zaun, Dächer alle Stroh. Im Zimmer ein oder zwei Betten mit Stroh (darin lagen die Hühner), Tisch, Bank, 1–2 Stühle, die Wände voll der tollsten Heiligenbilder, eine gemauerte Maschine u. unterm Bette ein grober Klotz woran sie abends ihre Beine jucken (tatsächlich!). Sie laufen nämlich halbnackt (bei Regen mit Schaftstiefeln); die Männer komischerweise das Hemd über d. Hose. Jeden ersten Pfingsttag drehen sie es um. Wenn sie nichts zu tun haben, lausen sie sich gegenseitig. Wenn wir nichts zu tun haben, lausen wir uns auch, aber allein.

Am meisten beeindrucken ihn die Ostjuden, die in dieser Gegend oft einen erheblichen Teil der Bevölkerung ausmachen. Ihre Art sich zu kleiden, ihr Lebensstil und auch ihr Geschäftssinn wirken auf Johannes nicht nur befremdlich, sondern rundherum abstoßend und befeuern seine ohnehin schon antisemitische Einstellung. Und so finden sich in seinen Briefen immer mal wieder Bemerkungen wie diese: „Die Judentypen sind einzig – widerlich. Du müßtest sie bloß mal hören u. sehen." Oder: „Es ist bei den verfl. Juden ganz unverschämt teuer."

Aber ob Jude oder nicht Jude, absolut verdammenswert sind für Johannes jene, die seiner Meinung nach mit den Russen kollaborieren und deutsche Stellungen verraten. Dafür muss die Bevölkerung dann kollektiv büßen:

18.6. Starzyske: Die Yuhus sind liederlich, oft werden welche erschossen. Vorgestern waren Divisions-, Inf. u. Artilleriebrig.-Stäbe auf einer Höhe, dahinter Infanterie in Reserve, daneben Maschinengewehrmunitionswagen u. Artill.Munit.Kolonne. Plötzlich kamen sie an, schräg von hinten, weither, aber sicher, die erste Granate in den Masch.gew.-wagen, der explodiert, 2. in d. Pferde der Artill., 9 tote, 3. in d. Infanterie, 9 Tote u. 6 Verwundete, 4. an die Stelle, die die Stäbe affenartig im Schweinsgalopp verließen. Es sah gräulich aus. Am selben Tage wurde in dem nahen Dorfe ein Telefon entdeckt! Liederlich ist die Bande, dafür stehlen wir ihnen Pferde u. allen Bedarf.

19.6.15 Gerade wieder so ein Fall passiert: Wir sind hier heute Morgen, Korps-, Divis.- u. Brigadestäbe auf demselben Beobachtungsstande. Vorn tobt die Schlacht. Plötzlich kurz hintereinander 4 leichte Granaten zwischen unsern Pferden, 3 Blindgänger, großartig! nur die letzte tötete ein Pferd vom Artillerie-Brigadestab. Wir sind dageblieben, sie schossen auch nicht mehr dahin. Sicher wieder Verrat.

Einige Tage nach diesen Ereignissen wird Johannes auf einem Melderitt beschossen, aber zum Glück nicht getroffen. Und eine Woche später liegt er zwar im Lazarett, doch nicht infolge einer Verwundung, sondern wegen seiner Beine, die nicht heilen wollen. Diese verschaffen ihm schließlich auch ein unverhofftes Wiedersehen mit seiner Familie in Göttingen, wohin er Mitte Juli zum Auskurieren geschickt wird. Bis dahin hatte Johannes immer die Zähne zusammengebissen und nicht um Erholungsurlaub nachgesucht. „Ich weiß, wie nötig wir jeden Mann brauchen. Solange ich kann, tue ich Dienst", schrieb er nach Hause. Doch jetzt bekommt er diesen Urlaub offenbar verordnet. Der wichtigste Teil der militärischen Arbeit ist ja auch getan, die Division bis nordöstlich von Lemberg vorgerückt und Galizien weitgehend zurückerobert. Da kann er es sich auch mal wieder zu Hause gut gehen lassen.

In den zahlreichen noch erhaltenen Feldpostbriefen klafft nun eine Lücke von mehr als einem Jahr. Was Johannes in dieser Zeit gemacht hat, ist unklar. Denkbar ist, dass er noch einige Zeit zum Auskurieren in Göttingen blieb und dass er an einem Offiziersanwärterkurs, anderen Fortbildungen oder Trainings teilgenommen hat. An Weihnachten 1915 ist er einem Brief seiner Mutter zufolge in Russland. Seit August 1916 ist er im inzwischen von den Deutschen besetzten Wolhynien stationiert, einer zum Zarenreich gehörigen Region nordöstlich von Galizien. Im Laufe des Jahres 1915/16 haben die Mittelmächte die Russen nicht nur aus Galizien und Ostpreußen verdrängt, sondern ihrerseits einen großen Teil des westlichen Russlands besetzt. Fern der weiter östlich verlaufenden Front, die inzwischen weitgehend erstarrt ist, ist Johannes, nun Unteroffizier, offenbar mit organisatorischen Aufgaben rund um die Leitung eines Etappen-Stützpunktes betraut, bis im Herbst die Entscheidung fällt, seine gesamte Kavallerieabteilung aufzulösen und auf verschiedene, inzwischen gebildete Kavallerie-Schützen-Regimenter aufzuteilen, die im wesentlichen die gleichen Aufgaben übernehmen wie die Infanterie. Für die Kriegführung ist die Kavallerie mit ihren eigentlichen Aufgaben zu Pferde im Stellungskrieg, der nun auch an der Ostfront herrscht, kaum noch von Nutzen, daher heißt es nicht nur für seine Abteilung, sondern für die meisten Kavallerie-Einheiten, Pferde abgeben und das lernen, was nun oder künftig mehr benötigt wird, zum Beispiel Handgranatenwerfen.

Johannes auf einer Erkundungspatrouille im Hinterland beim Frühstück. Das Bild soll im Februar 1916 aufgenommen worden sein. Wo Johannes zu dieser Zeit eingesetzt war, ist unklar.

Zu seiner Freude kommt Johannes jetzt wieder in Frontnähe, wo er seinen Wagemut auch ohne Pferd unter Beweis stellen kann. Am Silvestertag macht er sich einen Spaß daraus, die Russen „zu ärgern":

Das alte Jahr hat sich noch kriegsmäßig verabschiedet. Vormittags bin ich allein im Kahn über den Strumen gefahren u. jenseits auf den sogen. „Przemyslhügel" gestiegen, der liegt zwischen den Linien, 1 km von unserer Stellung u. 6–800 m von der russischen entfernt. Ich wollte an Fußspuren sehen, ob da nachts ein russ. Posten stünde. Dem Anschein nach war aber nur vorgestern eine Patrouille von 2 Mann dagewesen. Ein Posten wäre mehr hin- u. hergegangen. Die Russen verhielten sich interessant: Ich stellte mich oben auf den Hügel u. winkte mit der Mütze (vorher hörte ich sie laut sprechen u. singen), aber kein Schuß fiel. Ich ging feindwärts herunter vom Hügel noch etwa 100 m, da wurde mir der Sumpf zu übel, u. ich kehrte um. Das war der Moment, auf den sie lauerten. Sie hatten sich wohl eingebildet, ich wollte überlaufen! Nun, als ich ihnen den Gefallen nicht tat, fingen sie wie wild an zu schießen. Aber so schlecht, daß es sich nicht verlohnte, sich zu beeilen. Ich hörte die Kugeln immer hoch über mir herpfeifen. Nachdem ich sie noch etwas geärgert hatte, ging ich nachhause.

Im März 1917 durchläuft Johannes eine mehrwöchige Stoßtruppausbildung, für die er sich freiwillig gemeldet hat. In einem Brief an seinen Onkel Hermann schildert er kurz danach detailliert das dortige Training:

Morgens um 8 rückten wir zum Dienst auf den Übungsplatz, ohne Mantel u. Ohrenschützer, im Stahlhelm, mit allen Waffen u. 2 umgehängten Sandsäcken voll Übungshandgranaten. Wir lernten Handgranatenwerfen, Weitwurf u. Zielwürfe (ich brachte es zuletzt bis 57 m); Gräben aufrollen (mit Handgranaten, Nebelbomben u. Brandröhren vom Feinde säubern); vorschriftsmäßiges Drahtdurchschneiden, Sprengen, Minen legen, mit Minenwerfern umzugehen; alles auch mit Gasmaske, was sehr unangenehm ist; mit russischen Handgranaten, die alle (wir hatten 7 Sorten) schlechter sind als unsere, umgehen und vieles andere mehr. Um 12 Uhr war der Dienst zuende, nachmittags war meist nur Arbeitsdienst (dann wurde alles wieder heilgemacht, was wir am Vormittag zerschnitten oder zersprengt hatten) oder es war Instruktion.

Da an der Ost- wie an der Westfront Erfolge nur noch zu erzielen sind, indem man feindliche Schützengräben stürmt, wird nun vor allem trainiert, was man dafür benötigt. Dazu gehört auch, widrigsten Witterungsbedingungen zu trotzen und sich notfalls durch Gräben vorzuarbeiten, in denen eiskaltes Wasser steht, wie an jenem Tag, als der Divisionskommandeur zur „Besichtigung" zugegen ist:

Es hatte so getaut, daß in den Gräben 1 m Wasser stand. Die Nacht hatte es wieder gefroren, und am Tage selbst war gräulicher Schneesturm bei 10° Kälte. Wir froren von 6 – 1 draußen herum. Erst Weitwerfen auf der Bahn, nachher in die Gräben. Wir hofften alle, der General sollte ein Einsehen haben. Er hatte aber keins. Ich mußte 3 mal dran glauben, 3 mal mit meinem Stoßtrupp in das eisige Wasser, und jedesmal etwa 1/4 Std. Wir hätten schreien können vor Schmerzen. Fast bis an den Bauch im Wasser, mußte ich mich als erster durch das schon ziemlich starke Eis durcharbeiten. Ich wußte schließlich nicht, ob ich auf den Händen oder Füßen ging. War man dann mit der Aufgabe fertig u. mußte wieder ins Glied eintreten, so froren einem die Füße buchstäblich in den Stiefeln fest!

Außerdem passieren beim Granatenwerfen Unfälle, bei denen mehrere Soldaten verletzt werden und einer zu Tode kommt. Johannes übersteht zum Glück alles gut und bekommt im April vertretungsweise das Kommando über einen Stützpunkt direkt an der Front übertragen, der in einem sumpfigen Gebiet unweit der Stadt Pinsk gelegen ist. Wegen der Schneeschmelze hat es sich gerade in eine Seenlandschaft verwandelt. Hier unterstehen ihm ein Zug Besatzung, ein Maschinengewehr, zwei Granatwerfer und zwei Gewehrgranatwerfer. Während die Waffen schweigen, was meistens der Fall ist, muss er allerlei Umbauarbeiten anleiten und beaufsichtigen, was ihm offenbar nicht schwerfällt. Er scheint nicht nur über die nötigen organisatorischen Fähigkeiten und Führungsqualitäten zu verfügen, sondern auch über ein gesundes Selbstbewusstsein. Nach Hause schreibt er:

Seit gestern bin ich nun wieder Alleinherrscher der Sch.-Schanze, wo mein Vertreter, Vw.G., nicht fertig wurde. Hier ist kolossal viel Arbeit, da der ganze Stützpunkt total umgebaut wird, alles wird verändert. Außerdem sind wir durch das Hochwasser völlig abgeschnitten, haben nur mit der auf der K.-Schanze liegenden Schwadron über 450 m schmale

Stege kümmerliche Verbindung. Wir holen fast alles auf Kähnen. Für die Posten baue ich jetzt etwa 200 m Steg. Vorläufig fahren sie Kahn! Ich wollte, mit der Schwadron hätten wir auch keine Verbindung mehr, dann hätte ich wenigstens Ruhe vor dem Rittm. u. anderen Herren, die hier jetzt unaufhörlich herumschnüffeln. Heute besah sich der Generalstäbler der Division, Hauptmann Moldair, die Sache, u. jeder will die Sache anders haben. Na, ich mache es ja doch so, wie ich es haben will.

Von den Russen, inzwischen durch die Februarrevolution, in der der Zar gestürzt wurde, verunsichert und kriegsmüde, geht keine große Gefahr mehr aus, nur ab und zu beschießen sie die deutschen Stellungen, allerdings meistens nicht die von Johannes. Tote gibt es dennoch zu beklagen:

Gestern nachmittag (Sonntag) hatte ich ein trauriges Erlebnis. Ich sah durch den „Entfernungsmesser Hahn", der zu meinem M.G. gehört, zur russ. Stellung u. maß Entfernungen; gerade visierte ich einen Baum an. Zwischen beiden Stellungen am Strumen waren 4 Mann von der M.G. Erk. in einem Kahn, die von der F.-Schanze zur K.-Schanze Patronen etc. fahren wollten. Gerade war der Kahn im Gesichtsfelde meines Fernglases, als er nach allen Seiten in Fetzen auseinanderflog. 2 Mann flogen in hohem Bogen ins Wasser, 2 andere sah ich nicht mehr, während 2 sofort in dem nur metertiefen Wasser aufstanden u. jeder den Körper eines Kameraden ans Ufer schleppte. Inzwischen war ein Knall ertönt, aber keinen Abschuß hörte ich. Die Hunde von Russen standen zu Dutzenden vor ihrer Stellung u. gafften. Volltreffer, dachte ich zuerst, aber kein Abschuß; also innere

Explosion oder Mine. Na, egal, das Unglück war da. Ich stürzte ans Telefon u. rief den Stützpunkt an, in dessen Nähe (200 m) die Sache passierte, sofort die Tragbahre mit ein paar Mann herauszuschicken. Dann jagte ich meinen San.-Gefreiten durch das brusttiefe Wasser, der dann auch den ersten Notverband anlegte. Gleichzeitig schickte ich 2 Mann mit einer Bahre weg. Inzwischen hatte Lt. v. Beulwitz, der betr. Stützpunktführer, einen Arzt antelefoniert, der auch bald herkam. Ich ließ dann die beiden Schwerverwundeten in Kähnen auf meinen Stützpunkt holen, wo der Arzt hinkam. Lt. v. Beulwitz konnte keinen Mann abgeben zum Transport, weil die Russen Miene machten, in vielen Kähnen herüberzukommen. Sie kamen aber nicht weit. Die beiden im hohen Bogen Herausgeflogenen waren wunderbarerweise unverletzt geblieben, nur einer hatte einen Zahn verloren. Der 3. war sehr schwer am Kopf verwundet u. ist heute morgen gestorben, ohne das Bewußtsein wiedererlangt zu haben. Dem 4. waren beide Beine zerschmettert u. die Pulsader eines Armes durchschlagen. Er ist gestern abend noch an Blutverlust gestorben, war aber bis zuletzt bei Besinnung. Seine letzten Worte waren: „Herr Rittmeister, wir siegen doch?" Es war sehr traurig, beides waren so tüchtige Leute, beide Kapitulanten, einer sollte heute auf Urlaub fahren, der andere war zum Uffz. eingereicht. Oblt. v. Sydow hat geweint wie ein kleines Kind. Wie sich herausstellte, war es unsere eigene Mine gewesen, die sich bei dem Hochwasser losgerissen hatte, von deren Vorhandensein aber niemand wußte.

Während Johannes sich mit den Kampftechniken infanteristischer Stoßtrupps vertraut macht und sich als Stützpunktkommandant bewährt, beschäftigt ihn noch eine weitere Sache, an der ihm ganz besonders gelegen ist: seine Beförderung zum Offizier. 1915 hatte er eine sich bietende Möglichkeit ausgeschlagen, um nicht die Kavallerie verlassen zu müssen. Jetzt ist ihm die Beförderung wichtiger als alles andere und er kommt in seinen Briefen nach Hause immer wieder darauf zu sprechen. Die nötige höhere Schulbildung dafür bringt er mit, militärische Erfahrung einschließlich erfolgreich ausgeübter Leitungsfunktionen auch, nun braucht er noch Offiziere, die über seine Familie Auskunft geben können und den Nachweis, finanziell gut abgesichert zu sein. Letzteres könnte ein Problem sein, denn über großes Vermögen verfügt weder er noch seine Mutter. Sorgen bereitet ihm auch, möglicherweise das falsche Fach – er hatte sich in Erlangen für Theologie einschreiben lassen – zu studieren. Entsprechend instruiert er seine Familie, nachdem er einen langen Fragebogen ausgefüllt hat:

Ich war nicht wenig in Verlegenheit bei den 32 Fragen, die gehen ja auf Herz u. Nieren. Da stimmen verschiedene meiner Angaben noch nicht, die Ihr aber unbedingt sofort richtigstellen müßt, um mich zu decken, sonst geht die Sache schief. Ich hätte Euch ja um Rat gefragt, aber der Bogen mußte in einer Stunde ausgefüllt zurück sein. Nun müßt Ihr die Sache schon so deichseln, daß alles stimmt. Also Frage: Wo, was, wielange studieren Sie? Antwort: Erlangen, Rechte, 5. Kriegssemester. (Hier läuft ein Theologe herum, der seit 2 Jahren im Kriege u. schon Gefreiter ist u. absolut keine Aussicht hat, weiterzukommen). Also muß Wilhelm mich schleunigst in Erlangen zur Jura umschreiben lassen. Ist ja doch nur Formsache. Angerechnet wird doch noch immer genug. Und der Krieg dauert noch länger.

Andere Frage: Sind Ihre Eltern imstande u. bereit, bis zu Ihrer selbständigen Erwerbsfähigkeit Ihnen Unterhalt im Werte von mindestens 2200–2400 M jährlich zu gewähren? (so ungefähr). Antwort: Jawohl! (denn sonst schwenken sie ab, wie Lt. v. Beulwitz sagte). Nächste Frage: Wie hoch sind Ihre monatlichen Zuschüsse? Antwort: 200 M (entsprechend dem vorigen). Von wem? Antwort: Von meiner Mutter u. Onkel Hermann. (Also die Sache liegt so: Ich behaupte, monatlich 200 M zu bekommen u. zwar von Mama u. Onkel Hermann (Haben will ich sie natürlich nicht. Im Gegenteil, Ihr sollt von mir was haben, wenn ich Offizier bin). Und Ihr instruiert Onkel H., daß er angeben soll, er gäbe mir monatlich vielleicht 120 M u. Mama vielleicht 80 M. Schon ist die Sache ausgestanden!).

Frage: Haben Sie eigenes Vermögen u. solches zu erwarten? Von wem? Wieviel? Antwort: Eigenes nicht. Zu erwarten (gemein, nicht?) von meiner Mutter u. Onkel Hermann. Wieviel? Habe ich nicht angegeben, weil ich das nicht wissen konnte. Stimmt das so? Habe ich Vermögen von Mama u. Onkel Hermann zu erwarten? Hoffentlich stimmt es? Sonst instruiert Onkel H. dementsprechend, daß ich ihn schwer beerben muß!

Die Sache zieht sich noch eine Weile hin, aber Johannes ist so zuversichtlich, dass er Ende April/Anfang Mai 1917 nach Warschau reist und sich dort seinem zu erwartenden Rang gemäß einkleidet, womit er seine Familie erst mal in Unkosten stürzt: schwarze Stiefel für 135 Mark, Kordreithose für 78 Mark, Sommerbluse für 50 Mark, Waffenrock für 150

Mark, schwarze Mütze für elf Mark. Mit dem deutlich höheren Sold, der ihn als Offizier erwartet, will er später alles wieder begleichen. Tapfer macht seine Mutter alles mit und schickt sogar mehr Geld, als er ursprünglich erbeten hatte. Kurz nach seiner Rückkehr aus Warschau ist die Beförderung durch, bei einem anstehenden Heimaturlaub will er seine Lieben damit überraschen, die Göttinger Zeitung kommt ihm jedoch zuvor. In seiner nagelneuen Uniform kann er nun nach Hause fahren und seine Familie beeindrucken. Natürlich muss dieses bedeutsame Ereignis auch im Bild festgehalten werden. Zwei erhaltene Porträts zeigen meinen Großvater als frisch gebackenen Leutnant mit Zigarre in der Hand. Vergleicht man diese Bilder mit den Fotos, die ihn als jungen Kriegsfreiwilligen zeigen, kann man kaum glauben, dass zwischen beiden Aufnahmen nur etwa zweieinhalb Jahre liegen. Die Gesichtszüge eines behüteten Schuljungen sind denen eines gereiften Mannes gewichen.

Johannes als frisch gebackener Leutnant auf Heimaturlaub in Göttingen im Sommer 1917

Wieder zurück wird Johannes bald für mehrere Tage zu den nahe gelegenen Feldfliegern kommandiert, um die Zusammenarbeit zwischen Fliegern, Infanterie und Artillerie kennen zu lernen. Hier erwartet ihn ein ganz besonderes Erlebnis: Er darf mitfliegen, vermutlich der erste Flug seines Lebens, der allerdings mit einer Bruchlandung endet.

Heute hatte ich schon die große Freude, von einem Lt. Kehnemann (Flugzeugführer) auf einem kurzen Fluge mitgenommen zu werden. Es war wundervoll. Wir hatten bis zum Beginn des Dienstes (½10) noch 1 Std Zeit u. wollten deshalb mal über unsere Stellung fliegen, die Scheunenschanze von oben ansehen. Wir kamen tadellos glatt in die Höhe, es war ein sehr angenehmes Gefühl, u. stiegen bis 500 m; in dieser Höhe fingen aber ganz unangenehme Böen an, so daß die Maschine entweder stark schaukelte oder plötzlich 10–20 m wegsackte, oder sich plötzlich hob. Der Führer kehrte deshalb um u. bald näherten wir uns in steilem, ganz zuletzt aber ganz flachem Gleitfluge dem Landungsplatz. Schon waren wir glatt auf der Erde (es stieß kaum), als der Wind die Maschine plötzlich rechts herum riß. Gleichzeitig kam das linke Rad in ein Loch u. brach kaputt. Der Apparat stützte sich auf den Propeller u. richtete sich langsam auf Pr. u. linker unterer Tragfläche auf. Ich dachte, ob er wohl zurückkippen oder stehenbleiben oder sich ganz überschlagen wird. Das wäre am unangenehmsten gewesen, weil man dann darunter fest gesessen hätte. Er blieb wunderbarerweise direkt senkrecht stehen. Ich hatte mich vorsichtshalber angeschnallt u. hing ganz ruhig über meinem Führer 4 m über dem Erdboden. Glücklicherweise waren wir im Gleitfluge gelandet, u. der Motor wurde durch die Erschüt-

terung nicht wieder in Betrieb gesetzt. Also die Maschine
stand, Schwanz in die Höhe, ganz ruhig da. Der Führer
sprang heraus, ich kletterte hinter ihm her, u. wir beglück-
wünschten uns zuerst zu der glatten Landung. Dann kam Lt.
Hermann u. hat ein paar Aufnahmen gemacht, die ich Euch
hoffentlich bald schicken kann, wenn sie was geworden
sind. Er entwickelt gerade.

Diese Fotos haben sich leider nicht erhalten, ich besitze aber
ein Bild, auf dem man in der Ferne ein Flugzeug, vermutlich
das besagte, kurz vor der Landung sieht.

Bei den Fliegern gefällt es Johannes so gut, dass er am
liebsten gleich dort bleiben würde. Doch stattdessen fängt er
sich eine Halsentzündung ein und wird in einem Rittergut
gepflegt, während die Russen wieder deutsche Stellungen
beschießen. Da man bei ihm Diphterie-Bakterien entdeckt,
kommt er schließlich sogar nach Pinsk ins Lazarett in Qua-
rantäne, wo er noch bis Ende Juli bleiben muss. Er sorgt
sich, dass man ihn zur Infanterie versetzen könnte und über-
legt, wie er dem entgehen kann. Als ein Offizier für einen
Türkei-Einsatz gesucht wird, bewirbt er sich, wird jedoch
nicht genommen. Dafür erhält er bald mehrere andere Aufgaben, die ihn bei seinem Regiment bleiben lassen. Ihm
wird die Verantwortung für eine noch wichtigere Schanze
übertragen, er übernimmt die Führung eines Stoßtrupps und
muss Offiziere und Mannschaften des Regiments in der In-
fanterie-Fliegerei unterweisen.

Immer wieder gibt es Beschuss von russischer Seite,
aber Johannes scheint einen Schutzengel zu haben, er wird
offenbar kein einziges Mal auch nur verwundet.

Heute schossen die Russen wieder. Ich kam gerade vom Dorfe vom Mittag (-essen oder -hungern), als sie den Weg nach der Kirchhofschanze mit Granaten bedachten. Ich mußte 6x Mutter Erde küssen, ehe ich auf meiner Schanze „in den Schatten", d.h. in meinen Betonstand gehen konnte. Ist aber nichts passiert.

Mit seinem Stoßtrupp übernimmt Johannes auch immer wieder Patrouillen zu den feindlichen Schützengräben, um die Lage zu erkunden. Diese Patrouillen scheinen ihm besonders zu liegen, vielleicht, weil er nur da überhaupt mit dem Feind in Berührung kommt und unmittelbar etwas ausrichten kann. Als er die Leitung der Schanze, die er nur in Vertretung übernommen hat, wieder abgeben kann, nutzt er die Möglichkeit, sich ganz seiner Aufgabe als Stoßtruppführer zu widmen. Zuvor fährt er im Oktober für vier Wochen ins litauische Olita, um in einem Ausbildungskurs den Umgang mit Maschinengewehren unterschiedlichster Bauart kennen zu lernen. Johannes besteht alles glänzend, klagt aber bitter über die schlechte und überteuerte Verpflegung, von der er kaum satt werde. Er gehe deshalb in seiner Not in die Stadt und esse bei den Juden „für Wucherpreise Rührei-er, Kartoffelpuffer und Bratkartoffeln".

An der Front macht sich nun allmählich die russische Oktoberrevolution bemerkbar, es kommt zu Verbrüderungen zwischen russischen und deutschen Truppen, teilweise geht der russische Artilleriebeschuss jedoch weiter. Am 3. Dezember berichtet Johannes nach Hause:

Mit Rußland wird es hoffentlich jetzt ernst. Hier wollen die Lümmels noch nicht. Bei der gestrigen Nachricht vom Waf-

fenstillstand (der bis 20 km südl. von uns geht!) schossen an d. ganzen Front unsere Posten 100e von Leuchtkugeln ab, was die Russen übelnahmen. Sie fühlten sich jedenfalls bemüßigt, uns etwas mit Artillerie einzudecken. Unsere muß bekanntlich schweigen. Wir auch. Na, ich habe die beste Hoffnung auf Sonderfrieden, besonders bei der ablehnenden Haltung der übrigen Feinde.

Der Sonderfrieden kommt tatsächlich, aber erst drei Monate später. Erst einmal kann Johannes zum ersten Mal seit drei Jahren wieder ein Weihnachtsfest zu Hause verleben. Zwar zeichnet sich schon ab, dass er danach an die Westfront verlegt wird, wo die Truppen bald dringend für eine neue Offensive gebraucht werden, doch zunächst muss er noch einmal zurück an den Einsatzort Mieskowitschi im Osten, wo er jetzt Ortskommandeur, „Lux-Offizier" und Führer von vier Schanzen ist. Als Lux-Offizier muss er alles melden, was bei den Russen vorgeht. Während sein Regiment schon auf den Abtransport nach Westen wartet, bekommt er noch die Gelegenheit, zu Pferde mit einem Kommando den Osten zu erkunden, nachdem die Russen fast alle abgezogen sind. Zwei Wochen lang ist er unterwegs, was er dabei alles erlebt, enthält er den Lesern seiner Briefe leider vor mit dem Hinweis, später einmal mündlich darüber zu berichten. Jedenfalls ist sein Vorgesetzter äußerst zufrieden mit ihm. Damit endet nach fast drei Jahren mit Unterbrechungen sein Einsatz an der Ostfront, wenige Tage später ist er auf einem Truppenübungsplatz bei Berlin, noch im Ungewissen, wohin es ihn nun verschlagen wird.

Während der gesamten Zeit im Feld bleibt Johannes weiter per Feldpost in Kontakt mit seiner Familie und einigen Verwandten, die ihn so gut sie können mit „Liebesgaben" versorgen, von Wurst und Schinken über Eier, Kuchen und Marzipan bis hin zu Zigarren und diversen Kleidungsstücken. Da die Verpflegung an einigen Einsatzorten mangelhaft ist und Johannes fast immer einen gesunden Appetit hat, sind solche Fresspakete hoch willkommen und werden entsprechend bedankt. Während der letzten Monate an der Ostfront lässt er sich außerdem Patronen schicken, um damit vor Ort auf die Jagd zu gehen und die mageren Rationen, zeitweise nur ein halbes Brot am Tag, mal mit einer Ente aufzubessern. Da Lebensmittel inzwischen auch in der Heimat knapp werden, schickt er auch mal ein erlegtes Tier nach Hause.

Die Feldpost ermöglicht es ihm auch, trotz Abwesenheit Anteil an den Geschehnissen daheim zu nehmen. Von Friedrich erfährt er, wie der sich in der Schule macht, und hört er von alten Lehrern, bei denen er selbst vor nicht allzu langer Zeit Unterricht hatte. Er erfährt von verwundeten und gefallenen Klassenkameraden, Lehrern, Verwandten und Bekannten. Er sorgt sich um die Gesundheit seiner Mutter und Schwester Gretchen, beglückwünscht Wilhelm zu seinen Jagderfolgen und bedauert Minnie, als deren Verlobter Friedlich Grelle in Gefangenschaft gerät. Und zu jedem Geburtstag schickt er nicht nur Glückwünsche, sondern auch Friedenswünsche nach Hause, denn auch wenn er tapfer durchhält, ist ihm der anfängliche Enthusiasmus doch allmählich abhanden gekommen. Im April 1917 schreibt er seiner Mutter:

Möge der liebe Gott Dich auch fernerhin beschirmen u. gesund erhalten, wie Er es ja (soweit ihr mir davon geschrieben habt) im Ganzen bisher getan hat. Am schönsten wäre es ja, es würde Frieden in deinem neuen Lebensjahr u. wir sähen uns alle gesund und munter wieder. Das letztere hoffe ich ja bestimmt für nicht allzuferne Zeit. Dann wollen wir aber nachfeiern!

Außerdem wünscht er Friedrich wie Wilhelm, dass es ihnen erspart bleiben möge, auch noch in den Krieg zu ziehen. Im Juli 1917 aus dem Pinsker Lazarett schreibt er:

Hoffentlich lassen sie Wilhelm noch zuhause. Es ist doch nicht leicht, von der Pike auf zu dienen. Jetzt empfinde ich es erst, wie schwer ich es gehabt habe.

Sein Schicksal oder das anderer zu beklagen ist indes nicht sein Ding. Nur selten lässt er erkennen, dass ihm der Tod eines gefallenen Freundes, Cousins oder Kameraden wirklich nahe geht. Meistens kommentiert er es mit „furchtbar traurig" und wendet sich dann anderen Themen zu. Und sein eigenes Befinden beschreibt er, wann immer möglich, mit „tadellos", da er nicht will, dass sich seine Familie allzu sehr um ihn sorgt, und vielleicht auch, weil er beweisen will, dass er kein Weichei, sondern hart im Nehmen ist. Während andere längst an dem nicht enden wollenden Krieg verzweifeln, tut er weiterhin gewissenhaft seine Pflicht und scheint sich keine großen Gedanken über den Sinn des Ganzen zu machen. Es muss eben so lange gekämpft werden, bis der Sieg errungen ist, und nach dem Separatfrieden mit Russland sieht es für ihn Anfang 1918 ganz danach aus, dass das nun endlich auch gelingen kann.

Nach kurzer Station in der Gegend von Maubeuge, wo Johannes schon einmal Anfang 1915 gewesen war, werden er und sein Regiment Ende April 1918 ins Elsass verlegt, wo sich seit mehr als drei Jahren deutsche und französische Truppen in den Vogesen gegenüberliegen. Warum er gerade dorthin kommt, bleibt unklar, denn nicht hier, sondern weiter im Nordwesten unternimmt das Deutsche Reich bis Mitte Juli noch einmal eine große Offensive mit dem Ziel, Frankreich endgültig zu bezwingen und die Hauptstadt Paris einzunehmen. Hier indes ändert sich nicht viel an dem Stellungskrieg zwischen den gut gesicherten Schützengräben, die sich quer durch die malerische Bergwelt ziehen. 1914/15 war besonders um den Gipfel Hartmannswillerkopf erbittert gekämpft worden, Tausende Soldaten auf beiden Seiten hatten ihr Leben gelassen. Jetzt belauert man sich nur noch gegenseitig und unternimmt hin und wieder kleinere „handstreichartige" Überfälle, um den Gegner zu schwächen.

Nach Jahren im tristen osteuropäischen Flachland und Sumpf ist Johannes erst einmal begeistert von der für ihn ungewohnten Berglandschaft. Es fühlt sich fast wie eine Urlaubsreise an. „Euch allen aus den herrlichen Vogesen herzliche Grüße" sendet Johannes am 25. April 1918 an seine Familie daheim. Wenige Tage später schreibt er, immer noch überschwänglich:

Die Gegend ist ja ganz herrlich, im Frieden hier zu wohnen muss ein reines Vergnügen sein. Auch jetzt habe ich vom

Kriege noch nicht viel gesehen. Er scheint hier gemütlich zu sein.

Und am 30. April berichtet er seinem Bruder Friedrich:

Was man hier bergsteigen muß, glaubst Du garnicht. Schon unser Übungsplatz liegt 100 m tiefer als unser Quartier, zum Überfluß wohnen wir 3 Treppen hoch! Aber eine herrliche Gegend!

Johannes' bisheriges Regiment wird aufgelöst, er kommt mit einem weiteren Offizier zur neu gegründeten Sturmeskadron der Division. Sein Pferd, das er als Offizier wieder hat, und seinen Burschen darf er behalten. Nach einigen Wochen der Ungewissheit erfährt er, dass die Sturmeskadron in eine Kampfschule umgewandelt werden soll. Nur einen Tag später schickt er ein Telegramm und einen Brief mit der Mitteilung nach Hause:

Soeben ist mir für mein gestriges Unternehmen durch meinen Div. Kommandeur das Eiserne Kreuz I. Klasse überreicht worden.

Womit er sich das verdient hat, schreibt er leider nicht, aber Johannes' Brief vom 8. Juni an seine Schwester Minnie enthält zumindest ein paar Anhaltspunkte. Darin erwähnt er kurz ein nächtliches „Unternehmen am Hilsenfirst", wofür er neben dem EK 1 auch ein Bild „Vogesenheld" mit Unterschrift des Führers, Herzog von Urach, erhalten habe.

Nachdem er eine Verwundung durch eigene Artillerie auskuriert hat, stürzt er sich in die Arbeit. Während des Urlaubs des ihm vorgesetzten Rittmeisters wird ihm die Organisation der neu gebildeten Kampfschule anvertraut. Näheres ist seinen Briefen nicht zu entnehmen, aber offenbar geht es darum, neue Rekruten und Offiziere in allen für den modernen Grabenkampf relevanten Techniken auszubilden, zum Beispiel dem Einsatz von Geschützen und Minenwerfern, aber vermutlich auch dem Heranpirschen und heimlichen Überwinden feindlicher Linien mit kleinen Stoßtrupps sowie dem Einsatz von Gas. Eine Besichtigung der Schule durch Vorgesetzte besteht er „tadellos". Ende Juni – gegen Ende der letzten großen Offensiven des deutschen Heeres gegen Frankreich – beginnt ein neuer Kurs für vier Offiziere und 175 Mann, den er noch so lange leitet, bis der Rittmeister zurückkommt. Nun kann Johannes erst mal selbst Urlaub machen, in dem er wie üblich alte Verwandte und Bekannte besucht und zur Jagd geht. Wieder zurück im Elsass wird er zum regulären Leiter der Kampfschule ernannt und berichtet nach Hause:

Ich habe sehr viel Arbeit, soll in 14 Tagen schon wieder eine große Übung mit allen Waffen (Artill., Minen-Werfer u.s.w.) vorführen, „keine Besichtigung meiner Kampfschule, sondern eine Belehrung für die Division", wie Hptm. Obstfelder sagt. Das gibt kolossal viel Arbeit!

Die Arbeit nimmt ihn offenbar so in Anspruch, dass keine Zeit mehr bleibt, diese den Daheimgebliebenen ausführlicher zu schildern. Er wird wohl auch während seines Urlaubs genug Gelegenheit dazu gehabt haben. Am 13. August 1918 gratuliert er seinem alten Onkel Wilhelm zum Geburtstag mit dem Wunsch:

Mögest Du gesund zuhause bleiben u. Dich redlich nähren u. den nächsten (88.) Geburtstag in Frieden feiern! Das wäre Musik! Das wünsche ich Dir nun zum 5. Mal, hoffentlich diesmal mit Erfolg! Ich hatte Dir auch noch ein Dutzend Zigarren zugedacht, kann sie aber erst später schicken.

Und am 21. August kündigt er einen „Urlauber" an, der Johannes' Familie einen Besuch abstatten soll, mit der Bitte: „Ist netter Kerl, gebt ihm man ordentlich was zu essen, wenn Ihr habt (er wird wohl nur eine Mahlzeit da sein!)".

„... dass es bald ein Ende nehme"

Sonja Richter

Daheim in Göttingen war die Sorge um den Sohn und Bruder, der in den Krieg gezogen ist, von Anfang an groß. Kein Wunder, denn schon in den ersten Monaten, als Johannes noch seine Kavallerieausbildung absolviert, erfährt die Familie immer wieder von jungen Männern in ihrem persönlichen Umfeld, die verwundet oder gefallen sind. Und so schreibt Mutter Lina bereits Mitte November 1914 an Johannes, als dieser noch gar nicht im Feld ist: „[...] gebe nur der l. Gott, daß es bald ein Ende nehme". Der liebe Gott gibt es nicht. Als liebevolle Mutter tut sie in den kommenden vier Jahren alles, um ihrem Sohn das Soldatenleben so erträglich wie möglich zu machen, schickt Lebensmittel, Kleidung, Geld, spart sich dabei vermutlich Manches vom Munde ab. Riesig ist jedes Mal ihre Freude, wenn Johannes auf Urlaub kommt. Und als er wegen seiner wunden Beine im Sommer 1915 nach Hause geschickt wird, kann sie dieses unerwartete Geschenk kaum fassen. Am 14. Juli 1915, als er in Göttingen im Lazarett liegt, sie ihn aber an einem Tag nicht besuchen kann, schreibt sie ihm:

Mein lieber guter Johannes!
Jeden Abend wenn wir uns zur Ruhe legten, waren unsere Worte „Wo unser l. J. wohl sein mag, u. ob er auch wohl den Mond sieht" u. dann wenn ich Friedr. „Gute Nacht"

*sagte, waren meine letzten Worte, mußt auch für unsern l. J.
beten. Der liebe Gott hat uns doch eine große unverdiente
Freude geschenkt, u. wir wollen recht dankbar dafür sein.
Hoffentlich hast Du diese Nacht nun auch Ruhe gehabt, leider kann ich wohl morgen nicht Dich sehen, da ich den Weg
scheue, die andern werden Dich aber besuchen, l. Johannes. Als wir von Dir zurückkamen, gingen Minnie u. ich zur
Kriegsgebetstunde, ich traf unterwegs Fr. Pastor Ködderitz,
die war außer sich vor Freude, Herr Pastor nicht minder,
der wird Dich vielleicht morgen schon aufsuchen. Ich kann
noch nicht schlafen, bin noch zu aufgeregt, ich kann es garnicht glauben, daß Du da bist. Gott behüte Dich, mein l.
Junge.*

In Liebe
Deine Mutter

Meist drückt sich die Sorge allerdings weniger in Worten,
als in Taten aus. So ist es auch bei den Geschwistern, die
immer mal etwas schicken, um ihrem Bruder eine Freude zu
machen. Einmal allerdings, bereits Ende 1914, als Johannes
nach seinem Weihnachtsurlaub nun bald ausrücken muss,
kann auch Nesthäkchen Friedrich seine Angst nicht verbergen. „Trübe Gedanken" mache er sich, schreibt er Johannes,
und „bange bin ich!"

Für ihn geht ansonsten erst mal das Schülerleben weiter.
Wie Johannes vor ein paar Jahren paukt er alte Sprachen,
gibt daneben Nachhilfestunden und macht, was Jugendliche
so machen. Oft schreibt er Johannes ins Feld und berichtet
von seinem Schulalltag, aber auch vom Schwimmen im
Sommer, Schneeballschlachten im Winter oder dem Genuss

von Alkohol und Zigaretten, der ab und an sein Teenager-Leben versüßt.

Bruder Wilhelm, der zwar auch das Vaterland verteidigen wollte, aber als nicht tauglich erst einmal ausgemustert wurde, kann sich weiter um seine berufliche Karriere kümmern und im Urlaub in seiner westfälischen Heimat auf die Pirsch gehen. Während viele andere seiner Generation nun auf Menschen schießen müssen, erlegt er weiterhin Hasen und anderes Getier, was ihm zwar kein Eisernes Kreuz einbringt, dafür aber die Jagdkönigswürde. Mit seinem Juristengehalt unterstützt er sicherlich auch die Familie.

Trotz mancher aufrecht erhaltener Normalität des Alltags wirkt sich der Krieg auch daheim vom ersten Tag an auf fast alle Bereiche des Lebens aus. Überall fehlen auf einmal Arbeitskräfte, weil Mitarbeiter eingezogen wurden oder sich freiwillig zur Armee gemeldet haben. Das führt zu eingeschränkten Dienstleistungen und einer Beeinträchtigung des Wirtschaftslebens. Viele Paare heiraten schnell noch, bevor der Mann ins Feld zieht. Es gibt kaum eine Familie, aus der nicht mindestens ein männliches Mitglied Soldat wird und tief besorgte Angehörige zurücklässt. In den Kirchen werden immer wieder besondere Kriegsandachten gehalten, um den Menschen Trost und Zuversicht zu spenden.

In den höheren Schulen fehlen Lehrer, was die Schulleitungen vor große Herausforderungen stellt. Am Königlichen Gymnasium, das Johannes' Bruder Friedrich und Cousin Albert weiterhin besuchen, wird fleißig umorganisiert, um den Unterricht mit einem deutlich reduzierten Kollegium aufrechtzuerhalten. Da auch viele Schüler einrücken, kann die Oberprima von ursprünglich zwei auf eine Klasse reduziert werden, dennoch müssen viele Lehrer zusätzliche Stunden übernehmen. Da der Kriegsbeginn in den Sommerferien lag, konnte das Gebäude noch zur Einkleidung eines Bataillons genutzt werden, und zahlreiche verbliebene Schüler betätigten sich als Erntehelfer oder machten sich anderswo nützlich.

Es gelingt der Schule zunächst, den Mitte August wieder beginnenden Unterricht im Wesentlichen aufrechtzuerhalten, allerdings muss Anfang 1915 der Turnunterricht ausfallen, anstelle der bisherigen Chorproben werden mit den älteren Schülern nun vaterländische Lieder eingeübt, und „aus Anlaß großer Waffenerfolge, die unser Heer errungen hatte", so der Direktor in seinem Jahresbericht, fällt ebenfalls wiederholt der Unterricht aus. Größere Siege oder die Kunde von Auszeichnungen, die im Felde stehenden Lehrern zuteil wurden, werden in der Aula gefeiert, und die regelmäßigen Wochenandachten suchen „durch Wahl der Texte wie durch Fassung der Gebete dem religiösen Leben eine den gewaltigen Ereignissen entsprechende Richtung und Vertiefung zu geben". Für gefallene Lehrer und ehemalige Schüler werden Trauerandachten abgehalten. Briefe von kämpfenden Lehrern und Schülern erreichen die Schule, einige werden im Jahresbericht 1914 veröffentlicht. Die sonst üblichen jährlichen Schulberichte erscheinen von 1915 bis 1918 nicht mehr. Offenbar gibt es auch kriegsbedingte Spannungen. Ein Schüler klagt in einem Brief an Johannes:

Hier widert mich die Schule so an. Könnte ich doch fort! D. Alte ist so ekelhaft. So freundlich, so spitz und so ohne Verständnis für alles jetzt u. für uns. [...] Unsere Jugendwehr wird vom Alten jetzt auch bekämpft. Mittwochs darf überhaupt nichts sein. Hoffentlich bekommt es ihm nicht zu gut.

Wer immer dieser „Alte" ist, er steht mit seiner kritischen Haltung vermutlich auf ziemlich verlorenem Posten. In der Jugendwehr erhalten noch nicht in den Krieg ziehende Schüler eine vormilitärische Ausbildung.

Die vom deutschen Volk erwartete Opferbereitschaft beschränkt sich nicht auf die jungen Männer, die in den Krieg ziehen, sondern auch Frauen, Jugendliche und Alte sollen einen Beitrag zur nationalen Kraftanstrengung leisten, die der Krieg bedeutet. So finden sich im Göttinger Tageblatt in den ersten Kriegswochen Aufrufe wie diese:

Täglich müßt ihr wissen, daß auch das Daheimbleiben ein Kriegsdienst ist, eine notwendige stille Arbeit, ohne die der Sieg nicht errungen werden kann. Alles muß im Gang bleiben, obwohl so viele Mitarbeiter fehlen. Die Truppen müssen von der Heimat aus versorgt sein. Den Verlassenen muß geholfen werden. Die Stadtverwaltungen brauchen männliche und weibliche Hilfe, die Krankenpflege wird bald große Aufgaben übernehmen, die ganze Volkswirtschaft will weiter leben. Das ist euer Feld, da habt ihr ohne Seufzen und Murren euren Dienst zu tun! Mancher möchte gern hinaus, kann aber nicht; nun denn, so sei er ein Soldat der Arbeit für die anderen! Unsere Vertreter sind es, die da draußen lagern und marschieren. Unser Fleisch und Blut ist es, was im Felde sich regt und dessen Wunden zu rinnen anfangen. Tun wir ihnen von der Heimat aus zu Liebe, was wir können, gedenken wir ihrer und verschlucken wir unseren Gram und unsere Sorgen, weil sie noch mehr aushalten müssen als wir!

Die Zeitungen veröffentlichen immer wieder Aufrufe, Geld und benötigte Güter zu spenden oder aktiv zu helfen, wo Not am Mann ist. Auch werden opferwillige Bürger, Vereine und Einrichtungen gewürdigt und als Vorbild für andere dargestellt, sei es, dass sie Geld gespendet oder durchziehenden Soldaten ein Quartier gegeben haben. Johannes hatte diesen Eifer ja selbst in den ersten Kriegstagen noch erlebt und er hatte großen Eindruck auf ihn gemacht. Ob dieser Eifer im Einzelfall auf echter Überzeugung beruht oder auf der berechtigten Angst, sonst als Drückeberger dazustehen, sei dahingestellt. Gerade im bürgerlichen Milieu halten es die meisten jedenfalls für ihre patriotische Pflicht.

Auch Margarete und Minnie wollen ihren Beitrag leisten. Sie spenden Geld und melden sich beim Roten Kreuz, das „alle, denen es nicht vergönnt ist, für das geliebte Vaterland zu kämpfen" dazu aufgerufen hat mitzuhelfen, „die Wunden zu heilen und all das Elend zu lindern, das die bevorstehenden Kämpfe herbeiführen werden". Sie werden zunächst in der Küche eines Barackenlazaretts eingesetzt, die sowohl deutsche Verwundete und Kranke als auch Kriegsgefangene versorgt. Als sie dort durch professionelle Kräfte ersetzt werden, wird Margarete Lazarettschwester, bis sie diese Aufgabe, vermutlich wegen ihrer schwachen Konstitution, nicht mehr ausüben kann. Minnie betätigt sich längere Zeit in der Hausaufgabenbetreuung, bis sie sich im letzten Kriegsjahr dazu entschließt, als Hilfsarbeiterin in einer Munitionsfabrik zu arbeiten. Hier kommt sie erstmals mit einfachen Arbeitern und Menschen unterschiedlichster Herkunft und Berufe näher in Kontakt. Mit der ungewohnten Arbeit, Zünder für leichtgezogene Minen zusammenzusetzen, kommt sie erstaunlich gut zurecht. So gut, dass die Kollegen sie bitten, ihr Tempo zu drosseln, um nicht den Akkord zu verderben. Als sie eines Tages durch die Nachlässigkeit eines Lehrlings einen Unfall erleidet, bei dem sie zwar nicht verletzt wird, aber ein Teil ihrer Haare ausgerissen wird, beschließt sie bald darauf, diese Arbeit aufzugeben. Kurz darauf, im September 1918, wird ihr die Leitung der städtischen Speisehalle übertragen, wo Alleinstehende, Rentner, Urlaubssoldaten, Studenten, Schulkinder und andere Göttinger mit kleinem Budget oder fehlender Hausfrau ein günstiges Essen erhalten.

Kaum ein Tag vergeht, an dem Minnie nicht einen langen Brief von ihrem Verlobten Friedrich Grelle erhält, der nach seinem Einsatz gegen die Russen an der Westfront kämpft. Im Sommer 1917 bleibt auf einmal die Post aus und Minnie erfährt, dass Friedrich vermisst sei. Vier lange Wochen hört sie nichts mehr von ihm. Man muss auf das Schlimmste gefasst sein. Erst am 1. September 1917 dann die erlösende Nachricht: Friedrich befindet sich in britischer Kriegsgefangenschaft. Aus dieser bekommt sie nun wieder Post von ihm.

Auch Schwester Margarete, die alle immer noch Gretchen nennen, verlobt sich während des Krieges. Doch die Beziehung zerbricht. Margarete hat nicht nur eine schwache physische Konstitution, sondern ist auch psychisch labil. Die mit dem Krieg verbundenen Sorgen und Schreckensnachrichten setzen ihrer empfindsamen Seele sicher noch weiter zu. Gut möglich, dass die Beziehung daran scheitert.

Die zunehmende Lebensmittelknappheit im ganzen Land und auch in Göttingen bekommen auch die Richters zu spüren, allerdings scheinen sie durch ihre bäuerliche Verwandtschaft doch immer wieder mit Einigem versorgt zu werden, von dem sie ihrerseits wieder einen Teil an Johannes schicken. Groß ist die Freude, als sie einmal ein Ferkel erhalten, das dem Vorbesitzer allerdings abgerungen werden musste. Die Freigebigkeit der Onkel und Tanten hat offenbar auch ihre Grenzen.

Für Mutter Lina ist es auf jeden Fall eine schwere Zeit. Schon vorher hatte sie es als Witwe und allein erziehende Mutter nicht leicht, und nun auch noch der Krieg, die Sorge um einen Sohn und einen angehenden Schwiegersohn im Feld sowie die ältere Tochter daheim, die vielen Todesnachrichten und die größer gewordene Herausforderung, die Familie durchzubringen. Sie kränkelt oft und baut körperlich ab.

Im Frühjahr 1918 fasst die Familie endlich wieder Hoffnung, dass der Krieg bald doch noch für Deutschland siegreich zu Ende gehen könnte. Am 10. Februar vermerkt Minnie in ihrem Tagebuch: „Frieden mit der Ukraine! Es ist das erstemal, daß das Wort Friede Gestalt angenommen hat, so lange der Weltkrieg tobt." Und einen Tag später: „Friede mit Rußland! Herr Gott, wir danken Dir. Glockengeläut", gefolgt von der Enttäuschung sechs Tage später: „Mit dem angeblich mit Rußland geschlossenen Frieden ist doch alles wieder vorbei. Die Waffenstillstandsfrist ist abgelaufen. Was soll das noch werden?" Im Juni hofft sie darauf, dass ihr Liebster durch einen Gefangenenaustausch frei kommt, über den offenbar gerade verhandelt wird. Daraus wird jedoch nichts. Dafür freut sie sich mit Johannes über das Eiserne Kreuz, das er Anfang des Monats erhalten hat, und schreibt in ihr Tagebuch: „Wie stolz können wir auf unseren Bruder sein."

Ebenfalls Anfang Juni legt Linas jüngster Sohn Friedrich am Königlichen Gymnasium die Notreifeprüfung ab. Noch immer – oder wieder – gilt es im Deutsch-Aufsatz, das Schiller-Zitat „Der Krieg läßt die Kraft erscheinen" zu interpretieren. Die noch von Johannes so gepriesene Opferbereitschaft des deutschen Volkes stellt Friedrich nun nicht mehr heraus, das Leid, das vier Jahre Krieg angerichtet haben, lassen ihn die Sache nüchterner sehen. Er führt sogar ein anderes Schiller-Zitat an, das die Schrecken des Krieges beschreibt: „Ein furchtbar wütend Schrecknis ist der Krieg, die Herde schlägt er wie den Hirten." Dennoch vertritt er auch nach diesen vier Jahren die Meinung, dass der Krieg Gutes gebracht habe, und das nicht nur für Deutschland, sondern alle beteiligten Völker:

Beides ist richtig, keines schließt das andere aus. Denn jedes Ding hat zwei Seiten, eine gute und eine schlimme, und wie entsetzlich auch ein Krieg ist – wir alle wissen es – und wie anerkennenswert auch die Bemühungen eines Leibniz, Kant, Tolstoi um die Gestaltung des Weltfriedens sind, auch der Krieg hat wie jede von der Weisheit des Allmächtigen geschaffene Einrichtung sein Gutes für die gequälte Menschheit. Denn scharf läßt er alle guten Eigenschaften ganzer Völker und einzelner Personen hervortreten, insbesondere stellt er [...] die Kräfte der miteinander ringenden Völker auf eine Probe, wie sie gründlicher und gewichtiger nicht ausgedacht werden kann.

Zunächst zeigen sich die Wirkungen auf die äußere Kraft, auf die Kraft im eigentlichen Sinn. Denn auf sie kommt es natürlich im Kriege vor allem an. Der Feind bedroht die Grenze! Jeden, der nur einen Funken Vaterlands-

liebe im Leibe hat, muß dieser Ruf zum Einsetzen aller Kräfte für die gefährdete Heimat anspornen, die Laschen und Gleichgültigen rüttelt er auf aus ihrer trägen Ruhe, in die sie durch einen langen Frieden verfallen sind.

Aber wenn dann das Strohfeuer der ersten Begeisterung erloschen ist, wenn nicht alles nach Erwarten gegangen ist, dann ist ein jeder sich bewußt: jetzt heißt es doppelt tüchtig sein, um unsere Sache zu einem glücklichen Ende zu führen, dann hat der Krieg auch seine zweite Aufgabe gelöst und ein anderes, besseres Gefühl in der Brust der Kämpfer an der Front und in der Heimat geschaffen: das Bewußtsein der eigenen, durch die Umstände gewaltig gestärkten Kraft und den Vorsatz treu durchzuhalten.

Neben der äußeren Stärke, die sich im Kriegszustand zeige, gewinne das Volk auch an innerer Stärke:

Die Not des Vaterlandes verbannt alle kleinlichen, eigennützigen, häßlichen Gefühle aus der Brust des Menschen, Vaterlandsliebe, Selbstlosigkeit und Pflichtbewußtsein beherrschen ihn ganz und gar. [...] Ja, ein Volk oder ein einzelner Mensch kann durch den Geist der Notwendigkeit, also des Krieges, auch wenn seine Moral ganz verloren gegangen ist, seine guten Eigenschaften zurückbekommen und im Kriege beweisen. Wenn dann diese segensreichen Folgen des Krieges sich gezeigt haben, wenn ein Volk nach anfänglichem, selbstverschuldetem Unglück mit Anspannung aller äußeren und inneren Kraft den Feind geschlagen hat, dann soll es vor allem darauf sehen, sich diesen größten Erfolg nicht durch die folgende Ruhe des Friedens rauben zu lassen. Das ist es, was wir Deutsche als höchsten Gewinn aus diesem Kriege erhoffen, einen Gewinn, der all des kostbaren Blutes, das geflossen ist, würdig wäre.

Nun ist es für Friedrich so weit, möglicherweise auch sein eigenes Blut für das Vaterland fließen zu lassen, denn im Sommer 1918 wird der Jahrgang 1900, dem er angehört, zu den Fahnen gerufen. Sehr erpicht darauf scheint der angehende Rekrut allerdings nicht zu sein. Er versucht, wie Johannes zur Kavallerie zu kommen. Als Johannes auf Heimaturlaub ist, posieren beide Brüder in Uniform vor der Kamera. Zwischen ihnen steht eine Frau mit eingefallenen Wangen, ihre offenbar ziemlich mitgenommene Mutter Lina, die in den letzten vier Jahren erheblich gealtert ist und sich nun auch noch um einen weiteren Sohn sorgen muss.

André Vacquier als Offizier im Ersten Weltkrieg. Seine Töchter Germaine (Nénette), unten links, und Marguerite (Guiguitte) sieht André seit Kriegsausbruch nur noch sehr selten.

„So habe ich mir den Krieg nicht vorgestellt"

Sonja Richter / François Leroux

Von der Mehrheit der mobilisierten Soldaten in Frankreich wird die Kriegserklärung an Deutschland Anfang August 1914 begrüßt. Sie sind überzeugt, dass in wenigen Wochen der Sieg errungen sein wird und sie vor dem Winter wieder zu Hause sind. Viele ziehen daher mit „einer Blume am Gewehr" und einem Lächeln auf den Lippen in den Krieg.

Wie André Vacquier und seine Familie die Zeit bis zum Ausbruch des Krieges erlebt haben, ist nicht überliefert. Fest steht, dass er als bereits erfahrener Offizier von Anfang an zur Verteidigung des Vaterlandes herangezogen wird. In Folge der Generalmobilmachung am 1. August 1914 kommt André zum Corps le 2. Man vertraut ihm die 12. Kompanie an und er bricht am 4. August zur Festungsstadt Toul auf, wo er am 6. ankommt. Von der Zugfahrt dorthin berichtet er Élisabeth voller Enthusiasmus:

Welch unvergessliche Reise. Alle vorbeifahrenden Züge sind voller Soldaten, Blumen, Girlanden, überall Fröhlichkeit, Begeisterung, Frauen, die etwas zu trinken bringen, usw. Ah! Unser Land muss unsterblich sein. Mir geht es gut. Tausend Küsse.

André ist überzeugt: Ein Volk, das mit solcher Hingabe in den Krieg zieht, kann nur siegen. Toul liegt in Lothringen, viele Kilometer hinter der Front, und André und seine Männer merken dort erst einmal nicht viel vom Kriegsgeschehen. Ihre Aufgabe ist es, die rund um Toul gelegenen Festungen zu verteidigen, für den Fall, dass die deutschen Truppen bis dorthin vorrücken, wozu es allerdings nicht kommt. Trotzdem sind auch diese ersten Wochen schwer zu ertragen, denn die plötzliche Trennung von der Familie wird noch dadurch erschwert, dass lange Zeit keine Post von Zuhause kommt. André schreibt sehnsüchtig nach Hause:

Ich bin sehr traurig, meine liebe Babeth, nichts von dir zu hören: ich verstehe das nicht. [...] Was machst du? Was treibt ihr? Wie geht es euch allen? Schreib mir nach Toul. Mir geht es gut und ich warte ungeduldig auf Nachrichten von euch.

Nach einiger Zeit erreichen ihn endlich zwei Briefe seiner Frau und eine Karte seiner älteren, fünfjährigen Tochter Nénette.

Auch André glaubt zunächst nicht, dass der Krieg lange dauern und viele Opfer auf französischer Seite fordern wird. Die meisten Kampfhandlungen finden ohnehin erst einmal in Belgien statt. Dennoch fürchtet er, dass sich sein Einsatz noch bis zum Winter hinziehen könne und bestellt für alle Fälle zu Hause schon mal warme Kleidung. Er reitet viel, vermutlich, um nach dem Rechten zu sehen, und freut sich sogar über den Geschützdonner in der Ferne:

Für mich ist das bezaubernde Musik, wenn ich mir vorstelle, dass jede Note den preußischen Schweinen Ungemach bringt.

Allerdings erreichen ihn bald unerfreulichere Nachrichten vom Kriegsverlauf, die seine Zuversicht trüben. Dennoch spricht er sich selbst und seiner Frau, die sich daheim die Situation sehr zu Herzen nimmt, immer wieder Mut zu.

Es ist sehr schmerzlich für mich zu sehen, dass du dich Sorgen und Trübsal hingibst. [...] Dafür hast du doch gar keinen Grund. Unsere Lage ist ausgezeichnet, eine große deutsche Armee beginnt zurückzuweichen, erschöpft und in Unordnung, das ist der Anfang unseres Erfolgs und der sichere Lohn unserer Siege. Statt in Traurigkeit zu versinken, solltest du dich freuen.

Oft wandern seine Gedanken nach Hause, drehen sich um Familie und die Bewirtschaftung seines Landes. Er fragt Élisabeth, wie Obst und Gemüse dieses Jahr geraten sind, und gibt Anweisungen, was zu pflanzen ist.

In der zweiten Septemberhälfte 1914 wird Andrés Kompanie in die Region Pont-à-Mousson verlegt. Hier gilt es, ein großes Waldgebiet unweit dieser französischen Kleinstadt an der Mosel gegen die bis dorthin vorgerückten Deutschen zu verteidigen. Die Soldaten müssen Gestrüpp entfernen, Bäume fällen und Schützengräben ausheben, um für deutsche Angriffe gerüstet zu sein. Die Feinde lassen sich jedoch erst einmal nicht blicken. André ist frustriert, den Deutschen so nah zu sein, ohne ihnen ein Haar zu krümmen, bisweilen würde er sich am liebsten „wie ein Panther auf sie stürzen".

Immer wieder fliegen seinen Soldaten indes feindliche Granaten um die Ohren, eine tödliche Gefahr, der sie fast schutzlos ausgeliefert sind. Einmal hat André großes Glück, dass es ihn nicht erwischt. Ein Unteroffizier, der nur wenige Schritte von ihm entfernt steht, wird tödlich verwundet, ein Soldat leicht verletzt, er selbst kommt mit dem Schrecken davon, wofür er seine Frau bittet, zum Dank bei der Heiligen Jungfrau eine Kerze anzuzünden. Und er versichert Élisabeth: „Seit der Granate, die mich verfehlt hat, bin ich gegen alle Gefahren gefeit." Eine Zeitlang scheint es tatsächlich so zu sein.

Bald darauf liegt André im Priesterwald in vorderster Linie. In diesem schwer umkämpften Waldgebiet unweit von Pont-à-Mousson erfährt er nun hautnah, wie hart und grausam der Grabenkrieg sein kann.

Ich war dieser Tage bei den armen Teufeln, die immer in den Gräben und ständig am Kämpfen sind. Was für ein Schauspiel: Ich habe an dich gedacht, du wärst in Tränen ausgebrochen, meine liebe Babeth, beim Anblick dieser tapferen Soldaten voller Schlamm, schmutzig, die essen, schlafen und rauchen, während tote oder verwundete Kameraden an ihnen vorbeigetragen werden. Mein Leben lang werde ich mich an diesen Wald erinnern.

„Mach dir keine Sorgen", ermuntert er dennoch kurz darauf seine Frau. Noch schlimmer werden die Lebensbedingungen in den Schützengräben, als es anfängt zu regnen. André: „Wir patschen im Schlamm und sind von Kopf bis Fuß durchnässt." Viele Soldaten werden krank. Beisetzungen und Trauerfeiern für gefallene Kameraden gehören zum Alltag. André hält alles tapfer durch, findet Trost in den Gedanken an seine Familie und im Glauben an den letztendlichen Sieg, den Gott schenken möge.

Ende November werden er und seine Kompanie dann erst einmal an der Front abgelöst und können an ihren vorherigen Stützpunkt zurückkehren. Vom Befehlshaber der 95. Territoriale, Oberstleutnant Tirlot, wird André für seinen bisherigen Einsatz gelobt:

Er hat zwei Monate lang die Funktion des Kommandanten der Kompanie ausgeübt. Seine Aufgaben hat er gut erfüllt. Sehr energisch. Gutes Verhalten in den Gräben des Priesterwaldes. Reitet. Sehr kräftig. Gut als Hauptmann geeignet. Feldzugtauglich.

Doch auch außerhalb der Schützengräben macht das Soldatenleben André wenig Freude. Und die Hoffnung auf ein baldiges Ende hat er mittlerweile aufgegeben. Ständiger Eisregen und eiskalter Wind machen auch das Leben hinter der Front unangenehm. Weihnachten steht vor der Tür und André denkt sehnsüchtig an die glücklichen Weihnachtsfeste im Familienkreis zurück:

... das schöne Zusammensein in der Familie, der prächtige Weihnachtsbaum [...], die Freude der kleinen Mädchen, die den Baum umringen und ihn mit großen Augen anschauen. Was für ein Staunen! Welch eine Freude! Was für ein Vergnügen dann für alle, die Spielsachen und Geschenke von den Ästen des geschmückten Baumes im Salon von Ajat abzumachen! Und heute, welch ein Unterschied, welch ein Kontrast! Statt dieser Zusammenkünfte und Freuden sind wir alle verstreut und weit entfernt von allen, die wir lieben. [...] Viele sind verschwunden, und überall in Frankreich herrschen Tristesse, Angst und Trauer. [...] Hätte man nicht

im Herzen das Pflichtgefühl und die Vaterlandsliebe, könnte einen die Mutlosigkeit überkommen, vor allem jene, die in den schlammigen und kalten Gräben liegen.

Besonders optimistisch klingt das nicht, dennoch behauptet André wenig später: „Die Moral jedes Einzelnen ist gut: alle sind voller Hoffnung und Zuversicht", und er wirft seiner Frau vor: „Nur du, meine Liebe, erscheinst mir immer sehr besorgt und traurig. Lass dich nicht so hängen [...]"

Anfang 1915 bezieht André Quartier im Presbyterium einer abgebrannten Kirche in einem weitgehend zerstörten Dorf unweit der Grenze. Im März wechselt er zur 118. Brigade. Vorerst bleibt er in Lothringen, an seinem Frontabschnitt ist es relativ ruhig. Die Tatsache, dass er für längere Zeit in keine Kampfhandlungen verwickelt ist, scheint seine Frau zu irritieren, denn in einem Brief an sie entschuldigt er sich quasi dafür, nur das tun zu können, was seine Aufgabe ist, auch wenn es ihm keinen Ruhm einträgt.

Ansonsten quält ihn die Sehnsucht nach seiner Frau und seinen kleinen Mädchen, die er seit acht Monaten nicht gesehen hat. „Es ist besonders die Kleinste, die ich so gern in meine Arme schließen und zum Plaudern bringen würde." Die Kleinste, liebevoll Guiguitte genannt, ist nun drei Jahre alt und hat sich offenbar seit dem letzten Mal, als ihr Vater sie sah, mächtig weiterentwickelt.

Élisabeth schlägt sich zu Hause mit allerlei Sorgen herum, nicht nur der um ihren Mann. Zwar liegt Montignac fernab vom Kriegsgebiet, aber Élisabeth nimmt wiederholt verwundete Soldaten in ihrem Haus auf, worüber André nicht allzu begeistert ist. Sie muss sich um das Haus, das Land und das Personal kümmern und hat jede Menge Ausgaben zu bestreiten, wofür André ihr Geld schickt und Tipps gibt. Und dann fühlt sie sich auch noch verantwortlich dafür, dass ihr Bruder Bertrand eine geeignete Frau findet, was nicht so einfach zu sein scheint. Die von ihm Auserwählte fällt bei ihr erst einmal in Ungnade, wird aber später doch noch akzeptiert. Mit alldem muss sich auch André in seinen Briefen auseinandersetzen.

Ansonsten berichtet er von ein paar Kühen, die von Granaten getötet wurden, von zwei Messen in einer Scheune und im Wald, die ihn sehr bewegt haben, von seinen täglichen Reitausflügen, von einem herrlichen Hirsch, den er unterwegs gesehen hat, und einem gefangenen Fuchs und schickt Élisabeth ein paar Maiglöckchen, die auf einem improvisierten Altar standen. Daneben kommentiert er die allgemeine Kriegslage, freut sich über den Kriegseintritt Italiens an der Seite Frankreichs und gibt sich überzeugt, dass es Frankreich obliegt, Europa vor einer totalen Beherrschung durch Deutschland zu bewahren. Ende Mai wird André vorläufig zum Hauptmann befördert, was er Élisabeth stolz mitteilt.

Über seine Versorgung mit Lebensmitteln kann André nicht klagen, sogar ein mehrgängiges Menü kommt auf seinen Tisch. Seine Männer schickt er zur Heuernte auf verlassene Felder, ansonsten sind sie mit Arbeiten für den Verteidigungsfall beschäftigt. Nach einigen Monaten werden er und die Hälfte seiner Kompanie wieder auf Vorposten eingesetzt, wo es viel zu tun gibt und André nicht mehr so viel Zeit zum Schreiben hat. Auch wenn er nicht immer glücklich über das Verhalten seiner Frau ist und vor dem Krieg verschiedene Affären hatte, so spricht aus seinen Briefen doch immer wieder seine große Zuneigung zu ihr. Im August schreibt er:

Ich habe absolutes Vertrauen in dich, meine Liebe, und ich bin sehr glücklich, dass ich dich habe. Ich gratuliere mir jeden Tag, dass ich das Glück hatte, dir auf meinem Weg zu begegnen.

Wenig später kann André zum ersten Mal für zehn Tage auf Heimaturlaub fahren, nach mehr als einem Jahr Kriegseinsatz!

So groß die Wiedersehensfreude ist, so traurig sind der Abschied und die Rückkehr an die Front. André an seine Frau danach:

„Le Jardin", das Haus der Vacquiers in Montignac; hier kann André nur noch bei seltenen Heimaturlauben das Zusammensein mit seiner Familie genießen

Mir hat sich das Herz zusammengezogen, als ich meine Ba-
racke bezog, und ich habe von unserem schönen Zimmer ge-
träumt, unserem guten Bett, meinen kleinen Mädchen, die
dort morgens zu mir gekommen sind: es gibt sehr traurige
Momente im Leben, und diese Trennungen auf unbestimmte
Zeit sind wirklich grausam.

Wie sich hinterher herausstellt, kam der Heimaturlaub genau
zur richtigen Zeit. Denn während Andrés Abwesenheit wurde das Haus, in dem er vor seinem Urlaub Quartier bezogen
hatte, von Granaten zerstört, ebenso ein Teil des Dorfes und
die bis dahin noch intakte Kirche. Wieder einmal hat er
Glück gehabt.

Zugleich sieht es danach aus, dass der Heimaturlaub einschließlich zu vermutender intensiver Nutzung des Ehebetts
mit seiner Frau dazu geführt hat, dass etwas Neues entsteht.
Élisabeth lässt ihn wissen, dass sie möglicherweise ein Kind
erwartet, eine Nachricht, die André Hoffnung schöpfen
lässt, doch noch einmal Vater eines Sohnes zu werden. Nie
hat er verwunden, dass sein erster Sohn Jean gestorben ist,
und nun könnte ihm nach zwei Mädchen vielleicht doch
noch ein Junge geschenkt werden. Leider werden seine
Hoffnungen kurz darauf enttäuscht, Élisabeth ist nicht
schwanger.

Wieder an der Front kommt André unter schweren Beschuss und muss mehrere Tage in einem Keller hausen. Danach findet er das Dorf in Ruinen vor. Teile seiner Kompanie sind abwechselnd an vorderster Front eingesetzt, hin und
wieder gibt es erfolglose deutsche Angriffe. Ein Ende ist für
André nicht in Sicht, er spricht von einem Abnutzungskrieg,
der noch lange dauern wird, und hofft, dass die Deutschen

dafür einen hohen Preis bezahlen müssen. Offenbar denkt seine Frau darüber nach, ob André nach dem Krieg nicht beim Militär bleiben sollte. André kann sich das nur schlecht vorstellen.

Im Augenblick sollten wir nur auf eines hoffen, die Rückkehr nach dem Sieg, auf den wir, wie ich fürchte, noch lange warten müssen [...].

Im November 1915 nimmt André an einer Offiziersfortbildung in Lunéville teil. Vormittags Unterricht, nachmittags praktische Übungen im Feld. Der 42-Jährige fühlt sich an seine Schulzeit erinnert. Lunéville war zu Beginn der Krieges schwer umkämpft, es ist den Franzosen hier jedoch gelungen, die Deutschen zurückzuschlagen. Da die Stadt weiterhin ein Angriffsziel deutscher Luftangriffe ist, wird sie nachts komplett verdunkelt, und wer aus dem Haus geht, muss eine Laterne bei sich tragen. Besonderen Eindruck auf André macht ein Trauergottesdienst für gefallene Kavalleristen, und in einem seiner Briefe an seine Frau resümiert er:

... welch unvergessliche Schauspiele es immer wieder im Verlauf dieses Krieges gibt. Es ist eine Zeit meines Lebens, die in meinem Gedächtnis eingebrannt bleiben wird. [...] wer nicht die Phasen dieses Krieges miterlebt und die Emotionen gefühlt hat, der ist meiner Ansicht nach ein unvollständiger Mensch.

Immer wieder zeigt André sich pflichtbewusst und bereit, seine persönlichen Opfer und Entbehrungen tapfer zu ertragen, sofern es dem Vaterland dient. Doch die Sehnsucht nach seiner Familie und seinem früheren Leben quält ihn bisweilen sehr. Einige Tage später, wieder zurück bei seiner Division, schreibt er seiner Frau:

Ja, auch ich würde gern unser Familienleben wieder auf-nehmen. Diese Trennung ist wirklich grausam, aber es ist die Pflicht, die uns zwingt, sie klaglos hinzunehmen, auch wenn die Gedanken oft mit Traurigkeit zum verlassenen Heim wandern... Einst klagte man über sein Leben, den Mangel an Geld, wenig einträgliche Geschäfte: was ist das alles im Vergleich zum Getrenntsein von der Familie und all seinen Liebsten! Vor allem abends in ein schlechtes Zimmer oder ein Dreckloch zurückzukehren, wenn man an die schö-nen Abende mit einer Lektüre am Kamin zurückdenkt! Möge Gott diese Zeit wiederbringen, eine Zeit, über die man sich gelegentlich beklagte und die man heute vermisst!

Neben der Trennung von der Familie machen André und seinen Männern das unangenehme Winterwetter mit Schnee und Kälte, dann Tauwetter, Regen, Wind und Schlamm das Leben schwer. Kampfhandlungen gibt es offenbar nur wenig und auch die Versorgung mit Lebensmitteln ist so gut, dass er seine Frau bittet, ihm nichts zu schicken. Die Kompanie hat sogar einen besonders guten Koch, so dass das Essen auch schmeckt. Er selbst lässt seiner Frau ein Souvenir der besonderen Art zukommen: zwei Granatenhülsen, die Élisa-beth in „zwei schöne kleine Vasen" verwandeln soll. Weih-nachten verbringt André im Feld, es gibt ein etwas ausge-dehnteres Abendessen, und André hofft inständig, so „Gott will", dass es das letzte Weihnachten sein wird, dass er in der Ferne verbringen muss. Zum neuen Jahr schickt er viele gute Wünsche nach Hause, natürlich verbunden mit der Hoffnung,

... euch alle glücklich wiederzusehen und nicht mehr zu verlassen. Möge das neue Jahr gut sein, tröstlich für unser Vaterland und Zeuge seines Sieges.

Und wieder einmal nimmt er sich vor, das Leben dort künftig mehr zu schätzen als früher und sich vor allem nicht mehr – wie offenbar früher – über das Essen zu beklagen. Seiner Frau schreibt er sentimental:

Lass uns immer zusammen sein und uns nie mehr trennen. Das Leben ist kurz, es kann uns von einer Minute auf die andere genommen werden.

Ende Januar 1916 wechselt André zu einer anderen Division. Nach wie vor bleibt er an vorderster Linie eingesetzt und führt ein Leben im Schützengraben, das er so beschreibt:

Ich lebe in einem wahren Labyrinth von Gräben ganz nah an den Deutschen mit einer immerwährenden Musik von pfeifenden Granaten und Schrapnells. [...]

Oft am Tag, aber vor allem in der Nacht bin ich immer wieder in diesen Labyrinthen unterwegs, um zu sehen, was meine Männer machen, ich denke an euch alle und sage mir: Wenn Babeth hier wäre! Ich würde dir eine Ecke des Theaters dieses schrecklichen Krieges zeigen, um dir eine Idee vom Schlachtfeld zu geben, das an zahlreiche Maulwurfshügel erinnert, die durch Gräben miteinander verbunden sind, wo man nichts sieht, keinen Menschen, wo, sobald man sich zeigt, *Schrapnells und Granaten auf einen fallen oder in den Ohren pfeifen, ein entsetzliches Getöse, gefolgt von einer immensen, immer wieder unterbrochenen, Stille.*

Dieser zähe Grabenkrieg behagt André gar nicht. Er möchte, dass sich etwas bewegt, dass es voran geht, einen Bewegungskrieg.

Es ist seltsam! Wie soll der Krieg nicht lange dauern, wenn er auf diese Weise geführt wird: Tausende Tonnen Schrott, Millionen Ausgaben! So habe ich mir den Krieg nicht vorgestellt [...]

Soldaten werden verwundet oder sterben, ohne dass irgendetwas erreicht wird, außer die Deutschen in Schach zu halten.

Vorgestern wurden fünf meiner Männer durch Granatsplitter verwundet, aber nur leicht, es hätte nicht viel gefehlt und sie wären ganz zerrissen worden! Nur einer wurde evakuiert wegen einer Verwundung am Auge und an der Wange, aber sie wurden vor allem von Steinen getroffen, zum Glück nur indirekt. Man kann jeden Augenblick auf merkwürdige Weise ums Leben kommen, ohne die Genugtuung zu haben, einen Gegner getötet oder bekämpft zu haben, das finde ich besonders ärgerlich!

André tut weiterhin seine Pflicht und das erwartet er auch von seinen Soldaten, denen er als Vorbild dienen will und denen er immer wieder gut zureden muss, damit sie ebenso tapfer durchhalten, was immer ihnen abverlangt wird. Immerhin sind sie weniger unter Beschuss als die Kameraden am benachbarten Frontabschnitt. Nach der Verlegung an einen anderen Abschnitt kommt zu den sonstigen Entbehrungen und Gefahren auch noch eine erneute Kältewelle, vor der Andrés Männer sich kaum schützen können. Viele werden krank.

Mitte Februar 1916 endlich kann André dem Elend für kurze Zeit entfliehen. Er darf wieder für eine Woche auf Heimaturlaub zu seiner Familie fahren. Als er an seinen Einsatzort zurückkehrt, haben die Deutschen in einer Großoffensive Verdun angegriffen, eine etwa 100 Kilometer nordöstlich gelegene Kleinstadt. Da die Franzosen diesen Angriffen standhalten und den Deutschen viele Verluste zufügen, hofft André, dass das der Anfang vom Ende des Krieges ist, zugunsten der Franzosen. „Jetzt endlich glaube ich, dass der Sieg sicher ist." Wie wir heute wissen, dauern die dortigen Kämpfe noch bis Ende des Jahres und der Krieg noch fast zwei Jahre länger. Aber jeder Hoffnungsschimmer ist willkommen.

Während in Verdun schwer gekämpft wird und unzählige Soldaten sterben, bleibt es in Andrés Frontabschnitt „vergleichsweise ruhig", dennoch gehört zeitweiliger Beschuss durch den Feind zur Tagesordnung.

Gestern haben die Deutschen eine halbe Stunde lang meinen Kommandoposten bombardiert, zum Glück wurde niemand verwundet.

Kurz darauf freut sich André über die „Rache": Durch einen Blitzeinschlag ist ein Munitionsdepot der Deutschen in die Luft geflogen.

Neben den üblichen Wach- und Sicherungsarbeiten ist André auch viel mit offiziellem Papierkram sowie privater Korrespondenz beschäftigt. Außer Briefe an die eigene Familie zu schreiben, beantwortet er zahlreiche Briefe von Frauen, die sich nach dem Befinden ihrer Männer oder Verlobten an der Front erkundigen.

Zweimal noch in diesem Jahr, Ende Juni und im November, kann André für eine Woche seine Familie besuchen. Und jedes Mal fällt der Abschied am Ende unendlich schwer:

Ich habe meinen Kummer nicht gezeigt, als ich bei meiner Abreise in den Bus gestiegen bin und die kleinen Mädchen zurückgelassen habe, die am Morgen zu mir ins Schlafzimmer gekommen waren, aber trotz allem war ich sehr traurig, und diese Traurigkeit hat seitdem noch zugenommen, ich fühle eine große Leere in meiner Seele mit der Aussicht auf einen schrecklichen Winter! [...] Ja, diese lieben kleinen Mädchen haben nach meiner Abreise geweint und auch mir selbst war das Herz sehr schwer. Diese Trennungen sind umso trauriger, als die Rückkehr niemals gewiss ist.

Und immer wieder träumt er von einem glücklichen Familienleben nach dem Krieg:

Es ist sicher, mein Liebes, dass wir nach dem Krieg vorbildlich in unserem kleinen Haus leben werden, ohne uns jemals wieder zu trennen [...]

Während André sich durch den Frontalltag quält, hat seine Frau zu Hause mit ihren eigenen Sorgen zu kämpfen: gesundheitliche Probleme, Schwierigkeiten mit dem Personal und der Bewirtschaftung von Haus und Hof sowie allerlei Familienangelegenheiten von Anverwandten, um die sie sich, wenn es nach André ginge, besser nicht kümmern sollte.

Im Oktober 1916 wird André endgültig zum Hauptmann befördert. Beim Militär ist man sehr zufrieden mit ihm, immer wieder erhält er ausgezeichnete Beurteilungen, zuletzt:

Guter Kompanieführer, mit gutem Verhalten und gesunder Einstellung. Er übt seine Aufgaben mit größtem Eifer aus und erzielt exzellente Ergebnisse. Hat an einer Schulung zum Einsatz von Erstickungsgasen teilgenommen (7. bis 9. Dezember 1916). Äußerst feldzugtauglich .

Heiligabend 1916: Wie Élisabeth und die Mädchen ihn gefeiert haben, wissen wir nicht, vermutlich aber mit Baum und geselliger Runde. André indes sitzt einsam in seinem Unterstand, inmitten eines von Gräben durchzogenen Schlachtfeldes, über dem eine „Todesstille" herrscht.

Unter den harten Lebensbedingungen an der Front, die im Winter noch härter sind, fällt es André schwer, die eigene Moral aufrecht zu erhalten, doch sein ausgeprägtes Pflichtbewusstsein hält ihn weiter bei der Stange. Immer schwerer wird es indes, auch seine Männer dazu zu bringen, tapfer ihren Dienst zu verrichten. Immer wieder redet er ihnen ins Gewissen, sich nicht vor ihren Aufgaben zu drücken oder schlechte Stimmung zu verbreiten. Umso mehr erbost es ihn, dass es fern der Front Stimmen gibt, die ihm und seinen Soldaten Untätigkeit vorwerfen, da sie keine Angriffe auf den Feind unternehmen würden. Im Februar 2017 klagt er:

Ich führe seit ziemlich langer Zeit ein sehr hartes, beschwerliches und sehr gefährliches Leben, auch wenn wir keine Sturmangriffe machen, und irgendwelche Idioten sagen uns, dass wir untätig wären. Doch was kümmert uns die Wertschätzung dieser Leute: das sage ich oft zu meinen Männern. [...] Man darf sich nicht unterkriegen lassen.

So schwer das Leben an der Front auch ist, ein Kriegsende ohne Sieg Frankreichs, das von manchen Politikern erwogen wird, kommt für André nicht in Frage.

Am 9. März 1917 ist es jedoch mit Andrés Glück, immer unverletzt zu bleiben, vorbei. Bei erneutem nächtlichen Beschuss durch die Deutschen explodiert eine Granate direkt vor ihm, die ihn an der rechten Wange und am Hals verletzt und eine schwere Gehirnerschütterung verursacht. Am nächsten Tag wird er zur Behandlung von der Front weg in eine kleine Ambulanz gebracht, von wo er seiner Frau berichtet, was passiert ist, sich beglückwünscht, dass sein Kopf nicht zerrissen wurde, und Élisabeth versichert: „es ist nichts Schlimmes, bloß eine Liebkosung durch eine Granate". Am liebsten hätte er seinen Posten gar nicht verlassen, doch die Ärzte hatten auf seiner Evakuierung bestanden. Da die Heilung zunächst gut voranzuschreiten scheint, ist er zuversichtlich, bald wieder einsatzfähig zu sein.

Allmählich jedoch tritt immer mehr zutage, dass sein rechtes Ohr Schaden genommen hat. Ständig tritt Eiter aus und André hört auf diesem Ohr fast nichts mehr. Es wird eine Ohrenentzündung und eine leichte Schädigung des Trommelfells festgestellt. André leidet unter starken Kopf- und Ohrenschmerzen und wird schließlich in ein Krankenhaus gebracht, wo er am 2. April operiert wird, um eine

Hirnhautentzündung zu verhindern. Erst scheint alles gut verlaufen zu sein, aber dann gibt es eine Komplikation. Der Arzt hält sie für so besorgniserregend, dass er Élisabeth bittet, so schnell wie möglich zu kommen. Fast zwei Wochen bleibt diese bei ihrem Mann, der sich zum Glück langsam wieder erholt. Ist es Andrés und Élisabeths tiefem Glauben und ihrer starken Verbundenheit miteinander zu verdanken, dass André wieder genesen konnte? Im Goldenen Buch des Kollegs Saint-Joseph de Périgueux, das später an den Offizier erinnert, wird seine Genesung als regelrechte Wiederauferstehung gewürdigt, die, da Ostern war, mit der Auferstehung des Heilandes zusammengefallen sei.

Kurze Zeit später schreibt André seiner inzwischen fünf Jahre alten Tochter Marguerite:

Meine liebe Guiguite,

Dein Papa hat es nicht geschafft, früher deinen Brief zu beantworten, den du ihm geschrieben hast... Aber du musst ihm vergeben, denn er musste erst Mama schreiben und es hätte ihn ermüdet, so viele Briefe zu schreiben, denn sein Kopf war noch nicht wieder sehr stabil... Und außerdem habe ich nicht geglaubt, dass du schon so leicht einen Brief lesen kannst! Ich freue mich, dass du große Fortschritte im Lesen und Schreiben gemacht hast! Es ist auch sehr lieb von dir, an mich zu denken und mit Nénette zu beten... Ob es wohl euren Gebeten zu verdanken ist, dass ich nicht tot bin? Denn der Chefarzt, mit dem ich heute Morgen von der Messe zurückgekehrt bin, hat mir gesagt, dass ich todkrank gewesen bin! Schließlich werde ich die Freude haben, euch bald wiederzusehen, ich hoffe es, denn meine Wunde wird immer besser. Ich bewege mich jeden Tag ein bisschen [...]

Ich habe noch einige Bonbons, die mir meine kleinen Mädchen geschickt haben, an die ich sehr oft denke! Adieu, meine gute, kleine Guiguitte [...]

Dein Papa, der dich sehr lieb hat.

André

Nur wenige Wochen später kann André seine kleine Tochter dann wieder in die Arme schließen, und dank seiner Verletzung muss er seine Familie diesmal nicht so schnell wieder verlassen. Erst Ende Juli kehrt er zu seinem Armeekorps zurück, nur um sich wenige Tage später erneut im Krankenhaus wiederzufinden. Bei einem Sturz vom Pferd hat er sich das Schlüsselbein gebrochen. Das bringt ihm einen weiteren Heimaturlaub ein, der bis zum 10. Oktober 1917 dauert. Und danach ist er erst mal mehr als zwei Monate im Armeelager in Brive nicht weit von Montignac stationiert, von wo aus er oft seine Familie besuchen kann. Erst Ende Dezember geht es wieder an die Front, wo André nun einer neuen Kompanie zugewiesen wird.

Im März 1918 endet Andrés Einsatz in Lothringen, er wird, mit ihm zunächst unbekanntem Ziel, auf Reisen geschickt, worüber er nicht traurig ist: „Ich freue mich sehr, in eine Region zu kommen, die ich noch nicht kenne, so sehe ich etwas vom Land." Wenig später findet er sich in den Vogesen wieder, schwer beeindruckt von der atemberaubenden Berglandschaft:

Heute regnet es und es ist ziemlich kalt, aber gestern hatten wir traumhaftes Wetter. Die Vogesen sind wunderschön und sehr malerisch: strahlender Sonnenschein erleuchtete die schneebedeckten Höhen und Täler, von dickem Eis bedeckte

Seen durchziehen die Täler. Herrliche Bäume krönen alle Gipfel, große, grüne Bäume mit riesigen, geraden Stämmen, die in den Himmel ragen; unter diesen Tannen von einer Kraft sondergleichen herrscht eine milde Temperatur, zu ihren Füßen liegen von Lawinen dorthin transportierte Felsen: hie und da Häuser in unterschiedlichen Formen: Chalets, kleine Behausungen Schweizer Art, umgeben von Wiesen, wo überall kleine Bäche fließen mit wild strömenden, eisigen Wellen. [...] Dort also bin ich, unsere kleinen Mädchen sollen mal ihre Erdkunde-Bücher aufschlagen und sich über die Vogesen informieren, über den Col de la Schlucht lesen mit der Beschreibung des Landes, so werden sie an ihren Papa denken, während sie etwas lernen. Wir sind hier für einige Tage, glaube ich, und warten darauf, einen Abschnitt und die Frontlinie in 1100 Metern Höhe zu übernehmen, von wo aus wir vermutlich die Ebene von Munster, Colmar usw. werden sehen können.

Es folgen noch weitere Beschreibungen der Landschaft, der verstreut liegenden Häuser, der riesigen Bäume, im Vergleich zu denen André die Bäume zu Hause „mickrig" erscheinen.

Immer gibt es hier Schnee sowie Eis auf den Seen; einen Sommer gibt es fast nicht in dieser Gegend außer an wenigen Tagen. Aber wie schön es hier ist!

Andrés Begeisterung legt sich allerdings bald, als es in mühevollen Fußmärschen bei Schnee, Regen, Glatteis und schlechter Versorgung zur Frontlinie geht, wo ihn wieder ein anstrengender, entbehrungsreicher Dienst erwartet. Und so räsoniert er im Hinblick auf die pittoreske Umgebung:

All das ist herrlich für einen Touristen, der ein bequemes Fortbewegungsmittel hat und der anhalten und schlafen kann, wenn seine Augen müde sind vom Anblick dieser Landschaften, aber für den Soldaten im Feld ist es weniger erbaulich. [...] Ich habe also mein beschwerliches Leben von früher wieder aufgenommen, aber in einer völlig anderen Umgebung. Es kommt mir vor, als wäre ich vollkommen von Gott und den Menschen verlassen.

Bald geht André nicht nur das permanent schlechte Wetter auf die Nerven, sondern auch das unentwegte Rauschen der Gebirgsbäche:

Herrlich für Touristen in Friedenszeiten, hart für die deutschen und französischen Soldaten, die sich hier gegenüberliegen: die Vogesen

[...] dieser ständige Lärm ist nervtötend und vermischt sich nachts mit dem von Wind und Regen, was einen betäubt, ich bin besorgt wegen meiner Wachposten, die an verschiedenen Stellen nicht hören können, ob sich ein Feind nähert; zum Glück ist dieser zurzeit recht ruhig.

Bei anhaltend miserablem Wetter sind André und seine Männer in der nächsten Zeit Tag und Nacht mit allerlei Arbeiten beschäftigt, die sehr kräftezehrend sind. Zugleich verfolgt er mit großer Sorge die Meldungen vom allgemeinen Kriegsverlauf, insbesondere die erneute Großoffensive der Deutschen gegen Frankreich, die der Separatfrieden mit Russland möglich gemacht hat und bei der auch Paris beschossen wird:

[...] ich sehe die Dinge nicht rosig, ich wünsche mir sehr, dass unsere Armeen den totalen Sieg erringen und dass diese niederträchtigen Boches vernichtend geschlagen werden. Möge es Gottes Wille sein, aber es lässt sich nicht leugnen, dass die Lage beängstigend ist! Die Engländer halten stand, so gut sie können, aber sie müssen große Verluste haben, und Granaten und Bomben fallen weiterhin auf die Hauptstadt, auf die Frauen und kleinen Kinder. Was für traurige Zeiten wir doch durchleben.

Und dennoch steht André weiterhin zu seiner Überzeugung: „Niemand darf den Mut verlieren und alle müssen bis zum Schluss ihre Pflicht tun."

Das tut er denn auch weiterhin, doch nutzt er auch die neu geschaffene Möglichkeit, Sonderurlaub zur Bewirtschaftung seines Landes zu nehmen. Vom 22. Juni bis zum

20. Juli 1918 darf er noch einmal nach Hause fahren und Zeit mit seiner Familie verbringen. Was keiner ahnt: Diesmal ist der Abschied bei der Rückkehr an die Front ein Abschied für immer.

In Andrés Gedanken bleibt Élisabeth auch weiterhin an seiner Seite.

Gestern, meine teuerste Babeth, habe ich auf dem Rückweg von einem Besuch bei einigen Posten am Fuß eines berühmten Berges einen kleinen Strauß für dich gepflückt.

Seine aktuelle Lage an der Front beschreibt er mit leichtem Galgenhumor so:

Meine Kompanie befindet sich also in dicht bewaldeten Bergen und Schluchten verstreut, wo nicht viel zu sehen ist, wo sich die Granaten kreuzen, ohne dass man weiß, woher sie kommen und wohin sie gehen, solange sie dir nicht auf den Kopf fallen.

André ist überzeugt, dass er bis zum letzten Tag im Krieg bleiben wird, schöpft allerdings wieder neue Hoffnung, dass die Mittelmächte bald geschlagen werden. Als die Kirche zu öffentlichen Gebeten zum Beginn des fünften Kriegsjahres aufruft, wünscht er sich, dass auch die Menschen in Montignac daran teilnehmen. Zu seinem Frontalltag gehören jetzt nicht nur Granatenbeschuss, sondern auch Hinterhalte, überraschende Überfälle von deutscher Seite. Einen, so berichtet er, habe man vor einigen Tagen rechtzeitig entdeckt. An einem Morgen pflückt André auf einem Gipfel der Vogesen wieder ein paar Blumen für seine Frau, die er ihr diesmal auch zuschickt. Sie werden eines der letzten Andenken Éli-sabeths an ihren Mann sein.

Vermutlich während seines letzten Besuchs zu Hause ist André zu dem Schluss gekommen, dass Einiges im Haus zu erneuern ist, darunter auch das Kinderzimmer. Und er macht bereits genaue Pläne, wie es neu eingerichtet werden soll:

Nötiges Mobiliar für das Zimmer von Nénette und Guiguit-te: 2 Betten 1,10 Meter breit, 2 Nachttische, 2 kleine Spie-gelschränke englischer Art, eine Platte massiv, eine mit Spiegel, 2 Waschtische mit großem Spiegel, 2 Sessel, 4 Stüh-le, 1 rechteckiger Tisch in der Mitte [...] Vielleicht wird noch ein weiterer Schrank für ihre Sachen, Wäsche usw. ge-braucht. [...] Das Mobiliar bezahlt ihr Papa!

Einmal hat André Gelegenheit, in einem elsässischen Dorf an einer Messe teilzunehmen. Diese bewegt ihn so sehr, dass er seiner Frau ausführlich davon berichtet.

Ich bin wirklich entzückt von der Art, wie die Zeremonien gefeiert werden, selbst in einem bescheidenen Dorf. Die Kirche ist groß, schön und in Maßen, aber reich verziert. Die Chorkinder sehr gut angezogen, elegant agierend, eine große, tadellos gespielte Orgel, mehrstimmiger Chorgesang wie in unseren Kathedralen: zum Schluss ein Kirchenlied auf Elsässisch, was mich wurmt, aber sehr schön: die Stim-men der Frauen gemischt mit denen der Männer und jungen Leute. Der Sanitätsgeistliche hielt eine sehr gute Predigt, nur leider in etwas einschläfernder Weise, was schade war. Letztlich war ich sehr positiv beeindruckt von der Schön-heit, Ordnung und Eleganz des Hochamtes.

André fragt sich, ob diese Elsässer sich wohl freuen würden, wieder unter französischer Flagge zu leben, findet aber: „es sollte ein Glück und eine Ehre für sie sein, in das schönste Vaterland der Welt zurückzukehren".

Kurz darauf berichtet André nach Hause, dass er vertretungsweise für einige Tage das Kommando eines anderen Bataillons übernehmen wird, da der Kommandant in Urlaub geht. Mit dieser Aufgabe betraut, bricht er zwei Tage später zu einer Patrouille an der Frontlinie auf.

Nahkampf auf Leben und Tod

Sonja Richter

Am 30. August 1918 führt Johannes einen kleinen Trupp Soldaten an, der sich hinter die feindlichen Linien vorwagt. Es ist vermutlich nicht das erste Mal, dass er so etwas unternimmt, und es ist anzunehmen, dass er das Eiserne Kreuz im Juni für eine ähnliche Aktion erhalten hat.

Im Morgengrauen schleicht er sich an einem bewaldeten Hang, durch den die Front verläuft, mit seinen Männern unbemerkt vom Feind an dessen mit Stacheldraht geschützte Linie heran und beginnt, die ersten Hindernisse zu überwinden. Zur gleichen Zeit nähert sich André Vacquier mit einigen Männern beim üblichen morgendlichen Kontrollgang der Stelle, an der die Deutschen gerade eingedrungen sind. Ein Routinegang, allerdings ist André der Weg nicht vertraut, da er für einen anderen Offizier eingesprungen ist. Nichts Böses ahnend unterhält er sich mit einigen Begleitern.

Was dann geschieht, liest sich in der kleinen deutschen Feldzeitung, die mein Großvater bis zu seinem Tod aufbewahrt hat, so:

In tausend Meter Seehöhe rauscht in den Südvogesen ein Bergbach durch lichten Hochwald und verklingt südwärts in Feldkesseln. Es war ein rauher Augustmorgen. Der Regen strich durch den Wald und der Wind, der in jenen Höhenla-

gen rauher ist als in der milderen Ebene, bog die nassen Wipfel der Bäume. Am Westufer des Baches standen die vorderen Hindernispfähle des Feindes; von da zog sich das dichte Stachelnetz den steilen Hang hinauf.

Mitten im Draht, wie die Mäuse im Speck, hockten drei verwegen aussehende Gesellen, der Führer einer deutschen Streife, Leutnant Richter, und zwei seiner Getreuen, die Gefreiten Bergmann und Suchantke. [...]

Die beiden Gefreiten schneiden sich mühsam durch den Verhau den Hang hinauf und kommen schließlich an einen Fußweg. Nun muss noch ein Stacheldrahtgitter aufgeschnitten werden, dann liegt der Weg offen, so der Bericht. Leutnant Richter und die Vordersten seines neun Mann starken Trupps legen sich auf die Lauer.

Die Streife war entschlossen, jeden Kampf anzunehmen. Sie hatten noch nicht lange gelauert, als von rechts, von jenseits der Biegung, lautes Sprechen und Gelächter zu hören war. Der Feind kam.

Acht Franzosen bogen in den Weg, an der Spitze mehrere Offiziere, räumten den spanischen Reiter und näherten sich in lebhafter Unterhaltung. Hinter ihnen sah man eine zweite Gruppe folgen. Die deutsche Mannschaft kniete, die Pistolen in den Fäusten, im Schutze der Blende. Die Körper waren zum Sprung zusammengezogen, jede Sehne gespannt. Näher – näher – und los! schrie der Leutnant, brach auf den Weg hinaus, schoß einen nieder und griff mit der Linken einen anderen an die Kehle, um ihn lebendig zu fangen. Neben ihm waren Bergmann, Temme und Suchantke wie ein Wetter den Franzosen in die Quere gefahren und feuerten in die entsetzten Feinde, die sich auf dem Absatz drehten und auf dem Wege zurückflohen, auf dem sie gekommen waren. Einen zweiten Offizier ließen sie tot liegen. Die Verwundeten entkamen.

Der dritte Offizier, ein französischer Hauptmann, rang indes mit Leutnant Richter. Es war ein schwerer starker Mann, der den leichten Deutschen auf die Wegeböschung niederdrückte und ihn heftig würgte. Richter wollte anfangs nicht schießen – man wollte den Franzosen lebend gefangen machen –, später konnte er es nicht mehr. Bergmann sah seinen Leutnant in Not, lief herbei und schoß dem Hauptmann zwei Kugeln durch den rechten Arm. Der Franzose ließ nicht los und nestelte eben seinen Revolver heraus, als Suchantke ihm das Ding aus der Hand schlug, ihn anschrie: „Du willst meinen Leutnant würgen?“ und ihn durch den Kopf schoß, den er zur Seite drängte, um Richter nicht zu gefährden.

Der sprang auf, stülpte den Stahlhelm des Gegners auf, weil er seine Feldmütze verloren hatte, ließ den schweren Körper des toten Hauptmanns aufheben, griff selbst mit zu, und er, Temme, Bergmann und Suchantke schleppten die Leiche durch die Gasse im Draht abwärts, über den ersten Graben, wo Hartlieb und Heil den Übergang schon vorbereitet hatten, hinab zum Bach und drüben am Hang hinauf den deutschen Stellungen entgegen.

Unter dem Feuerschutz ihrer Kameraden gelingt den Angreifern mitsamt dem toten französischen Hauptmann – es ist André Vacquier – der Rückzug auf die deutsche Seite. Für diesen erfolgreichen Angriff, bei dem die Deutschen vier französische Offiziere getötet und „wichtige Beutestücke" eingebracht haben sollen, spricht der Oberbefehlshaber der Mannschaft „und ihrem unermüdlichen Führer im Armee-Tagesbefehl seine Anerkennung aus".

Auch die Franzosen haben dieses Ereignis dokumentiert. Für sie ist es ein Desaster. Von vier getöteten Offizieren ist zwar nicht die Rede, aber allein die Tatsache, dass zunächst niemand in der Lage war, André Vacquier zu helfen, und dass dieser – schwer verwundet oder tot – von den Deutschen einfach mitgenommen werden konnte, erregt großes Missfallen bei der Führung. Wie der folgende Heeresbericht zeigt, waren die Teilnehmer der französischen Patrouille schlecht vorbereitet und nicht einmal adäquat bewaffnet:

Hauptmann Vacquier, der vorübergehend das Kommando über das 2. Bataillon ausübte, das seit dem 28. August das Quartier Garibaldi besetzte, war am Morgen des 30. August aufgebrochen, um den Stützpunkt 1 „Rodelen" zu besuchen, der von seiner Kompanie, der 6. besetzt war.

Es heißt, er sei von zwei Unteroffizieren, einem Gefreiten und zwei einfachen Soldaten begleitet worden. Sie kamen an die Spanischen Reiter, die sich am Ende der mit Stacheldraht gesicherten „Kampfzone 2" befanden, räumten diese beiseite, und während zwei Männer die Reiter wieder in ihre vorherige Position brachten, marschierte der Hauptmann mit seinen Unteroffizieren und dem Landser Fortin vorneweg schon weiter.

Der kleine Trupp hatte kaum 25 bis 30 Meter vom Ausgang zurückgelegt, als Schüsse fielen. Die beiden Unteroffiziere sahen genau, wie Hauptmann Vacquier zu Boden fiel und auch, wie 4 oder 5 Deutsche mit gekrümmtem Rücken sich auf ihn stürzten, ohne dass er wieder hochkam, und ihn durch das Gitter schleppten. Sie sahen nicht gleich, was dem Soldaten Fortin zugestoßen war.

Die beiden Unteroffiziere sahen sich gezwungen, von ihren Waffen Gebrauch zu machen, aber das Verhängnis wollte es, dass Unteroffizier Dennaud, der mit einem Revolver bewaffnet war, genau in diesem Moment vom Soldaten Fortin angerempelt wurde, der vor ihm vorbei lief in Richtung Kampfzone 2 und rief: Ich bin verwundet. Der Revolver fiel ihm aus der Hand und er konnte ihn nicht sofort wiederfinden. Währenddessen lud Unteroffizier Delanne seine Waffe, aber er konnte das Gewehrschloss nicht schließen, so dass es ihm unmöglich war, sein Gewehr zu benutzen.

Diese unglücklichen Umstände ermöglichten es den Deutschen, die den Hauptmann mit sich zogen, hinter der Tarnung im dort ziemlich dichten Unterholz zu verschwinden. Der Gefreite und der Landser, die noch damit beschäftigt waren, die Spanischen Reiter am Ausgang von Kampfzone 2 wieder in Position zu bringen, waren von keinerlei Nutzen, da sie zu weit weg waren.

Die beiden Unteroffiziere rannten zurück, heißt es weiter, und holten ein Gewehr und Patronen. Als sie wieder zum Ort des Überfalls kamen, hatten sich die Deutschen längst aus dem Staub gemacht. Dennaud und Delanne nahmen die Verfolgung auf, schossen auf einige Deutsche, die sie in der Ferne sichteten, und fanden später, von einer anderen Patrouille unterstützt, zwei mit frischem Blut befleckte Feldmützen, zwei Drahtscheren, einen Karabiner sowie eine – ebenfalls blutbefleckte – Leiter.

Kurze Zeit später besichtigen zwei französische Offiziere den Schauplatz des Überfalls, und finden dort Spuren vor, die eindeutig bestätigen, dass „Hauptmann Vacquier über den Boden geschleift wurde, vermutlich an den Füßen, da man eine seiner Gamaschen auf dem Gelände fand." Sie kommen zu dem Schluss, dass das gefundene Blut von André Vacquier stammt.

Soweit die Schilderung des Tathergangs, wie er durch Befragung der beiden Unteroffiziere und die Ortsbegehung rekonstruiert wurde. Anschließend geht der Bericht noch einmal auf das Verhalten der einzelnen Beteiligten auf französischer Seite ein und kommt zu dem Schluss, dass alle drei Offiziere Fehler oder Unterlassungen begangen hätten. Vacquier wird vorgeworfen, nicht sicher gestellt zu haben, dass seine Männer ausreichend bewaffnet und ihre Waffen geladen waren. Unteroffizier Dennaud, dass er nur einen Revolver und kein Gewehr bei sich hatte. Und Unteroffizier Delanne, dass er seine Waffe nicht vorher geladen hatte. Das muss Konsequenzen haben: Die beiden werden degradiert.

Interessanterweise gibt es dem französischen Bericht zufolge nur *einen* getöteten Offizier auf ihrer Seite, nämlich Hauptmann Vacquier, sowie den verwundeten Soldaten Fortin. Offenbar haben die Deutschen in ihrer Erzählung erheblich übertrieben, um vor ihrer eigenen Führung besser dazustehen. Zumal sie selbst zwar keine Toten, aber doch zwei beim Nachhutgefecht schwer Verwundete zu beklagen haben.

Dass dieses Unternehmen für Johannes und seinen Trupp so gut ausging, ist also nicht nur ihrer eigenen Kriegskunst zu verdanken, sondern vor allem einer ganzen Reihe glücklicher Umstände. Ganz und gar unglücklicher Umstände aus französischer Sicht, die sich, wie Unteroffizier Pierre Dennaud es später in einem Brief an Élisabeth Vacquier formuliert hat, gegen sie verschworen hatten. Dazu zählte neben der unzureichenden Bewaffnung auch Vacquiers Unkenntnis des Geländes sowie die Tatsache, dass der letzte Wachposten, den sie passiert hatten, sie nicht besser über die Gefährlichkeit dieses Streckenabschnitts informiert hatte. Und dann haben auch noch die Kameraden auf dem Posten, wohin Dennaud eilte, um sich ein Gewehr zu beschaffen, ihm ihre Hilfe verweigert:

Hätte der Posten seine Pflicht getan, dann hätte er uns beide nicht allein mit den zehn Deutschen kämpfen lassen. Bei den ersten Schüssen hätte dieser Posten, der 40 Meter entfernt war, uns zu Hilfe kommen müssen. Nichts regte sich, ich wich einige Meter zurück, der Weg machte einen Knick, so dass die Schüsse uns nicht mehr erreichen konnten. Ich drehte mich um und sah meinen Kameraden, blass wie der Tod, der mit dem schlechten Gewehr haderte. Schnell rannte ich zum Posten, um Waffen zu holen. Ich entriss einem Mann das Gewehr, der sich weigerte, es mir zu geben, sie waren alle stumpfsinnig und wie taub. Zu ihrer Entlastung muss man sagen, dass diese Unglücklichen von vier Kriegsjahren völlig abgestumpft waren, außerdem alle schon älter und Familienväter. Ich entriss ihnen auch ein Päckchen mit acht Patronen und gab ihnen den Befehl, uns zu folgen ... aber keiner rührte sich, dabei war es ihr Hauptmann, so

*dass wir beide allein den Weg zurückgingen, wohin uns die
Pflicht rief, eine mühselige Pflicht, der wir uns aber ohne zu
zögern stellten.*

Neben dem Brief Dennauds gibt es noch weitere Augenzeu-
genberichte, und nicht alle Einzelheiten in den Erzählungen
stimmen überein. Fakt scheint jedenfalls zu sein, dass die
Franzosen von den Deutschen erfolgreich überrumpelt wurden und zunächst nicht in der Lage waren, sich zu verteidigen. Und dass André Vacquier von den deutschen Angreifern niedergerungen und auf deren Seite verschleppt wurde,
tot oder schwer verwundet.

Während die französischen Unteroffiziere wegen ihrer
Unachtsamkeit degradiert werden, hoffen die beiden deutschen Gefreiten, die auf André Vacquier geschossen haben,
auf das Eiserne Kreuz als Würdigung ihrer Verdienste.

Auf deutscher Seite ist die Sache mit der Beisetzung des
Franzosen auf einem kleinen Soldatenfriedhof, der im Wald
neben einem alten Brunnen angelegt worden war, erst einmal erledigt. Ob Johannes wohl dabei ist? Vermutlich schon.
Sicher ist: Er nimmt einige Habseligkeiten an sich, die André bei sich getragen hat: eine Metallplakette, auf der dessen
Name und Herkunftsort eingraviert ist, ein Zigarrenetui sowie zwei Medaillen mit Marienbildnissen, die den Franzosen hatten beschützen sollen und das bis zum 30. August
1918 auch getan hatten.

Zwischen den Kriegen

„Seit letzten Montag keine Nachricht von dir"

François Leroux / Sonja Richter

Am 29. August 1918, einen Tag vor seinem Tod, hatte André zum letzten Mal an seine Frau geschrieben. Wie andere Briefe aus jener Zeit offenbart der Brief seine große Erschöpfung, die er nach vier Jahren Krieg mit vielen anderen Frontsoldaten teilt:

Nur eine kurze Nachricht, meine liebe Babeth, denn ich habe immer noch immens viel zu tun und denke zurzeit mit Neid an das bescheidene Dasein jener Menschen, die eine Kuh- oder Schafherde auf der Weide hüten! Ich wünschte mir, eine in Breuilh [eine seiner Besitzungen] zu hüten fern von allen Sorgen!

Ich habe heute den Brief vom 25. erhalten; ich bin noch nicht dazu gekommen, den Brief meiner Mädchen zu beantworten. Ohne sie [vielleicht waren sie gerade bei Verwandten] muss dir das Haus wirklich ganz schön leer vorkommen! [...]

Nach der Erörterung eines Problems im Zusammenhang mit der Entlassung einer Angestellten und Plänen seiner Frau kommt er auf seinen Schwager Bertrand zu sprechen, der wegen Herz- und Kreislaufproblemen ausgemustert wurde.

Wie du sagst, Bertrand hat Dusel gehabt und das ist zu akzeptieren. Das wird ihm manche Sorgen und Pflichten erleichtern. Ich wäre gern an seiner Stelle.

Ich bin froh, dass unsere Erfolge weitergehen, auch wenn ich das nur aus amtlichen Mitteilungen erfahre, weil ich seit zwei Tagen keine Zeitungen erhalten habe. Gott möge uns den Sieg schenken und uns beschützen!

Mach's gut, liebe Babette, ich umarme dich sowie Mama und Marthe. Viele Grüße an deinen Vater und Bertrand. –

André

Seither hat Élisabeth nichts mehr von ihrem Mann gehört. Eine Woche später schreibt sie voller Sorge an ihn:

Mein lieber André,

seit letzten Montag, dem 2. September, keine Nachricht von dir. Wir machen uns Sorgen. Ich denke oft, wenn Gott Erbarmen hat mit den großen und kleinen Opfern für das Vaterland, wird er uns endlich den Sieg schenken, der nicht mehr fern zu sein scheint.

Geht es dir gut? Wie glücklich wäre ich, wenn ich es wüsste! Hast du keinen Ärger? Stimmen die Verhältnisse in deinem kleinen Zuständigkeitsbereich mit der amtlichen Verlautbarung überein?

Küsse – Élisabeth

Diese am 7. September abgeschickte Karte kommt am 24. zurück mit dem Vermerk: „Zurück an Absender. Der Empfänger konnte nicht erreicht werden."

Noch bevor der Brief ihres Mannes zurückkommt, erhält Élisabeth einen Brief aus dem Feld von einem Docteur Lacassagne, der ihr mitteilt, dass ihr Mann bei einem Hinterhalt in Gefangenschaft geraten sei. Sie solle sich nicht wundern, dass sie so lange keine Post von ihm erhalte. Es sei damit zu rechnen, dass sie erst in 3-4 Wochen wieder von ihm höre. Und er versucht sie zu trösten:

In Ihrem Unglück ist es mir doch eine Freude Ihnen mitzuteilen, dass das Bedauern beim 83. unter seinen Kameraden und seinen Männern, die ihn verehrt haben, groß ist. Ich hoffe, dass die Gefangenschaft für ihn nicht zu hart wird und dass der baldige Frieden ihn so schnell wie möglich seiner lieben Familie zurückgibt, von der er mir so oft erzählt hat.

Zwei Monate später wird der Krieg mit einem Waffenstillstand beendet. Ganz Frankreich ist erleichtert, viele Franzosen jubeln. Élisabeth indes ist noch immer ohne Nachricht von ihrem Mann und hofft weiter auf seine Rückkehr. Vom Kriegsministerium, Abteilung Familienauskünfte, erhält sie nun lediglich die offizielle Mitteilung, dass ihr Mann von seiner Einheit als am 30. August 1918 in Rodelen vermisst gemeldet worden sei. Das Nötige werde getan, um alle Hinweise von Zeugen zu sammeln, und man werde sie informieren, sobald es neue Erkenntnisse gebe. Noch immer wissen weder sie noch die offiziellen Stellen noch die französischen Soldaten, die bei dem Überfall dabei waren, dass André tot ist.

Anfang Dezember schreibt Lacassagne erneut an Élisabeth und versucht, das Ausbleiben jeglicher Nachricht von André damit zu erklären, dass dieser vielleicht an der rechten Hand verletzt wurde und deshalb nicht schreiben könne.

Da die Zensur nun aufgehoben sei, teilt er ihr mit, wo genau der Überfall stattgefunden hat.

Élisabeth erwägt, nach Gebweiler zu fahren, um dort nach dem Verbleib ihres Mannes zu forschen, doch Lacassagne rät ihr davon ab. Man wisse dort auch nicht mehr. Es gelingt ihr, Kontakt zu Unteroffizier Dennaud aufzunehmen, der André auf seiner Patrouille begleitet hatte, aber der weiß auch nicht, ob André noch am Leben ist. Verzweifelt nutzt Élisabeth all ihre Kontakte, um etwas über ihren Mann herauszufinden – vergeblich.

Noch kann sie immerhin hoffen, ihn lebend wiederzufinden. Allerdings erreichen sie in den folgenden Wochen wenig ermutigende Nachrichten. So schreibt ihr der bei dem Überfall verwundete Soldat Fortin, dass André, nachdem die Deutschen auf ihn geschossen hätten, ohne einen Schrei auszustoßen beinahe auf ihn gefallen sei, bevor die Deutschen ihn mitgenommen hätten. Er könne nicht mit Sicherheit sagen, dass André bei dem Überfall getötet wurde, aber zumindest sei er sehr schwer verwundet worden. Auf Élisabeths Nachfrage führt er weiter aus:

Ich kann nicht sagen, ob der bedauernswerte Hauptmann ins Herz getroffen wurde. Was ich sicher weiß, ist, dass er Kugeln in alle Körperteile abbekommen haben muss, wenn man bedenkt, wie [die Deutschen] aus der Deckung kamen, einige stehend, andere fast noch kriechend, und alle schossen. Der Hauptmann hat zwar versucht, seine Pistole zu benutzen, aber er hatte keine Zeit dafür.

Und ein Obergefreiter Boilard, der Zeuge des Überfalls gewesen sein will, schreibt an Élisabeths Vater, dass er davon ausgehe, dass man André tot weggeschleppt habe, da dieser von mehreren Kugeln getroffen worden sei.

Ende Februar 1919 dann die traurige Gewissheit: Die deutsche Waffenstillstandskommission, so teilt man Élisabeth mit, habe die französische Seite informiert, dass Hauptmann André Vacquier umgekommen sei. Kurz darauf erfährt sie auch, wo er begraben wurde. Im Gegensatz zu vielen anderen Gefallenen an der Somme oder bei Verdun habe er immerhin ein eigenes Grab für sich allein, versucht die Übermittlerin der Mitteilung, eine Frau aus Gebweiler, Élisabeth zu trösten, und fügt hinzu:

Jetzt, Madame, wünsche ich Ihnen viel Kraft, die man vor allem braucht, wenn man kleine Kinder hat. Diese werden ihnen aber auch Trost geben, die einzige Süße in Ihren bitteren Tränen.

Im Frühjahr 1919 reist Élisabeth ins Elsass, um das Grab ihres Mannes zu sehen. Im Mai erhält sie von Unteroffizier Dennaud, den sie noch einmal kontaktiert hat, einen Brief, in dem dieser die Ereignisse des tragischen 30. August 1918 aus seiner Sicht schildert und André Vacquier als vorbildlichen Vorgesetzten würdigt:

Lassen Sie mich zunächst sagen, wie sehr ich Hauptmann Vacquier geschätzt habe, der ein Soldat und überhaupt kein Militarist war. Er wurde von uns allen geschätzt, auch wenn er am Anfang etwas kühl war. Er hat sich um seine Männer gekümmert, sorgte sich um einfache Dinge und um ihre Versorgung mit Lebensmitteln. Mehr braucht man nicht, um von den Soldaten geliebt zu werden, und ich habe nur Gutes über ihn gehört. Ich kannte ihn seit März, als er zum 83. kam. Ich bin nicht lange mit ihm zusammen geblieben, da ich als Nachrichtendienst-Unteroffizier zum Kommandanten abgeordnet wurde. Dennoch, während meiner Zeit bei der Kompanie habe ich ihn schätzen gelernt und kann mir nur dazu gratulieren, dass ich mit ihm zu tun hatte.

Dieser Auszug zeugt auch von der wenig schmeichelhaften Meinung, die die kämpfende Truppe von ihren Offizieren „der Etappe" hatte, eine Meinung, die man in vielen Briefen und Zeugnissen von einfachen Soldaten des Ersten Weltkriegs findet.

Am 4. Juli 1919 erklärt das Amtsgericht Sarlat seine beiden Töchter zu Kriegswaisen, die Entscheidung wird meiner Mutter am 24. Juli vom Gerichtsschreiber mitgeteilt. Erst ein Jahr später erkennt das Gericht von Sarlat André Vacquier an als „Für Frankreich gestorben, vom Feind getötet". Auf dem Denkmal für die Gefallenen von Montignac steht auch sein Name.

Im August 1920 begibt sich Élisabeth auf Bitten der Armee, begleitet von der dritten Schwester ihres Mannes, ein weiteres Mal ins Elsass, um ihren toten Mann zu identifizieren. Die Leiche wird exhumiert und vorübergehend auf einem Soldatenfriedhof in Gebweiler wieder bestattet. Élisabeth ist fest entschlossen, die sterblichen Überreste ihres Mannes in die Heimat bringen zu lassen, damit André im Grab seiner Familie seine letzte Ruhestätte findet. Dies muss jedoch erst genehmigt und der Transport organisiert werden. Bis es soweit ist, vergeht ein weiteres Dreivierteljahr.

Im Mai 1921 schließlich wird der Sarg von Gebweiler nach Montignac überführt; begleitet von zwei jungen Tannen, unter denen André im Wald begraben war, und von einem Strauß Stiefmütterchen sowie den Worten: „Letzte Ehrenbezeugung durch das Elsass für seinen mutigen Verteidiger". Die Tannen werden im großen baumbestandenen Garten des Hauses in Montignac wieder eingepflanzt. Alle nicht unbeträchtlichen Kosten, von der Exhumierung der Leiche bis zu ihrer Überführung nach Montignac, muss Élisabeth selbst tragen.

Am 12. Mai 1921 wird André gemeinsam mit zwei anderen im Krieg gefallenen „Söhnen" der Stadt beigesetzt, und praktisch die gesamte Bevölkerung kommt, um ihnen die Ehre zu erweisen und Abschied zu nehmen. Ein Trauerzug mit mehr als 3.000 Menschen, darunter die Schüler aller Schulen mit ihren Lehrern, Kombattanten, Kriegsversehrte, Feuerwehrleute und der Stadtrat, so berichtet die Lokalpresse, zieht vom Rathaus zur Kirche, wo in Anwesenheit hoher kirchlicher Würdenträger die Totenmesse abgehalten wird. Danach werden die mit französischen Flaggen, Kränzen und Blumen geschmückten Särge zum Friedhof gefahren, wo in mehreren Ansprachen die Verdienste der Toten gewürdigt werden, bevor sie ihre letzte Ruhestätte finden.

Drei Jahre später kann Élisabeth sich noch über eine weitere posthume Ehrung ihres gefallenen Mannes freuen, die sie schon lange angestrebt hat. In einem Dekret der Regierung vom 3. Januar 1924 heißt es:

Ehrenlegion – *Hauptmann André Vacquier wurde zum Ritter im Nationalorden der Ehrenlegion befördert, posthum,* mit folgendem Wortlaut: „Ein mutiger und energischer Hauptmann. Während einer Patrouille, die er am 30. August 1918 im Elsass unternahm, wurde er in einen Kampf verwickelt und ist ruhmreich gefallen. – Croix de Guerre mit Palme."

Der Mutter, der Witwe und der ganzen Familie dieses tapferen Offiziers, der auf dem Feld der Ehre gefallen ist, übermitteln wir respektvolle Grüße.

André Vacquiers letzte Ruhestätte im Familiengrab auf dem Friedhof in Montignac

„Wie elend steht unser liebes Vaterland da"

Sonja Richter

Den Überfall auf die französische Patrouille Ende August 1918 können die Deutschen als kleinen Erfolg verbuchen. Die Zeit großer deutscher Erfolge indes ist zu diesem Zeitpunkt endgültig vorbei, trotz des Separatfriedens mit Russland. Die letzte große Offensive nach Westen ist nach anfänglichen Erfolgen und einem Vorrücken der Deutschen Richtung Paris zum Erliegen gekommen, im August befinden sich die Truppen auf dem Rückzug. Rund eine Million deutsche Soldaten sind seit März gefallen, vermisst, verwundet, gefangen genommen oder bei der Grippe-Epidemie erkrankt, es gibt kaum noch Reserven. Franzosen und Briten sind zwar ebenfalls geschwächt, ihnen stehen jedoch immer mehr frische, wohlgenährte amerikanische Truppen zur Seite. Auch der Einsatz von Panzern hat sich zum Vorteil der Alliierten ausgewirkt. Die Armeeführung der Mittelmächte kommt zu dem Schluss, dass der Krieg nicht mehr zu gewinnen ist, und am 4. Oktober ersuchen die Regierungen Deutschlands und Österreichs US-Präsident Wilson um die Eröffnung von Waffenstillstandsverhandlungen.

An Johannes' Einsatzort allerdings scheint zunächst alles seinen gewohnten Gang zu gehen. Viel Dienst habe er, schreibt Johannes am 18. September nach Hause, er bittet um Winterkleidung und ein Paar Turnschuhe, bedankt sich für Käse, Plätzchen, Zigarren und andere „feine Sachen", erzählt von einer Geburtstagsfeier in Gebweiler und der anstehenden Weinlese.

In 8 Tagen fängt der Herbst an, die Weinlese. Das wird sicher sehr interessant. Der Wein wird ja glänzend. Ich kriege jeden Tag Weintrauben. Kaufen kann man die nicht, das Pfund kostet 2,50 M!

Außerdem erwähnt er:

Übrigens kriegen die beiden Gefreiten morgen das EK I. Leider sind beide auf Urlaub, der Div.Kdr. wollte sie gern persönlich auszeichnen.

Hierbei könnte es sich um die beiden Gefreiten Bergmann und Suchantke handeln, die an dem Überfall auf die Franzosen am 30. August beteiligt gewesen waren. Es ist der einzige mögliche Bezug zu diesem Ereignis, der sich in den erhaltenen Briefen meines Großvaters findet.

Noch am 1. Oktober berichtet Johannes von einer großen „Vorführung vor den Militärattachés der Neutralen", die ein voller Erfolg gewesen sei. Seine Moral scheint ungebrochen zu sein. Am 5. Oktober, nachdem ihn offenbar die Nachricht vom Waffenstillstandsersuchen der Mittelmächte erreicht hat, wird aber auch ihm klar, dass der Krieg für Deutschland kein siegreiches Ende mehr nehmen wird. Schwer enttäuscht schreibt er seiner Mutter:

Nun ist unser armes Deutschland doch wohl unrettbar verloren. Wir können nur die Zähne zusammenbeißen und bis zum traurigen Ende unsere Pflicht tun.

Immerhin hat die Sache auch etwas Gutes. Johannes:

Jedenfalls glaube ich, daß Friedrich nicht mehr ins Feld braucht. Dann bleibt der doch wenigstens erhalten.

Gerade in diesen Tagen hatte Johannes sich noch dafür eingesetzt, dass Friedrich, der als Angehöriger des Jahrgangs 1900 nun auch mobilisiert wurde, zu seiner Kampfschule versetzt wird. Um zu verhindern, dass sein Bruder noch in einen gefährlichen Einsatz geschickt wird, nutzte er seine Beziehungen und war auch bereit, notfalls einen anderen Mann zu opfern. Dem zuständigen Rittmeister hatte er folgenden Vorschlag unterbreitet:

Vor einigen Tagen hörte ich von einer Verfügung der OHL, wonach die Rekruten des Jahrgangs 1900 den Rekr. Depots überwiesen werden sollen. Eingedenk des gütigen Versprechens E.H., meinen Bruder zu gegebener Zeit gegen einen andern Mann umtauschen zu wollen, gestatte ich mir heute, E.H. folgenden Vorschlag zu machen: Wenn der Zeitpunkt näher kommt, wo mein Bruder ausrücken muß, wollen E.H. mich gütigst davon benachrichtigen, damit ich die gegenseitigen Versetzungen diesseits veranlassen kann. Die Division ist damit einverstanden. Mein Bruder würde dann zum Feld-Rekr.-Depot 4.K.D. versetzt u. zur Kampfschule kommandiert werden. Wollen E.H. mir auch bitte weiter mitteilen, welches Alters der Austauschmann etwa sein soll. Falls aber mein Bruder, aus dessen Briefen ich annehme, daß er seinen Dienst zur Zufriedenheit seiner Vorgesetzten ausfüllt, noch nicht auszurücken braucht, so wäre es unser aller, besonders meiner Mutter Wunsch, ihn möglichst lange bei der

Ersatz-Eskadron zu wissen. Ich würde E.H. für eine Erledigung der Angelegenheit in diesem Sinn zu ganz besonderem Dank verpflichtet sein. Mit den besten Wünschen für E.H. Wohlergehen und der Versicherung der ausgezeichnetsten Hochachtung habe ich die Ehre zu sein E.H. gehorsamster R.

Zu dieser Versetzung ist es vermutlich nicht mehr gekommen. Johannes führt seinen Kurs wie geplant zu Ende und soll einige Tage später einen neuen übernehmen. Noch ist der Waffenstillstand nicht unterzeichnet. Dann haut auch ihn die Grippe um, die schon seit Monaten an der Front grassiert – vermutlich die Spanische Grippe, an der europa- und weltweit noch Millionen sterben werden – und nun auch seinen Frontabschnitt erreicht hat. Den letzten erhaltenen Brief aus der Kriegszeit schreibt er am 11. Oktober vom Krankenbett.

Liebe Mama!

Ich habe ziemlich heftig Grippe gehabt u. muß noch im Bett liegen, bin aber fast fieberfrei u. es geht mir bedeutend besser. Der Doktor wollte mich erst ins Lazarett schicken, aber ich habe es hier ja mindestens ebensogut. [...] Ich werde hier reizend gepflegt, kriege Weintrauben, soviel ich will, Glühwein vom 1911er!, jeden Morgen heiße Milch – also besser hätte es im Lazarett auch nicht sein können. Jetzt ist es ja nicht mehr nötig. Eben gemessen, ich bin zum 1. mal fieberfrei, habe auch keine Kopfschmerzen mehr. Bald mehr.

Euch allen die herzlichsten Grüße

Euer Johannes

Während Johannes vermutlich noch seine Grippe auskuriert, beginnen revolutionäre Umtriebe im Land. Ende Oktober meutern Matrosen in Wilhelmshaven und Kiel, die noch in eine allerletzte Schlacht geschickt werden sollen. In der Folge kommt es zu einer Welle von Aufständen, der sich weitere Matrosen, Soldaten und Arbeiter anschließen. An vielen Orten formieren sich Arbeiter- und Soldatenräte, die die Abdankung des Kaisers und die Errichtung einer Republik fordern. Nicht nur viele Matrosen und Soldaten haben genug vom sinnlosen Kämpfen. Die unzureichende Versorgung – rund eine Million Menschen in Deutschland sind bereits an Hunger und damit einhergehenden Krankheiten gestorben – hat auch die Geduld der Zivilbevölkerung zunehmend erschöpft. Am 9. November verkündet Reichskanzler Max von Baden eigenmächtig die Abdankung des Kaisers und den Thronverzicht des Kronprinzen und überträgt sein eigenes Amt dem Vorsitzenden der SPD Friedrich Ebert. Die SPD ist die stärkste Partei im Reichstag. Am selben Tag ruft SPD-Vorstandsmitglied Philipp Scheidemann die „Deutsche Republik" aus, zwei Stunden später Karl Liebknecht vom linksrevolutionären Spartakusbund die „Freie Sozialistische Republik Deutschland". Ebert gelingt es, eine provisorische Übergangsregierung zu bilden, die Wahlen zu einer Nationalversammlung am 19. Januar 1919 beschließt. Am 10. November 1918 geht Kaiser Wilhelm II. ins Exil in die Niederlande, von wo aus er am 28. November offiziell auf den Thron verzichtet.

Am 11. November 1918 unterschreibt der Reichstagsabgeordnete Matthias Erzberger in Compiègne den Waffenstillstand. Die Kampfhandlungen sind beendet, Deutschland und Österreich stehen als Verlierer da und müssen sich allen

Bedingungen der Siegermächte fügen. Die besetzten Gebiete Nordfrankreichs, Belgiens und Luxemburgs sowie Elsass-Lothringen müssen binnen 15 Tagen von deutschen Truppen geräumt werden. Deutschland hat 5.000 Geschütze, 25.000 Maschinengewehre, 3.000 Minenwerfer, 1.700 Flugzeuge, sämtliche U-Boote, sechs Panzerkreuzer, zehn Linienschiffe, acht kleine Kreuzer und 50 Torpedoboote in unversehrtem Zustand zu übergeben, außerdem 5.000 Lokomotiven, 150.000 Waggons und 5.000 Lastwagen. Zugleich wird die britische Seeblockade gegen Deutschland aufrechterhalten, so dass viele Menschen in Deutschland weiter hungern müssen. Der Frieden von Brest-Litowsk mit Russland wird annuliert.

Die kaisertreuen Deutschen, zu denen auch die Richters zählen, sind entsetzt, und viele patriotische Frontkämpfer fühlen sich verraten und um den Lohn für ihre Opfer gebracht. Bereits am 22. Oktober 1918 hat ein Soldat namens Hain aus Johannes' Kampfschule, der noch verwundet im Lazarett lag, seinem Vorgesetzten geschrieben:

Ja ja mein lieber Herr Leutnant, wie elend steht unser liebes Vaterland jetzt da. Wenn man nicht fest wie Stahl und Eisen wäre, so könnte man jetzt verzweifeln, aber als echte Deutsche wollen wir auch in der schwersten Stunde stark sein, um nie die Lorbeeren zu verlieren, die wir uns erworben haben. Mit Stolz kann man zurückblicken auf die Taten, die man für das Vaterland getan hat. Das befriedigende innere Gefühl ist der größte Dank für alles.

Infolge der Revolution kommt es auch zu Übergriffen von Revolutionären auf heimreisende Frontsoldaten und Offizie-

178

re. So berichtet Hain nach seiner Entlassung und Rückkehr ins heimische Ostpreußen:

Mich hat die Reise mit den entsetzlichen Erlebnissen derartig angegriffen, daß ich fast kein Mensch bin. [...], wenn man nun sieht, wie unser erkämpftes Heldentum von den lausigen 18-jährigen Bengels zertreten wird, die mal nicht im Felde waren. Man sieht selten einen, dem man ansehen könnte, daß er auch im Felde könnte gewesen sein. Ich kann nicht darüber hinweg kommen, daß wir ruhmgekrönten Krieger, die wir gegen eine Welt mit Feinden gekämpft haben, jetzt ein so schmachvolles Ende bereiten lassen. Wie mir die Kokarden genommen wurden, dachte ich, ich bekomme einen Schlaganfall. Von den entsetzlichen Sachen, die mit den Herren Generälen und Herren Offizieren gemacht wurden, will ich nichts erwähnen.

Wie genau Johannes das Kriegsende erlebt hat, ist nicht überliefert. Irgendwann, als er wieder genesen war, es aber an der Front nichts mehr für ihn zu tun gab, trat er die Heimreise an. Was er dabei erlebte, entnehmen wir einem weiteren Brief Hains vom 9. Dezember 1918:

Mein lieber Herr Leutnant!
   Vielen, vielen Dank für den mir sehr wichtigen Brief vom 26., den ich am 5. erhielt. Ich sowie meine liebe Braut und Schwiegereltern, alle haben uns diese Zeilen gerührt. Bevor ich zum Worte kam, nachdem ich den Brief von Herrn Leutnant allen vorgelesen hatte, sagte mein Schwiegervater: „Ja, das ist auch noch ein deutscher Offizier, der nichts scheut". Es ist gut, daß ich gar nicht zugegen gewesen bin,

*wie die Bande Herrn Leutnant die Achselstücke rauben
wollte, ohne Morden unsererseits wäre es gewiß nicht abgegangen, denn diesen Schweinehunden hätten wir doch gezeigt, was es heißt, einen ehrwürdigen Offizier anzufassen,
der in Ehren alles für das Vaterland getan hat, was in seinen Kräften stand. Nie hätte ich es können ansehen, daß
Herr Leutnant sollte seine Achselstücke abmachen. Jedenfalls hat die Bande doch erstaunt, daß ein windiger Offizier
keine Angst hat. Wie weh es Herrn Leutnant getan hat, in
diesem Moment der Kampfschule fern zu sein, kann ich mir
denken, denn dazu kenne ich Herrn Leutnant doch zu gut.
Wenn man zurückdenkt an vergangene schöne Zeiten von
Orschweier, so wird einem ganz anders zu Mute.*

Die Gefühle der Richters in Göttingen sind ähnlich. Scho-
ckiert verfolgen sie die Ereignisse, die sie nicht wirklich
verstehen können. „Ach du armes Deutschland, wer hätte
auf solchen Kriegsausgang gerechnet!", notiert Minnie am
6. November 1918 in ihr Tagebuch. Nichts hatten sie sich
seit Jahren sehnlicher gewünscht als Frieden. Im Februar
noch hatte Minnie jubiliert, als sich im Osten ein Friedens-
schluss abzeichnete. Und jetzt: Deutschland am Boden, tief
gedemütigt, der Kaiser gestürzt, Chaos im Land, in dem
doch trotz aller Entbehrungen während der vier Kriegsjahre
immerhin geordnete Verhältnisse geherrscht hatten. Minnie
ist fassungslos. Am 4. Dezember 1918 notiert sie in ihr Tagebuch:

*Einen Kaiser haben wir nicht mehr, man hat ihn „vertrie-
ben", alle Macht haben die „Roten" weggeworfen, daher
die furchtbaren Waffenstillstandsbedingungen. Was besitzen*

*wir denn noch? Sind wir nicht ganz und gar wehrlos und –
was schlimmer ist – ehrlos? Man wird krank beim Gedanken an die Schande, die die Revolutionäre uns angetan. Johannes hat einen furchtbaren Empfang erlebt in Straßburg.
Als er abfuhr, kam er gerade in den „Matrosenzug", wie
teuflisch sah der aus, der im Wagen neben Joh. aus dem
Fenster sah. Joh. zeigte uns noch, dass er die Kokarde ab-
gemacht hatte.*

Auch an Göttingen ist die Revolution nicht spurlos vorüber-
gegangen. Am 9. November hat sich ein Soldaten- und
Volksrat gebildet. Dieser unterstützt die Militär- und die
Stadtverwaltung, die aber weiter im Amt bleiben und ihre
Arbeit mit wenigen Einschränkungen fortsetzen können.
Am 10. November wurde auf dem Rathaus die rote Fahne
gehisst. Ansonsten bleibt es aber weitgehend ruhig in der
Stadt. Zur Aufrechterhaltung der Ordnung und dem Schutz
der Lebensmittelvorräte vor Plünderungen gibt es seit November 1918 eine Volkswehr, die die Polizei unterstützt, solange noch nicht genügend Schutzleute aus dem Krieg zurückgekehrt sind. Sie wird allerdings nach wenigen Monaten wieder aufgelöst. Die Stadt ist voller Soldaten, die auf
ihre Demobilisierung warten und so lange privat, in Schulen
oder Kasernen einquartiert sind. Anfang 1919 werben alte
und neue Parteien um Stimmen bei der Wahl zur Nationalversammlung am 19. Januar, am 5. März folgen über 4.000
Menschen dem Aufruf der Gewerkschaften und demonstrie-
ren insbesondere für eine bessere und gerechtere Lebensmit-
telversorgung. Auch für diese Demonstrationen fehlt Minnie
jedes Verständnis:

Gö., 5. März 1919: Große Demonstrationen vom Theater-
platz nach dem Rathaus und Tageblatt. Pfui über diese Ge-
sellschaft! Es sollen 3–4000 Menschen gewesen sein. Nach
der Speisehalle sollte es auch gehen, aber sie haben uns
verschont.

Zur Bekämpfung weiterer revolutionärer Umtriebe und zum
Schutz der neuen östlichen Grenzen unter anderem vor den
Polen, die jetzt wieder einen eigenen Staat haben, bilden
sich in Deutschland Freicorps, die aus bisherigen Frontsoldaten und ungedienten Freiwilligen bestehen. Einem solchen schließt sich der gerade 18-jährige Friedrich an, und
im Grunde liegt es nahe, dass auch Johannes hier wieder aktiv wird. Am 30. Januar 1919 hatte ein ehemaliger Kampf-
genosse, Ernst Lutter aus Züllichau, versucht, ihn für diese
Idee zu gewinnen:

Wie wäre es denn, [wenn] wir uns alle noch mal zusammen-
finden, und unter Deiner Führung gegen die Pollacken zie-
hen? Ich denke mir das so, wir erlassen einen Aufruf in
mehreren Zeitungen, daß alle ehemaligen Angehörigen der
bewährten Sturm-Esk. [...] sich melden wollen, um für unser
Vaterland gegen die Polen zu ziehen. Ist das nicht eine feine
Idee? Ein paar M.G., eine Wucht Handgranaten und los
zum Gegenstoß. Also schreibe doch bitte Bescheid, wie Du
darüber denkst.

Mag sein, dass Johannes darüber nachdenkt, aber er ent-
scheidet sich dagegen. Zumal er kurz nach seiner Rückkehr
von der Front einen psychischen und physischen Zusammenbruch erlitten hat, die schwere Grippe mit anschließen-

der Lungenentzündung und die Aufregungen der Revolutionstage waren wohl zu viel für ihn. Nun möchte er sich lieber eine Existenz aufbauen, im Februar 1919 beginnt er an der Universität Göttingen ein Jurastudium.

Aus den Wahlen zur Nationalversammlung, die erste Wahl in Deutschland, an der auch Frauen teilnehmen dürfen, ist die SPD als Siegerin hervorgegangen. Friedrich Ebert ist nun Präsident der neuen Republik, in der es jedoch weiterhin zu Aufständen kommt, an vielen Orten Bürgerkrieg herrscht und Menschen Hunger leiden, in der Millionen von heimkehrenden Soldaten wieder in die Gesellschaft integriert werden müssen, viele davon verletzt, verstümmelt, traumatisiert. Und als wäre das nicht schon schlimm genug, muss die deutsche Regierung im Juni 1919 mit dem Friedensvertrag von Versailles neben territorialen Verlusten und der Reduzierung der Armee sofortige Schadensersatzzahlungen von 20 Milliarden Goldmark akzeptieren, weitere Zahlungen in noch festzulegender Höhe sollen folgen. Zigtausende Pferde, Kühe, Schafe, Ziegen und Schweine, Millionen Tonnen Kohle und viele weitere Güter müssen geliefert werden, und Deutschland muss anerkennen, die Schuld am Ausbruch des Krieges zu tragen und für alle Verluste und Schäden verantwortlich zu sein.

Fast alle Deutschen sind fassungslos, viele geben der neuen Regierung die Schuld an der Niederlage im Krieg und ihren Folgen. Minnie schreibt in ihr Tagebuch:

Der Friede ist unterzeichnet. Ich kann die Tragweite und Größe unseres Unglücks gar nicht ermessen, mir fehlt das politische Verständnis dafür, und die Friedensbedingungen habe ich ja auch nicht einmal alle gelesen.

Dennoch gibt es auch Grund zur Freude, denn nicht nur Johannes ist aus dem Krieg zurückgekehrt und Friedrich verschont geblieben, sondern auch Minnies Verlobter Friedrich Grelle kommt, allerdings erst Ende Oktober 1919, endlich aus der britischen Gefangenschaft nach Hause. Am 1. November notiert Minnie glücklich: „Jetzt hab ich ihn wieder, meinen guten, lieben Friedrich". In Hannover hat Minnie ihren Verlobten in Empfang genommen. Zwei Wochen später sitzen sie zusammen in einem vollgestopften Zug nach Göttingen, ohne Licht und Heizung. Doch das stört das wieder vereinte Paar nicht. Für Minnie ist es die schönste Eisenbahnfahrt, die sie je mit Friedrich gemacht hat.

Zukunft aufbauen in unruhigen Zeiten

Sonja Richter

Die turbulenten Zustände im Land dauern noch fünf Jahre an. Die neue Reichsregierung hat große Mühe, sich gegen Angriffe der extremen Rechten und Linken zu behaupten. Im Frühjahr 1920 muss sie aufgrund eines Putschversuches zeitweise nach Dresden und Stuttgart fliehen. Im August 1921 wird Finanzminister Matthias Erzberger von rechtsradikalen Terroristen ermordet, im Juni 1922 Außenminister Walther Rathenau. Im Januar 1923 besetzen französische und belgische Truppen das Ruhrgebiet, nachdem Deutschland mit seinen Reparationslieferungen in Verzug geraten ist. Es kommt zu einem Generalstreik, in dessen Folge sich die zuvor bereits beachtliche Inflation dramatisch beschleunigt und Millionen Deutsche um ihre Ersparnisse bringt. Im November 1923 unternehmen Adolf Hitler und seine 1920 gegründete NSDAP einen Putschversuch. Nach dessen Niederschlagung und einer Währungsreform stabilisiert sich die Lage ab 1924 endlich für einige Jahre.

Kann man in solch wirren Zeiten ein halbwegs normales Leben führen? Sich gar eine Zukunft aufbauen? Man kann – und das finde ich als jemand, der bisher das Glück hatte, nie in solchen Umständen leben zu müssen, höchst bemerkenswert.

Offenbar weitgehend ungestört von den politischen Turbulenzen der neuen Republik widmet sich Johannes mit gro-

ßem Eifer seinem Jurastudium. Friedrich mit seiner Begeisterung für alte Sprachen schreibt sich nach seinem Frei-
corps-Abenteuer für Altphilologie ein. Bruder Wilhelm arbeitet zunächst noch bei der Stadtverwaltung Göttingen,
später nimmt er eine Stelle in Marienburg (Westpreußen) an,
von wo er immer wieder Geld schickt, um die Familie zu
unterstützen. Minnie arbeitet als Schreibkraft am Hygieni-
schen Institut der Universität, Margarete hat sich nach ihrer
geplatzten Verlobung in den Kriegsjahren für eine künstleri-
sche Karriere entschieden und besucht zunächst eine Kunst-
gewerbeschule im Rheinland, dann die Kunstakademie Kassel.

Die Inflation macht allen zu schaffen, aber wieder einmal weiß man sich zu helfen. Nach wie vor erweist es sich
als hilfreich, Verwandtschaft auf dem Lande zu haben, die
auch mal ein Ferkel stiftet, wenn auch nicht immer mit besonderer Begeisterung. Friedrich gibt neben seinem Studium wieder fleißig Privatstunden und wird dafür teils in Na-
turalien, teils in Dollars bezahlt. Wilhelm unterstützt mit seinem Gehalt kräftig die Familie. Schickt er Geld, gibt man es
allerdings möglichst noch am selben Tag aus. Wer weiß, was
es am nächsten Tag noch wert ist.

Die Juristerei liegt Johannes, und er legt sich mächtig ins
Zeug, um möglichst schnell seinen Abschluss zu machen.
Dank sogenannter Zwischensemester sowie Kriegsteilneh-
mern gewährter Verkürzungen legt er bereits nach zwei Jahren am 30. April 1921 die erste juristische Prüfung „in abge-
kürzter Form" ab, die er mit „gut" besteht. Und im selben
Jahr wird er sogar schon promoviert, in seiner „Inaugural-
Dissertation zur Erlangung der juristischen Doktorwürde"
an der Universität Göttingen, für die er ein „Magna cum lau-

de" erhält, widmet er sich dem Thema „Die strafrechtliche Bedeutung der Rechtspflicht zum Handeln". Es folgt das Referendariat, das ihn zweieinhalb weitere Jahre durch die üblichen Stationen führt: Amtsgericht, Landgericht, Staatsanwaltschaft, Rechtsanwalt bis hin zum Oberlandesgericht. Die meisten absolviert er im heimischen Göttingen, die letzten vier Monate verbringt er in Celle, ein Ort, der 24 Jahre später unter gänzlich anderen, dramatischen Umständen seine neue Heimat und Wirkungsstätte werden wird. Auch hier wird er immer mit „gut" oder „sehr gut" beurteilt" und das Landesprüfungsamt bescheinigt ihm am Ende seiner Referendariatszeit: „Sein Verhalten in und außer dem Dienste war tadellos". Am 26. September 1924 besteht er auch die zweite juristische Staatsprüfung mit „gut" und wird zum Gerichtsassessor ernannt.

Während seines Studiums erreichen Johannes weiterhin Briefe von ehemaligen Kriegskameraden. Die kämpfen zum Teil noch bei den Freicorps und versuchen ansonsten, wieder im zivilen Leben Fuß zu fassen, was gar nicht so einfach ist. Viele haben eine Braut und wollen nun endlich heiraten. Johannes wird von Einigen um Hilfe gebeten, bei der Arbeitssuche und beim Versuch, noch ein heiß ersehntes Eisernes Kreuz zu ergattern. Darunter auch der sich als „ehemaliger Lebensretter" in Erinnerung bringende einstige Gefreite Bergmann.

Helbig, sein ehemaliger Bursche, versucht noch 1920, Johannes als ehemaligen Kampfschulleiter für einen neuen Waffengang zu mobilisieren.

Hoffentlich kommt bald ein Krieg, denn die jetzigen Zustände sind doch bald unerträglich. Es würde sich wohl keiner besinnen, an der Befreiung unseres Vaterlandes vom Joch der Fremdherrschaft mitzuhelfen u. ich werde es mir als besondere Ehre anrechnen, schon jetzt mit ehemaligen Kampfschülern Fühlung zu nehmen, damit, wenn von unserem verehrten Herrn Leutnant der Ruf zum Sammeln ertönt, die Kampf-Schule als erste Kampftruppe auf dem Plan erscheint; hoffentlich ist die Zeit nicht mehr fern! Das ist mein sehnlichster Wunsch.

Was Johannes darauf geantwortet hat, ist leider nicht überliefert. Politisch lehnt auch er die neuen Verhältnisse ab, und seine republikfeindliche Einstellung vermischt sich mit seinem schon immer sehr ausgeprägten Judenhass. Er schließt sich dem Deutschvölkischen Schutz- und Trutzbund an, einer nationalistischen und antisemitischen Vereinigung, die an die „jüdische Weltverschwörung" glaubt und die Weimarer Republik als „Judenrepublik" beschimpft. 1922 wird sie verboten. Aus der nationalliberalen Deutschen Volkspartei, der er kurz nach ihrer Gründung beigetreten ist, tritt Johannes bald wieder aus, weil diese sich nicht zum Antisemitismus bekenne. „Angewidert durch den Parlamentarismus" bleibt er danach parteilos. So jedenfalls schildert er seine politische Einstellung und Entwicklung in einem späteren Lebenslauf.

Mit Gewalt gegen das neue System rebellieren will Johannes jedoch offenbar nicht. Vermutlich möchte er einfach nur ein normales Leben leben und seine berufliche Karriere voranbringen. Von diesem Vorhaben lässt er sich von nichts und niemandem abbringen, und die folgenden Jahre belohnen ihn für seinen Einsatz. Für seine eineinhalbjährige Tätigkeit als Gerichtsassessor, in der er als Hilfsrichter und

Rechtsanwaltsvertreter eingesetzt wird, erhält er eine exzellente Beurteilung:

Juristisch ungewöhnlich begabt, besitzt sehr gediegene Rechtskenntnisse und beherrscht Rechtsprechung u. Schrifttum gleichermaßen. Er versteht es auch, seine hervorragenden Kenntnisse in die Praxis einzusetzen. Seine Arbeiten waren in Anlage u. Aufbau mustergültig. Er steht ganz erheblich über dem Durchschnitt.

Im März 1926 verlässt Johannes den Justizdienst und wird Rechtsanwalt am Amts- und Landgericht Hannover. Zugleich tritt er eine Stelle als juristischer Hilfsarbeiter und Dezernent im Landeskirchenamt an, wo er sich um Schul-, Finanzverwaltungs- und Besoldungssachen kümmert. Auch hier bewährt er sich, und die erste Beförderung lässt nicht lange auf sich warten. 1928 hat er es zum Landeskirchenrat gebracht. Er lässt sich als Rechtsanwalt löschen, um sich nun voll und ganz seiner Beamtentätigkeit zu widmen.

Ganz seiner akademischen Karriere widmet sich nach der Rückkehr aus der Kriegsgefangenschaft auch Minnies Verlobter Friedrich Grelle, der durch den Krieg fünf Jahre verloren hat. Nach drei Kurzsemestern legt er im September 1920 die 1. theologische Prüfung ab, nach einem halben Jahr als Kandidat in seiner Heimatstadt Hannover und zwei Jahren am Predigerseminar Erichsburg besteht er im März 1923 die 2. theologische Prüfung, wird im Mai ordiniert und zum Hilfsgeistlichen am Heimkehrlager Hameln ernannt. Erst dann, im September 1923, heiratet er seine Minnie, neun Jahre nach ihrer Verlobung und vier Jahre nach seiner Rückkehr aus der Kriegsgefangenschaft. Es ist das Jahr, in

dem die Inflation gerade dabei ist, ihren Höhepunkt zu erreichen, was den beiden ungewöhnlich großzügige Hochzeits-
geschenke einbringt. Neben Haushaltsgegenständen, Lebensmitteln und Blumen erhält das Paar Geld im Gesamt-
wert von 473 Millionen Mark! Die beiden sind dann auch
die Ersten, die Lina ein Enkelkind schenken: Am 4. Juli
1924 kommt Sohn Friedrich-Wilhelm auf die Welt.

Drei Jahre später, mittlerweile in Lüneburg gelandet, hat
auch Wilhelm mit 37 endlich die Frau fürs Leben gefunden.
Mit wenigen, flott geschriebenen Zeilen, teilt er Minnie im
Frühjahr 1927 mit:

*Ich habe mich gestern verlobt, mit Eva Dohmeier, der Toch-
ter eines hies. Arztes, hübsches liebes Mädel, 25 Jahre alt.
Wir besuchen Euch im April oder Mai mal.*

Ende Mai 1927 heiraten die beiden. Auf Fotos, die die große
Hochzeitsgesellschaft zeigen, sieht man auch Johannes in
Begleitung einer jungen Dame. Leider kann mir keiner mehr
sagen, wer diese Frau war und ob es eine nähere Beziehung
zwischen ihr und meinem Großvater gab. Sicher ist nur,
dass er nicht ihr, sondern einer anderen nur ein knappes Jahr
später, am 9. April 1928, selbst das Ja-Wort gibt. Diese andere, Elfriede Wilhelm, 23 Jahre alt, einziges Kind eines Ei-
senbahnbeamten, arbeitet im Landeskirchenamt als Schreibkraft.

Die Hochzeitsfotos zeigen meine Großmutter ganz nach
der Mode der Zeit mit tief auf dem Kopf sitzenden, um-
kränzten Schleier, und Johannes im schwarzen Frack mit
weißer Fliege und seinen ans Jackett gehefteten Kriegsor-
den. Den Fotos nach zu urteilen fand die Hochzeit in klei-

nem Familienkreis statt, und eine richtige Hochzeitsreise
gab es offenbar erst mal nicht. Ein mit „Sommer 1928" da-
tiertes Bild zeigt die beiden in trauter Eintracht in einer Hei-
delandschaft, mit dem Vermerk „Flitterwöchner", in Anfüh-
rungsstrichen.

Johannes und Elfriede frisch vermählt im April 1928

Möglicherweise holten sie ihre richtigen Flitterwochen zwei Jahre später nach, zumindest gibt es Bilder, die die beiden im Juni 1930 als glückliches junges Paar am Wörthersee in Österreich zeigen. Man darf vermuten, dass die Initiative dazu von Elfriede ausging, denn Johannes soll Zeit seines Lebens alles andere als reisefreudig gewesen sein. Im Gegensatz zu seiner Frau war er im Krieg auch schon genug herumgekommen.

Ich nehme an, dass mein Großvater nicht gerade die Leidenschaft in Person und emotional eher zurückhaltend war. Ziemlich ernst und steif sitzt und steht er auf den Bildern neben seiner jungen Frau. Nur auf einem Foto sieht man die beiden händchenhaltend im Liegestuhl, aber besonders spontan wirken sie auch da nicht. Bürgerliche Zurückhaltung, vor allem vor der Kamera? Das Intimleben des jungen Paares entzieht sich meiner Kenntnis, aber jedenfalls dauert es vier Jahre, bis sich der erste Nachwuchs ankündigt. Ihr junges Eheglück scheinen Johannes und Elfriede durchaus zu genießen, im Sommer 1932 sieht man sie, Elfriede schon hochschwanger, am Aller-Strand bei Hambühren sitzen. Hier hat Johannes eine Jagd gepachtet, und hier können die beiden – samt Hund Troll, dem ersten Familienzuwachs – besonders im Sommer das Landleben genießen. Mit seinem gestreiften Bademantel sieht Johannes allerdings auf besagtem Foto ein wenig aus wie ein entlaufener Sträfling.

Als Elfriede im Oktober 1932 ihr erstes Kind bekommt, ist Minnie bereits glückliche Mutter von fünfen, und Wilhelm und Eva haben ein Mädchen und einen Jungen. Friedrich, noch Junggeselle, arbeitet nach erfolgreich abgeschlossenem Studium als Redakteur.

Alle Richter-Kinder scheinen ihr Glück zu finden, nur Margarete nicht. Nachdem es schon mit dem Heiraten nicht geklappt hat, muss sie einige Jahre später auch noch ihre Ausbildung an der Kunstakademie Kassel, an der sie mit dem Ziel studiert hat, Kunstlehrerin zu werden, aus gesundheitlichen Gründen abbrechen. Immer wieder heißt es in Briefen von Familie und Freunden, dass sie „leidend" sei, aber woran sie leidet, das bleibt unausgesprochen. Vieles spricht dafür, dass sie depressiv ist. Als einziges der fünf Geschwister lebt sie nun wieder mit ihrer ebenfalls kränklichen Mutter zusammen in Göttingen – eine Schicksalsgemeinschaft zweier alleinstehender, gesundheitlich angeschlagener Frauen, die auf die Hilfe und Unterstützung der Verwandtschaft angewiesen sind.

Mitten in das junge Eheglück von Johannes und Elfriede, Wilhelm und Eva kracht die New Yorker Börse. Der Kurssturz dort im Oktober 1929 führt in die Weltwirtschaftskrise, die – nicht nur – in Deutschland Kapitalflucht, sinkende Produktion und Massenarbeitslosigkeit zur Folge hat. Irgendwie scheinen die Richters aber auch diese Krise wieder einigermaßen unbeschadet zu überstehen, als Beamte sind Wilhelm und Johannes vermutlich vergleichsweise gut abgesichert. Doch die Sehnsucht nach stabilen Verhältnissen, die es auch während der letzten Jahre mit ständig wechselnden Regierungen nur begrenzt gegeben hat, wird durch die wirtschaftliche Unsicherheit der Zeit sicher noch verstärkt. Landesweit trägt die schwierige wirtschaftliche und soziale Lage mit dazu bei, dass bei den Reichstagswahlen Ende Juli 1932 über 37 Prozent der Wähler ihr Kreuz bei der NSDAP machen, wodurch diese die Zahl ihrer Sitze im Reichstag mehr als verdoppelt und die mit Abstand stärkste Partei wird. Während sie auf demokratischem Weg versucht, die Macht zu erobern, verfolgt sie zugleich das Ziel, genau diese Demokratie abzuschaffen. Zwar verliert sie bei erneuten Wahlen in November wieder einige Prozent, doch kann das ihre Machtübernahme wenige Monate später nicht mehr verhindern.

Nachträgliche Flitterwochen? Johannes und Elfriede im gemeinsamen Urlaub am Wörthersee im Sommer 1930

Deutscher Christ in Nöten

Sonja Richter

Wichtiger als die Reichstagswahlen ist für Johannes und Elfriede in diesen Monaten vermutlich ein anderes Ereignis: Am 13. Oktober 1932 ist er da: Helmut, „ein zwar zartes und zierliches, aber Gott sei Dank gesundes Kindchen", wie Elfriede in ihrem aus diesem Anlass angelegten Tagebuch vermerkt, 3100 Gramm schwer und 50 cm lang. Mehr als 80 schriftliche Gratulationen, etwa 40 „Blumenspenden" und allerlei Babykleider aus dem Verwandten- und Bekanntenkreis erhalten die glücklichen Eltern. Und Johannes schenkt seiner Frau für ihre „Verdienste", wie sie schreibt, „einen entzückenden Ring". Am 27. Oktober zieht der kleine Helmut in die elterliche Wohnung in Hannover ein, einen Monat später wird er dort von seinem Onkel Friedrich Grelle getauft. Ein Foto zeigt die Taufgesellschaft fein herausgeputzt um den Kaffeetisch versammelt, Johannes vor dem Tisch auf dem Boden sitzend, Helmut im weißen Taufkleid auf dem Schoß seiner Mutter. Den Mahagoni-Sekretär im Wohnzimmer hat man zu einem Taufaltar umfunktioniert, mit einer orientalischen Brücke behängt sowie mit Kerzen, einer silbernen Schale und einem Kreuz aus Tannen und Chrysanthemen geschmückt.

Das erste Weihnachtsfest zu dritt verlebt die junge Familie „urgemütlich und in tiefstem Herzen dankbar und glücklich". Elfriede:

Helmut starrte unentwegt die brennenden Kerzen am Weih-
nachtsbaum an u. verhielt sich auch beim Gesang des Weih-
nachtsliedes vorbildlich ruhig. Aus seinem Gabentisch, be-
laden mit netten kleinen Geschenken von den Verwandten u.
einem Sparkassenbuch vom Vati, machte er sich noch recht
wenig. Aber ich denke, im nächsten Jahr wird er Spielsa-
chen und süße Sachen schon etwas zu würdigen wissen.

Das kommende Jahr ist nicht irgendein Jahr, sondern der
Beginn einer erneuten Zeitenwende in Deutschland. Am 30.
Januar 1933 wird Adolf Hitler zum Reichskanzler ernannt
und fängt an der Spitze der NSDAP an, das „Dritte Reich"
zu errichten. Am 1. Februar wird der Reichstag aufgelöst,
am 4. Februar die Versammlungs- und Pressefreiheit einge-
schränkt, am 27. Februar brennt das Reichstagsgebäude,
was die Nationalsozialisten als Vorwand nutzen, um Gesetze
zu verabschieden, die weiter ihre Machtposition stärken.
Viele Mitglieder linker Parteien und der freien Gewerkschaften werden inhaftiert und gefoltert, manche ermordet.
Erste Konzentrationslager werden eingerichtet. Am 5. März
finden die letzten Reichstagswahlen statt, bei denen die NS-
DAP 43,9 Prozent der Stimmen erhält. Am 1. April führen
die Nationalsozialisten eine Boykottaktion gegen jüdische
Geschäfte, Anwaltskanzleien und Arztpraxen durch. Im Juli
werden alle Parteien außer der NSDAP verboten und die
parlamentarische Demokratie abgeschafft.

Von all dem ist in Elfriedes Helmut-Tagebuch nichts zu
lesen. Es bleibt ausschließlich privat und lässt uns am Wachsen und Gedeihen des kleinen Bürschchens teilhaben, das in
diesen Monaten anfängt, seine heimische Welt zu ent-de-
cken.

Im März 1933 wachte der kleine Bursche, ich möchte fast sagen, plötzlich auf. Körperlich machte er sich viel besser als in den ersten Monaten, der Ausschlag plagte ihn nicht mehr allzusehr, und er nahm mit einem Male lebhaftes Interesse an seiner Umgebung. Wenn die Mutti an den Wagen kommt, verklärt sich sein Gesichtchen und er gibt seiner Freude durch Jauchzen u. Strampeln Ausdruck. Der Papa wird etwas mißtrauisch angestarrt, aber auch der wird bei besonders guter Laune angelacht.

Vaterfreuden im April 1933: Johannes mit Söhnchen Helmut in Hannover

Der kleine Helmut entwickelt sich gut, wenn er auch hin und wieder etwas kränkelt. Am 13. April wiegt Helmut 11 Pfund und 100 Gramm, am 13. Mai hat er die 6-Kilo-Marke genommen, am 29. Mai bekommt er seinen ersten Zahn. Den Juni verbringen alle drei auf dem Lande in Hambühren. Bruder Wilhelm mit Frau Eva und den Kindern Jutta und Fritz kommen ebenfalls aus Lüneburg, und alle genießen herrliche Sommerwochen mit Baden in der Aller und viel „Faulenzen". Johannes schießt in der Zeit drei Böcke, Wilhelm einen. Am 13. Oktober 1933, Helmuts 1. Geburtstag, schreibt Elfriede in ihr Tagebuch:

Helmuts Appetit ist nach wie vor fabelhaft. Mit seinen vorläufig vorhandenen 8 Zähnchen beißt er mit Hingabe alles, was ihm vor den Schnabel kommt, Zwiebäcke, Keks, Brötchen, Brot, einfach alles. Hunger hat er immer, die Portionen sind nie groß genug, hoffentlich schmeckt's ihm immer so.

Vater und Sohn in der Aller bei Hambühren im Sommer 1934

198

Die politische Umwälzung, die in dieser Zeit stattfindet, verfolgt Johannes vermutlich mit ähnlichem Wohlwollen wie das Gedeihen seines Sohnes. Wenn es stimmt, was er 1936 in einem Lebenslauf behaupten wird, so wählte er bereits seit 1929 die Nationalsozialisten. Parteimitglied sei er aber zunächst trotz seiner „sich langsam festigenden nationalsozialistischen Einstellung" nicht geworden, weil er es für besser gehalten habe, sich als Kirchenbeamter politisch zurückzuhalten. Diese Zurückhaltung legt er nun ab, am 1. Mai 1933 tritt er der NSDAP bei.

Ein Brief, den er am 23. Juni 1933 in familiengeschichtlichen Angelegenheiten an einen Pastor in Hawaii geschrieben hat, wirft ein erhellendes Licht auf seine damalige Einstellung. „Alle Greuelnachrichten über Judenverfolgungen und dergleichen" über Deutschland, die im Ausland verbreitet würden, seien erlogen.

Die deutsche Regierung befreit das deutsche Volk von den auf allen Gebieten übermächtig gewordenen jüdischen Einflüssen. Sie tut das mit fester Hand und auf völlig gesetzmäßigem Wege. Alles geht durchaus ordnungsmäßig zu. Übergriffe Einzelner, die natürlich vorkommen, aber seltener als in anderen Kulturländern und als zu anderen Zeiten, werden streng geahndet. Man darf wohl ohne Übertreibung sagen, dass die öffentliche Ruhe, Sicherheit und Ordnung in Deutschland dank der unerhört starken Regierungsmacht noch nie so groß war wie jetzt.

Johannes begrüßt antisemitische Maßnahmen, aber keine Gewalt. Er geht davon aus, dass Übergriffe nicht von oben gewollt sind, und sieht in der neuen Regierung einen Garanten von Sicherheit und Ordnung. Jüdischen Einfluss zurückdrängen und für „öffentliche Ruhe, Sicherheit und Ordnung" sorgen – damit können sich die Nationalsozialisten der Unterstützung von Johannes erst einmal sicher sein. Nach so vielen politisch unruhigen Jahren ist ein starker Staat sehr willkommen. Die Tatsache, dass die NSDAP sich neben dem Kampf gegen das Judentum besonders die Revision des verhassten Versailler Vertrags auf die Fahnen geschrieben hat, tut vermutlich ihr Übriges.

Eine Parteikarriere macht Johannes nicht. Das höchste „Amt", das er ausübt, wird das des Blockwarts sein, und das wohl auch mehr pro forma. Politisch tätig wird er allerdings schon, und zwar auf kirchlicher Ebene und damit in seinem unmittelbaren beruflichen Wirkungsfeld. Johannes engagiert sich bei den der nationalsozialistischen Ideologie nahe stehenden Deutschen Christen. Diese 1932 gegründete Bewegung strebt den Ausschluss von Christen jüdischer Herkunft aus der Kirche, die „Entjudung der Bibel" und die Schaffung einer nach Führerprinzip strukturierten Reichskirche auf Kosten der bisherigen selbständigen Landeskirchen an.

Für eine einheitliche, auf der nationalsozialistischen Volksgemeinschaft gründende Reichskirche setzt sich Johannes sogar öffentlich ein. In einem am 13. Juli 1933 im Hannoverschen Kurier erschienenen Artikel mit dem Titel „Die einige Kirche" wirbt er für die Vorstellungen der Deutschen Christen. Er begrüßt die Verfassung der neu geschaffenen deutschen Reichskirche, von der er sich analog zum Erstarken Deutschlands unter der Führung der NSDAP auch ein Erstarken der evangelischen Kirche unter einer mächtigen zentralen Führung verspricht:

Jetzt haben wir eine von Grund auf neu gestaltete, in sich geschlossene und festgefügte Einheit der evangelischen Kirche Deutschlands. Sie wird künftig in zwangsläufiger Entwicklung unter der starken Führung eines mit autoritärer Gewalt ausgestatteten Reichsbischofs stehen. An die Stelle der Zerrissenheit und Zersplitterung, die immer Schwäche bedeutet, wird die Geschlossenheit kirchlichen Willens und Handelns, sei es wem auch immer gegenüber, stehen. Das ist das Große und Gewaltige an diesem kirchenpolitischen Ereignis. Das andere ist, daß diese Gestalt der Kirche in vollster Übereinstimmung mit dem Staate geschaffen ist.

Eine einheitliche, mit fester Hand geführte evangelische Kirche, im Einklang mit Staat und Volk, das ist Johannes' Zukunftsvision, die jetzt Gestalt anzunehmen scheint. Ich habe nie richtig begreifen können, wie man Christentum und Nationalsozialismus miteinander vereinbaren konnte, aber ich verstehe, dass der Gedanke einer großen, einigen und starken Volks- und Glaubensgemeinschaft erstrebenswert erscheinen kann. Weiter heißt es in Johannes' Artikel:

Das Volk ist Träger der Kirche. Als sein Treuhänder hat der Staat gehandelt. Ein ungestörtes Zusammengehen von Volk und Kirche ist gesichert. Beide stehen auf demselben Boden. Die gleichen Ströme geschichtlichen Lebens [...] rauschen nunmehr durch Kirche und Volk.

Johannes ist Idealist, dabei aber auch rücksichtslos gegenüber denjenigen, die seine Ideen nicht teilen und die Selbständigkeit der Landeskirchen erhalten wollen. Um eine starke Reichskirche zu schaffen, muss die Macht der Landeskirchen, auch die seiner eigenen, geschwächt, wenn nicht gar ganz abgeschafft werden.

Wie weit die neue Gestalt der Kirche in den organisatorischen Aufbau der bisherigen Landeskirchen eingreift und deren Selbständigkeit beseitigt, steht noch dahin. Die Lösung wird auch hier, wie man vermuten darf, ziemlich radikal sein. Sie würde anders nicht das Gesicht unserer alles wandelnden Zeit widerspiegeln.

Wenig später gelingt es den Deutschen Christen, innerhalb der Hannoverschen Landeskirche, für die Johannes arbeitet, bei den landesweiten Kirchenvorstandswahlen die Oberhand zu gewinnen, was Johannes kurz darauf zu einem riesigen Karrieresprung verhilft. Präsident und Vizepräsidenten des Landeskirchenamtes werden durch Deutsche Christen ersetzt und Johannes erhält das Amt des rechtskundigen Vizepräsidenten. Jetzt sieht er die Möglichkeit gekommen, seine kirchenpolitischen Vorstellungen durchzusetzen. Sein wichtigster Mitstreiter dabei ist der neue geistliche Vizepräsident Gerhard Hahn, den Johannes möglicherweise schon aus Göttingen kennt, wo Hahn Theologie studiert hat. Hahn ist Landesleiter der Deutschen Christen in Hannover, fungiert für die NSDAP als Gaufachberater für Kirchenfragen und für die preußische Landesregierung als Bevollmächtigter des Staatskommissars für die hannoversche Landeskirche. Ab dem Herbst 1933 steht Hahn auch an der Spitze des nun von den Deutschen Christen dominierten Landeskirchentages. Im Juni hat Hahn in seiner Funktion als Bevollmächtigter des Staatskommissars Johannes zu seinem Vertreter gemacht. Ein Foto auf einem Zeitungsausschnitt zeigt die beiden bei einer Besprechung im Landeskirchenamt, Hahn in Parteiuniform, Johannes in Zivil, mit der Unterschrift: „Pastor Hahn und sein Adjutant".

In seinem neuen Amt setzt Johannes sich den Zielen der Deutschen Christen entsprechend gemeinsam mit Hahn dafür ein, Pastoren jüdischer Herkunft aus ihrem Amt zu entfernen. Außerdem setzen beide alle Hebel in Bewegung, um die Hannoversche Landeskirche der neuen Reichskirche einzugliedern, und als Bischof Marahrens sich diesem Vorhaben widersetzt, betreiben sie dessen Entmachtung. Sie unterschätzen jedoch die starke Stellung des Bischofs, hinter dem die große Mehrheit der Pfarrerschaft steht. Im Sommer/ Herbst 1933 gehört nur jeder vierte Pfarrer den Deutschen Christen an, ein Jahr später sogar nur noch jeder zehnte, da die Deutschen Christen mit mehreren zu radikalen öffentlichen Auftritten viele Anhänger verprellen. Der Großteil der Pastoren unterstützt stattdessen die Gegenbewegung der Bekennenden Kirche. Marahrens selbst wird, obwohl er der Bekennenden Kirche angehört, von Hitler als „rechtmäßiger Kirchenführer" anerkannt. Er verbittet sich zwar eine staatliche Einmischung in religiöse und kirchliche Angelegenheiten, zeigt sich aber ansonsten loyal gegenüber dem NS-Regime und erlaubt keine offene Kritik an der staatlichen Politik.

Nachdem sich der als Kirchenkampf in die Geschichte eingegangene Machtkampf immer mehr zugespitzt hat und Marahrens' Stuhl wackelt, greift dieser zu einem radikalen Mittel. Kurzerhand beurlaubt er Anfang November 1934 beide Vizepräsidenten und blockiert alle Telefonleitungen, damit diese sich keine Hilfe holen können. Der weitere, ziemlich turbulente Verlauf dieses Konfliktes lässt sich aus-

führlich in den erhalten gebliebenen Akten im Landeskirch-
lichen Archiv nachlesen.

Johannes gibt nicht gleich klein bei. In einer ohne sein
Wissen einberufenen Versammlung ergreift er nach dem
Landesbischof das Wort, um seine Position zu vertreten.
Doch nur wenige Mitarbeiter erkennen seine Autorität noch
an. Am nächsten Tag findet er sein Büro verschlossen vor
und man lässt ihn nicht hinein. Johannes verurteilt seine
Entmachtung als „glatten Putsch" und fordert die Wiederherstellung seiner Hausmacht. Am darauffolgenden Morgen
versuchen er, Hahn und ihre Gesinnungsgenossen, für eine
anstehende Sitzung des Kirchensenats den Zugang zum
Landeskirchenamt zu erzwingen. Diesmal bleibt es nicht bei
verbalen Auseinandersetzungen. Lesen wir, wie der daran
beteiligte Pförtner diesen außergewöhnlichen Vorfall erlebt
hat.

Zug durch die Stadt beim Landeskirchentag in Hannover 1933,
Johannes als Vizepräsident des Landeskirchenamtes vorne neben
Präsident Schnelle

*Am Montag, dem 5. ds. Mts. morgens 9 Uhr erschienen eini-
ge Herren des Kirchensenats, um eine Sitzung abzuhalten.
Herr Oberlandeskirchenrat Niemann nahm Rücksprache
mit Herrn Landrat Weber und Superintendent Rahn. Herr
Landrat Weber hat sich inzwischen bereit erklärt, zu gehen.
Trotzdem ihm gesagt wurde, er möchte das Haus am Eingang der Wohnung Bornemanns verlassen, bestand er darauf, den Hauptausgang zu benutzen. Landrat Weber ging
durch unser Zimmer, Herr Oberlandeskirchenrat Niemann
folgte ihm. An der Tür angekommen, schloß ersterer sofort
die Tür auf, um sie sofort zu öffnen. Herr Oberlandeskirchenrat Niemann stellte jedoch seinen Fuß vor die Tür, um
dieses zu verhindern. Herr Landrat Weber riß trotzdem die
Tür auf und drängte somit Herrn Oberlandeskirchenrat
Niemann zurück. Die Tür wurde nun von Herrn Landrat
Weber aufgerissen und er rief den draußen stehenden Herren zu: „Kommen sie herein, meine Herren". Herr Oberlandeskirchenrat Niemann versuchte, die Tür zu schließen.
Hierauf setzte sich Herr Landrat Weber zur Wehr, indem er
Herrn Oberlandeskirchenrat Niemann zuerst in das Gesicht
schlug. Letzterem floß das Blut aus der Nase, außerdem war
die Nase auch nach oben auf zerschlagen. Nachdem sofort
alles zur Tür hinausgedrängt wurde, schloß ich die Tür wieder.*

Oberlandeskirchenrat Niemann, der das Amt erfolgreich gegen die unerwünschten Eindringlinge verteidigt hat, berichtet seinerseits von einem weiteren Angreifer, der auf ihn ein-
schlug und gegen den er sich mit Faustschlägen gewehrt
habe. Die Anhänger des Bischofs tragen den Sieg davon.
Schließlich gelingt es Hahn, durch Verhandlungen doch

noch den Einlass zu erwirken, allerdings nur „zwecks Abtransportes der persönlichen Sachen und Akten" aus den beiden Dienstzimmern der Vizepräsidenten, der dann auch vereinbarungsgemäß erfolgt. Den Berichten zufolge war Johannes nicht an der Schlägerei beteiligt, stand aber vor besagter Tür, durch die er möglicherweise auch mit den anderen einzudringen versuchte. Am Ende darf er ein letztes Mal sein Büro betreten, um seine Sachen einzupacken.

Es gelingt Marahrens und seinen Unterstützern, die Deutschen Christen dauerhaft aus dem Landeskirchenamt zu entfernen und eine vorläufige Kirchenregierung unter seinem Vorsitz einzurichten. Die Urteile in mehreren Prozessen, die in den folgenden Monaten um die Besetzung der Leitungsämter geführt werden, geben dem Bischof auch rechtlich den nötigen Rückhalt. Sowohl das Landgericht Hannover als auch das Oberlandesgericht Celle teilen die Rechtsauffassung des Landesbischofs, dass bereits die Einsetzung von Johannes Richter und Gerhard Hahn als Vizepräsidenten unrechtmäßig gewesen sei und sie deshalb keinen Anspruch auf ihre Ämter hätten. Außerdem wird entschieden, dass die ursprüngliche Absetzung der Vorgänger von Hahn und Johannes unrechtmäßig gewesen sei. Nicht zuletzt dadurch gelingt es Marahrens, die Landeskirche Hannovers vor der „Gleichschaltung", wie sie die Deutschen Christen angestrebt hatten, zu bewahren.

Johannes bleibt bis auf Weiteres beurlaubt und muss auch noch die Kosten seiner Verfahren tragen. Von nun an kämpft er nicht mehr um seinen Posten, sondern um den Weiterbezug seines Gehaltes. Wenigstens hier mit Erfolg, sehr zum Leidwesen der über diese finanzielle Doppelbelastung klagenden Landeskirche.

Nur ein gutes Jahr liegt zwischen Johannes' Aufstieg und Fall. Und Johannes fällt tief. Denn er ist nicht nur seinen Posten als Vizepräsident los, sondern in der Kirchenverwaltung überhaupt nicht mehr gelitten. Mit dem Versuch, den Bischof zu entmachten, hat er sich offenbar für jegliche Tätigkeit in der Hannoverschen Landeskirche disqualifiziert. Nur kann man ihn als Beamten nicht einfach entlassen, sondern muss irgendwo anders eine Verwendung für ihn finden. Doch das braucht Zeit. Erst einmal bleibt er Beamter ohne Amt.

Wie gut, dass wenigstens daheim die Welt in Ordnung ist. Klein-Helmut wächst und gedeiht. Mitte Oktober 1934 wird mit vielen Gästen und Geschenken sein zweiter Geburtstag gefeiert. Inzwischen hat er es auf 26,5 Pfund Gewicht, 87 Zentimeter Körpergröße und 20 Zähne gebracht und seinen Eltern schon viel Freude gemacht. Außerdem kündigt sich weiterer Nachwuchs an. Als ihr Mann Anfang November aus dem Landeskirchenamt fliegt, ist Elfriede im sechsten Monat schwanger. Am 7. März 1935 schreibt sie glücklich ins Tagebuch: „Das Schwesterchen ist da!" Etwas früher als erwartet erblickte Erika Mitte Februar 1935 das Licht der Welt. Johannes war verreist und erfuhr die Neuigkeit erst bei seiner Rückkehr. „Sein Erstaunen und seine Freude waren grenzenlos", hält Elfriede fest. Am nächsten Tag kam er mit Helmut in die Klinik. Dessen Neugier hielt sich allerdings in Grenzen. Erst nachdem er einen leckeren Apfel auf Mamas Nachttisch verspeisen durfte,

... besah er sich das winzige Baby u. stellte fest, daß es „Heil Hitler" mache, denn es hatte im Schlaf ein Händchen

*hochgestreckt. Damit war diese welterschütternde Begeben-
heit für ihn einstweilen erledigt.*

Mit diesem Familienzuwachs wird das häusliche Leben erst
richtig turbulent. Erika ist um Einiges quirliger als ihr großer, braver Bruder, und hält alle Mitbewohner ordentlich auf
Trab. Elfriedes Tagebücher füllen sich mit vielen lustigen
Anekdoten. Die Kinder bringen „Sonnenschein" in diese für
die Eltern eher düstere Zeit, in die auch der Tod von Lina
Richter fällt. Mehrere Fotografien zeigen die Pastorenwitwe
noch als stolze Großmutter mit dem kleinen Helmut, doch
es geht ihr gesundheitlich immer schlechter. Am 21. April
1936, ihrem 78. Geburtstag, stirbt sie in Göttingen. Beigesetzt wird sie im Grab ihres 30 Jahre zuvor verstorbenen
Mannes in Gehrde, in der alten Heimat.

*Die Familie hat sich
vergrößert: Helmut
mit Schwesterchen
Erika im Winter
1935/36 in Hannover.
Die hält ihre Eltern
und ihren großen
Bruder bald auf Trab.*

Auch wenn die Familie versorgt ist und Johannes sich
freuen könnte, mehr Zeit mit Frau und Kindern zu verbringen, legt er großen Wert darauf, wieder in Amt und Würden
zu kommen, wenn auch an anderer Stelle. Nachdem er bei
der Kirche keine Chance mehr zu haben scheint, bemüht er
sich, in den Staatsdienst übernommen zu werden. Auch der
Landeskirche ist daran gelegen, damit sie nicht weiter sein
Gehalt zahlen muss. Zwischen verschiedenen Behörden kur-
sieren Schreiben zur möglichen Besetzung offener Stellen
mit Johannes. Insbesondere Hermann Muhs setzt sich für
ihn ein. Muhs, ein alter Göttinger Studienfreund, ebenfalls
Jurist, NSDAP-Aktivist, SS-Mitglied und von 1932 bis
1935 Regierungspräsident im Regierungsbezirk Hildesheim,
ist mit Johannes politisch ganz auf einer Linie. Im Februar
1936 legt er dem Innenministerium in Berlin nahe, Johannes' Übernahme in den Staatsdienst zu ermöglichen. Dabei
unterstreicht er sein Anliegen mit dem Hinweis, dass

... Dr. Richter Pg [Parteigenosse] ist und weltanschaulich
voll und ganz auf nationalsozialistischem Boden steht und
dieses auch bereits lange vor der Machtübernahme bewie-
sen hat.

Während man im Innenministerium zu diesem Zeitpunkt
schon geneigt ist, Johannes einen Landratsposten anzubie-
ten, spricht sich der Stabsleiter des Stellvertreters des Führers, Martin Bormann, dagegen aus. In einem Schreiben
Bormanns vom 17. Februar 1936 an das Ministerium heißt
es:

Ich teile Ihnen hierzu mit, dass ich mich Ihrer Auffassung nicht anschließen kann. Richter soll offenbar, weil er aus kirchenpolitischen Gründen in seiner bisherigen Stellung nicht mehr belassen werden soll, anderweitig im Staatsdienst untergebracht werden. Aus politischen Gründen heraus halte ich es nicht für tragbar, dass Personen, die irgendwie kirchenpolitisch gebunden sind, ein wichtiges politisches Amt übertragen erhalten, da alles vermieden werden muss, das dazu beiträgt, evtl. neue Konfliktstoffe in das Verhältnis von Kirche und Staat hineinzutragen.

Und in einem Aktenvermerk des Ministeriums wird in etwas anderen Worten erläutert:

... daß man beim Stellvertreter des Führers nicht einsehen könne, warum hier die Absicht bestehe, Beamte, die dem Reichskirchenminister nicht mehr genehm seien, auf politischen Stellen zu verwenden. Ganz gleich, ob die betr. Beamten Deutsche Christen seien oder der Bekenntnisfront angehören, bestehe die Befürchtung, daß sie in ihren politischen Stellen sich einseitig in kirchenpolitischen Fragen festlegen und die Befriedung der kirchenpolitischen Verhältnisse gefährden würden.

Wichtiger, als einem treuen Parteigenossen zu einem neuen Amt zu verhelfen, ist es der NS-Regierung also offenbar, dass keine weiteren Konflikte geschürt werden. Johannes erhält den Landratsposten nicht. Auf eine Nachfrage des Reichskirchenministeriums in dieser Angelegenheit im Juli 1936 bekräftigt Bormann noch einmal seine Ablehnung in Bezug auf den Landratsposten, fügt jedoch hinzu:

Gegen eine Beschäftigung des Vizepräsidenten Dr. Richter als Beamter habe ich nichts einzuwenden, wenn diese Stelle nicht eine politische ist. Ich bitte Sie aber, mir für diesen Fall Vorschläge zu unterbreiten, da ich nicht übersehen kann, für welche Stelle Dr. Richter in Frage kommen kann.

Aus der Idee, offenbar vom Landeskirchenamt vorgebracht, Johannes zum „Kurator einer deutschen Universität" zu machen, wird allerdings auch nichts. Das Ministerium für Wissenschaft, Erziehung und Volksbildung teilt ihm im November 1936 mit:

Auf Ihre Bewerbung muß ich Ihnen zu meinem Bedauern mitteilen, daß sich eine Möglichkeit zu Ihrer Verwendung in meiner Verwaltung z. Zt. nicht bietet.

Zum Jahreswechsel 1936/37 erreicht Johannes dann endlich die erlösende Nachricht:

Der Herr Reichs- und Preußische Minister des Innern hat sich bereit erklärt, Sie zunächst probeweise und mit dem Vorbehalte jederzeitigen Widerrufs im höheren Dienst bei einer Regierung zu beschäftigen und Sie im Falle Ihrer Bewährung nach 6 Monaten endgültig zur Ernennung als Regierungsrat in der preußischen allgemeinen Verwaltung vorzuschlagen, sofern der Stellvertreter des Führers dagegen keine Einwendungen erhebt, was nicht anzunehmen ist. Der Reichs- und Preußische Minister des Innern stellt außerdem in Aussicht, Sie nach weiteren 6 Monaten im Falle Ihrer Bewährung für die Ernennung zum Oberregierungsrat vorzuschlagen.

Gezeichnet ist das Schreiben von keinem anderen als Hermann Muhs, der sich, nachdem er Mitte November 1936 ins Reichskirchenministerium berufen worden war, dort offenbar gleich wieder für seinen alten Freund Johannes eingesetzt hat. Mit diesen Aussichten kann Johannes schon deutlich entspannter ins neue Jahr starten. Und Ende April 1937 kann er endlich wieder arbeiten. Er übernimmt zunächst verschiedene Aufgaben im höheren Dienst bei der Bezirksregierung Osnabrück.

Diese erfreuliche Entwicklung hat zur Folge, dass Johannes mit seiner Familie aus Hannover nach Osnabrück umziehen muss. Johannes findet eine schöne Wohnung, die direkt an einen verwilderten Park angrenzt – ein Paradies für Helmut und Erika. Und noch ein Plus hat der neue Wohnort aufzuweisen: Hier ist die Familie wieder näher bei Johannes' westfälischen Verwandten.

Da Johannes sich an seiner neuen Stelle in kürzester Zeit bewährt, steht der in Aussicht gestellten endgültigen Übernahme in den Staatsdienst nichts im Wege. Auch beim Stab des Stellvertreters des Führers werden diesmal keine Einwände erhoben. Am 10. Dezember 1937 ist es dann soweit: „Im Namen des Deutschen Volkes" wird Johannes „unter Berufung in das Beamtenverhältnis auf Lebenszeit" vom „Führer und Reichskanzler" zum Regierungsrat ernannt.

Möglich wurde seine Verbeamtung allerdings nur, nachdem die Reichsstelle für Sippenforschung ihm und Elfriede einen Unbedenklichkeitsbescheid ausgestellt hat, in dem es heißt, dass „gegen die arische Abstammung" der beiden „keine Bedenken" bestünden, und Johannes versichert hat, keiner Freimaurerloge angehört zu haben. Bereits im Juli 1936 hat Johannes im Zuge seiner Bemühungen um eine

Übernahme in den Staatsdienst ein entsprechendes Formular ausgefüllt, in dem er erklären musste:

Mir sind trotz sorgfältigster Prüfung keine Umstände bekannt, welche die Annahme rechtfertigen könnten, daß ich – und meine Frau – von nichtarischen Eltern oder Großeltern abstamme – n –; insbesondere hat keiner meiner – und meiner Frau – Elternteile oder Großelternteile zu irgendeiner Zeit der jüdischen Religion angehört.

Um dies zu belegen, mussten Geburts- und Heiratsurkunden sowie persönliche Angaben zu allen Eltern und Großeltern vorgelegt werden. Beamter darf nach dem Deutschen Beamtengesetz vom 26. Januar 1937, in Anknüpfung an das bereits 1933 erlassene Gesetz zur Wiederherstellung des Berufsbeamtentums, nur werden, wer – einschließlich der Ehefrau – „deutschblütig" ist. Außerdem wird von den Staatsbeamten erwartet, voll und ganz hinter dem NS-System zu stehen. So heißt es in Paragraph 3 des Beamtengesetzes :

Der Beamte hat jederzeit rückhaltlos für den nationalsozialistischen Staat einzutreten und sich in seinem gesamten Verhalten von der Tatsache leiten zu lassen, daß die Nationalsozialistische Deutsche Arbeiterpartei in unlöslicher Verbundenheit mit dem Volke die Trägerin des deutschen Staatsgedankens ist.

Jeder neue Beamte hat dafür einen Amtseid zu leisten, in dem er schwört, „dem Führer des Deutschen Reiches und Volkes, Adolf Hitler, treu und gehorsam zu sein". Diese Treue hat er „bis zum Tode zu halten".

Johannes ist offenbar allen Anforderungen für seine Verbeamtung gerecht geworden und hat natürlich auch den entsprechenden Eid geleistet. Dafür wurde ihm der besondere
Schutz des Führers und Reichskanzlers zugesichert.

Kaum hat sich die Familie in Osnabrück häuslich nieder-
gelassen, steht 1938 erneut ein Umzug an. Denn inzwischen
ist es Hermann Muhs gelungen, Johannes zu einer Stelle in
seinem Ministerium in Berlin zu verhelfen. Zunächst als
„Hilfsarbeiter" eingestellt, wird Johannes dort bereits nach
acht Monaten zum Ministerialrat befördert und bekommt
die Leitung eines eigenen Referats übertragen. Im Ge-
schäftsverteilungsplan des Reichskirchenministeriums vom
Oktober 1938 untersteht ihm der Bereich Schule, Unterricht
und Forschung, mit zuständig ist er auch für den Bereich
Kirchliche Ämter.

In der Folge des beruflichen Wiederaufstiegs ihres Mannes wird Elfriede nun Herrin über ein großzügiges modernes
Einfamilienhaus mit Garten im Grünen. In Rangsdorf an der
südlichen Peripherie Berlins lässt sich die Familie nieder,
umgeben von hohen Kiefern und mit einem Badesee in
Laufweite. Die Kinder sollen in der Natur aufwachsen. Das
zumindest in Johannes' Wunsch, und Elfriede, eigentlich
eher ein Stadtmensch, fügt sich. Als Anfang Oktober 1938
der große Umzug stattfindet, liegt sie allerdings schon seit
Monaten im Krankenhaus, und Johannes muss ohne sie klar
kommen. Die Kinder werden so lange nach Hambühren geschickt, wo sich die befreundete Familie Mertens um sie
kümmert.

Für Helmut und Erika ist Rangsdorf ein wunderbarer Ort
und sie leben sich schnell ein. Es trifft sich ganz gut, dass
jetzt erst Helmuts Einschulung ansteht. Natürlich ist sein

erster Schultag Mitte April 1939 ein Ereignis, das Elfriede in ihrem Tagebuch festhalten muss:

Stolz ging Helmut mit Tornister u. Frühstückstasche in die Schule u. nicht weniger stolz war er auf seine große, mit allerlei leckeren Sachen gefüllte Schultüte. Vorläufig findet er Schule, Lehrer u. alles noch herrlich, gelernt wird noch nicht viel, meistens gemalt, geknetet, Gedichtchen gelernt usw. Seine kleinen Schulkameraden scheinen z.T. ganz nett zu sein, hoffentlich bleibt das friedliche Verhältnis bestehen.

Voll und ganz arriviert, leistet sich Johannes jetzt sogar ein eigenes Auto, einen „Opel Kadett mit Faltdach". Mit ihm werden die Kinder hin und wieder an den Rangsdorfer See gefahren. Für sie ist jede Fahrt ein Erlebnis. „Die einzige größere Fahrt mit Papa", erinnert sich Helmut später,

... führte über die gerade eröffnete Reichsautobahn Berlin– Hannover zu den Verwandten in Westfalen. Das neue Auto musste „eingefahren" werden und durfte 60 km/h nicht überschreiten; ein anderes Auto ärgerte uns, worauf Papa mit Vollgas auf 80 beschleunigte und ich „Nicht so schnell!" schrie.

In Berlin lebt inzwischen auch Johannes' Bruder Friedrich, der nach seiner journalistischen Tätigkeit und einer Zeit als Lehrer eine Stelle im Ministerium für Volksaufklärung und Propaganda bekommen hat und dort unter anderem verschiedene Publikationen betreut. 1936 berichtete er ausführlich über die Olympischen Spiele in der Stadt und begleitete den Weg des Olympischen Feuers von Griechenland in die deutsche Hauptstadt. Als letzter der drei Brüder ist auch er verheiratet und seit April 1937 Vater eines Sohnes.

Minnie lebt mit ihrer großen Familie als Pastorenfrau weiter in Hannover, wo ihr Mann seit 1932 eine Pfarrstelle hat. Die chronisch kranke und wohl immer unleidigere Margarete ist seit dem Tod ihrer Mutter allein im Haus am Stadtrand zurückgeblieben, das Bruder Wilhelm für die beiden gekauft hatte. Sie malt, zeichnet, illustriert Zeitschriften, schreibt Gedichte und denkt sich Rätsel aus, die in der Zeitung abgedruckt werden. Sie bleibt jedoch weiterhin auf die finanzielle Unterstützung ihres Bruders angewiesen. Wilhelm selbst ist bereits 1933 nach Bremerhaven, damals Wesermünde, versetzt worden, wo er seither das Amt des 2. Bürgermeisters ausübt. 1935 ist auch er noch einmal Vater geworden. Oft besuchen die Geschwister mit ihren Familien einander, und dank der vielen Kinder geht es dabei immer munter zu.

Alle Richter-Geschwister haben sich an die herrschenden Verhältnisse angepasst und offenbar gut in das NS-System eingefügt. Auch Wilhelm und Friedrich sind 1933 der NSD-AP beigetreten, Friedrich sogar schon im Februar, Minnie wurde Ende Mai 1934 Mitglied der NS-Frauenschaft. Margarete wurde im gleichen Jahr Mitglied der Reichskammer der bildenden Künste, was allein nicht viel aussagt, da es sich kaum vermeiden ließ. Doch auch sie, die ernste, schöngeistige, gottesfürchtige Margarete, verfällt dem Geist der Zeit. In einem Gedicht aus dem Sommer 1934, das in den Göttinger Nachrichten abgedruckt wurde, hat sie selbst zum Ausdruck gebracht, wie Hitler, zunächst noch kritisch beäugt, schließlich zur Lichtgestalt für sie geworden ist, die Deutschland in eine glorreiche neue Zeit führt:

Hitler – ein Name

Hitler – man weiß es noch dunkel nur,
Als man den Namen zuerst erfuhr.
Hitler – ein Name wie andere auch,
Was ist ein Name – ist Schall und Rauch!

Hitler – und wieder drang er ans Ohr,
Trat aus gedruckten Zeilen hervor:
Lohnt's, sich den Namen zu prägen ein,
Wird er nicht bald vergessen sein?

Aber dann nahte die Zeit heran,
Da man den Namen zu hassen begann.
Hitler – was führst du nur Kampf und Streit,
Fördert man so Deutschlands Einigkeit?

Fördert man so Deutschlands innere Ruh'?
Hitler – zum Haß kam die Furcht hinzu:
Gibst du nicht Frieden, was wird gescheh'n –
Muß nicht das Vaterland untergeh'n?

Leise, im innersten Herzensraum
Keimte ein Hoffen wie Frühlingstraum:
Hitler – der Führer aus Tiefen in Höh'n?!
Hitler – Gott helf' dir, das Werk zu besteh'n!

Einiges Deutschland – o herrlicher Klang!
Stolz erfüllt uns und Jubel und Dank.
Was du geschaffen, wird nie mehr vergeh'n!
H i t l e r – dein Name wird ewig besteh'n!

Nach Jahren der Zerrissenheit und Schwäche nun ein einiges, starkes und selbstbewusstes Deutschland – das kommt wohl bei allen Richters gut an, selbst wenn am Anfang die NSDAP wegen ihres rabiaten Auftretens noch mit einer gewissen Skepsis betrachtet worden ist.

Und was ist, als im November 1938 die Synagogen brennen? In Elfriedes Tagebüchern ist auch das nicht vermerkt. Sonst habe ich keine persönlichen Zeugnisse aus der Zeit gefunden, nur Fotos. Halten Johannes und Elfriede, Wilhelm und Eva, Minnie und Friedrich Grelle, Friedrich und seine Frau Edith diese Gewalt gegen Juden, ihre Geschäfte und Gotteshäuser für ein notwendiges Übel? Oder für Ausschreitungen Einzelner, die die Führung nicht zu verantworten hat? Wie auch immer, alle Richters bleiben, soweit bekannt, dem System treu, niemand begehrt dagegen auf. Mehr noch: Die drei Richter-Brüder, besonders Johannes und Friedrich, waren und bleiben Teil des Systems und gestalten als Vertreter der Staatsmacht die nationalsozialistische Politik weiterhin aktiv mit.

„Meine Freunde, die Bäume"

François Leroux

Auch als klar ist, dass André nie mehr zurückkehren wird, muss das Leben für seine Frau und seine Töchter weitergehen. Im Alter von 39 Jahren ist Élisabeth Witwe, mit zwei Töchtern im Alter von neun und sieben Jahren, die jetzt Halbwaisen sind. Ihnen bleibt nichts Anderes übrig, als sich mit dem Verlust abzufinden, wobei ihnen die posthume Ehrung Andrés geholfen haben mag. Ein schwacher Trost.

Trotz finanzieller Schwierigkeiten – eine Witwenrente, die immer weniger wert ist, sinkende Pachtzinsen – gelingt es Élisabeth, das Haus in Montignac zu halten: *Le Jardin*, voller Charme der guten alten Zeit, aber nicht sehr gemütlich im Winter, denn es ist kalt und feucht und wird ziemlich regelmäßig von der Vézère überschwemmt und verwüstet. Es hat einen großen, blühenden Garten mit wunderschönen Bäumen, darunter eine Allee mit beschnittenen Linden, umgeben von Buchsbäumen.

Der Name dieses Anwesens verdankte sich der Tatsache, dass das Grundstück von seinen ursprünglichen Besitzern, den Eltern der beiden unverheirateten Onkel Andrés, von denen bereits die Rede war, zunächst als Arboretum genutzt wurde, bevor sie dort ein Haus bauen ließen. Sie wohnten im Zentrum von Montignac und bei schönem Wetter verbrachten sie ihre Nachmittage im Garten, der ein paar hundert Meter von ihnen entfernt lag. Der Name ist geblieben.

Dieses Haus, das heute noch steht, hat etwas, das sich jeden dort wohl fühlen lässt. Es besteht aus zwei Gebäudeteilen, die im rechten Winkel zueinander stehen und auf den großen Garten hinausgehen, in dem man sich gut aufgehoben fühlt.

Leider besitze ich nur wenige Dokumente über das Leben, das meine Großmutter mit ihren Töchtern geführt hat. Ich weiß, dass Élisabeth von ihrer Umgebung geschätzt und von ihren Neffen und Nichten sehr geliebt wurde. Eine Nichte, die sie sehr gern hatte, hat mir erzählt: „Sie hat schnell geweint und schnell gelacht, oft ging das eine in das andere über."

Nach und nach muss Élisabeth immer mehr von ihren Besitztümern verkaufen, da ihre Einkünfte nicht ausreichen. Damit schafft sie es, ihren bürgerlichen Lebensstil einigermaßen zu wahren und ihren Töchtern eine gute Erziehung mit auf den Weg zu geben.

Meine Mutter Marguerite wächst im Kreis ihrer Mutter und ihrer älteren Schwester Germaine und in Kontakt mit Großeltern, Onkeln und Tanten, deren Freunden und Bekannten auf. Sie widmet sich der Lektüre, dem Garten, der viel Arbeit macht, ihren Freundinnen und den Tätigkeiten, die jedes junge, gut erzogene Fräulein in der damaligen Zeit beherrschen muss. Nicht zu vergessen die Aktivitäten und guten Werke in der Pfarrgemeinde und ihre Schulausbildung in einer religiösen Einrichtung, erst in Montignac, später in Clermont-Ferrand.

Öfters ist sie auch zu Besuch bei ihren Onkeln: dem kinderlosen Bruder ihres Vaters, Joseph, und dem Bruder ihrer Mutter, Bertrand, der inzwischen vier Kinder hat, die jünger sind als sie. Beide wohnen etwa 30 Kilometer von Montignac entfernt. Der zweite im fast feudalen, aus dem 16. und

17. Jahrhundert stammenden Schloss von Ajat, der erste in einem zauberhaften Herrenhaus mitten im Wald, *La Grande Borie,* das die Wiege dieses Zweiges der Familie Vacquier seit den 1820er Jahren ist.

Onkel Bertrand, der im Schloss residiert, gehört in den 1920er Jahren der kleinen Welt der Autobauer an. Auch wenn es nur eine kurze Episode ist, die nicht länger als sechs Jahre dauert und ganze 150 *Cézac* hervorbringt, wird dieses Abenteuer in der Geschichte der Anfänge des französischen Automobils erwähnt. Danach übernimmt er die Handelsvertretung von Renault in Nordafrika und lässt sich für einige Jahre mit seiner Familie in Algier nieder. Als er wieder zurück ist, führt er ein Leben als Schlossherr, kümmert sich um seine Ländereien und sucht Trüffel mit einem Schwein, das er dressiert hat.

Das ruhige und naturnahe Leben, das meine Mutter führt, bekommt ihr gut. Nur leidet sie unter dem Fehlen ihres Vaters und der relativen Armut ihrer Mutter, der sie vorwirft, ihrem Bruder ihren Anteil – ein Drittel – am Schloss und Landgut überlassen zu haben, damit der eine „gute Partie" machen konnte. Zur Verteidigung meiner Großmutter muss man sagen, dass 1916, als sie diese Entscheidung traf, ihr Mann noch am Leben war und sie genug besaßen, um ein komfortables Leben zu führen. Zum Teil dank dieser Schenkung kann Marguerites zehn Jahre jüngere Kusine Janine nun ihren Reichtum und ihren adligen Namen zur Schau tragen, während Marguerite sich bemüht, ihre Armut und ihren bürgerlichen Namen zu verbergen.

Als meine Mutter 16 ist und im Pensionat Saint-Alyre in Clermont-Ferrand ihre letzten Schuljahre absolviert, schreibt sie einen Aufsatz, der viel über sie und ihre Empfindungen damals aussagt. Das Thema heißt: deine Lieblingsbeschäftigung.

Meine Freunde: die Bäume

In der Zeit, als ich noch zu Hause war, in den Ferien, was war mein liebster Zeitvertreib? Ratet ... in den Bäumen klettern! Was für tolle Ausflüge ich dort unternommen habe! Fast alle Bäume im Garten, und es gibt viele dort, hatten die Ehre, oder das Pech – ich habe sie nicht immer gut behandelt – mich halten zu müssen.

Die Judasbäume, die Trompetenbäume, die Eichen waren nicht meine Lieblinge, denn die zu weit auseinander liegenden Äste ermöglichten es mir nicht, sehr weit nach oben zu klettern. Die Tannen? Sie waren zu rutschig, das war zu gefährlich. Ich wagte mich eines Tages in eine Pappel. Der Abstieg war mühsam, fast unmöglich, ich bekam viele Schrammen und schwor mir, das nicht noch einmal zu machen.

Die große Magnolie hatte einen Teil meines Herzens. Mit einer Freundin, mit der ich oft zusammen war, kletterte ich um die Wette: wer war als Erste oben? Das war fast immer ich, sei ganz leise gesagt ohne zu prahlen. Aber wie peinlich! Ich nähere mich einem Affen an.

Von diesem schwankenden Aussichtspunkt beherrschte ich alles: auf einer Seite die blühenden Wiesen mit den grauen und rothaarigen Kühen; oder die Heuer, die munter das Heu wendeten, bis es halb trocken war, und es gegen Abend in die Schober brachten, weiter hinten Höfe, Felder, auf denen gesät oder geerntet wurde; dann die grünen oder goldfarbenen Hügel. Auf der anderen Seite die Straße, die am Garten entlang führt, dann die Vézère, die sich durch die von Pappeln begrenzten Felder schlängelt; auch einige Häuser des kleinen Dorfes.

Am Morgen der Prozession des Heiligen Sakramentes werden Leute ausgeschickt, um Blumen für den Altar zu holen: „Wir brauchen große!" Mit einem Sprung bin ich auf dem Baum, und mit einer großen und einer kleinen Baumschere versehen schneide ich die weißen, herrlich duftenden Blüten ab, an die ich auf eigenes Risiko herankomme.

Die Linden in der Großen Allee? Sie wurden oft von mir besucht. Unter den vielen wählte ich einige aus, mein Haus zu sein, und von diesen trug jede den Namen einer Freundin. Eine war das Esszimmer; ihre Äste waren so gut angeordnet, dass man seine Brotzeit dort ablegen konnte, und jeder hatte eine kleine Ecke, wo man sogar seine Trinkflasche hinstellen konnte. Eine andere war mein Ort zum Meditieren. Sie hatte nur Platz für mich. Dort machte ich es mir bequem und dachte über meine Zukunftspläne nach. Wenn ich ein Junge wäre, würde ich Matrose und machte lange, wunderbare Reisen; oder ich dachte an die Berge, ich liebe sie sehr. Aber ich bin nur ein Mädchen, also ... werde ich Nonne, um die Wilden in wunderschönen Ländern zu bekehren; aber man müsste Frankreich verlassen, könnte sich nicht mehr vergnügen, müsste viele Opfer bringen, und am nächsten Tag waren all diese Ideen verflogen.

Oft habe ich ein Buch dorthin mitgenommen: spannende Lektüren wie die Märchen von Perrault, die Bücher von Madame de Ségur, die Abenteuer von Jules Verne und „Der letzte Mohikaner", der mich begeistert hat! Kipling hat mich sehr interessiert wegen all seiner außergewöhnlichen Berichte über Tiere des Urwalds. [...] Was hätte ich nicht *für Frankreich getan nach der Lektüre von „Krieg der Frauen"? Manchmal nahm ich auch ein Schulbuch mit, aber das macht nicht viel Spaß, auch entschwebte meine Vorstellungskraft auf dem Rücken von Schwalben ... und wurde ganz und gar Phantasie.*

Eine andere Lindenfreundin war das Wohnzimmer. Es hatte einen sehr bequemen „Thron" für wichtige Besucher! Unser kleines Damenzimmer war sein Nachbar. Auf einem Ast in der Nähe unserer Sitze war ein festgenageltes Brett unser Tisch. Auf diesem Baum verbrachte ich lange Tage mit Lesen, mit meinen Freundinnen oder um heimlich ein kleines Geschenk zu basteln für den Muttertag oder als Überraschung.

Diese hohen Dachwohnungen waren auch mein Fluchtort und mein Versteck, wenn ich mich vor einer lästigen Arbeit oder dem Erscheinen im Salon drücken wollte, vor unbekannten oder mir unsympathischen Personen.

Meine lieben Bäume, welch schöne Erinnerungen verdanke ich ihnen. Sie sind Freunde für mich: sie haben meine Gespräche gehört, meine Geheimnisse, sie haben jene gekannt, die ich liebe und die nicht mehr da sind. Aber seit fast zwei Jahren klettere ich nicht mehr hinauf: die Strümpfe und die langen Kleider sind hinderlich, und jetzt erlaubt es mir die Würde meiner 16 Jahre nicht mehr.

Marguerite Vacquier [1927]

Diesen Rückzugsort wird sie noch bis zu ihrer Heirat mit 24 gelegentlich aufsuchen. So soll ihr künftiger Mann sie immer noch des Öfteren bequem auf einem dieser Bäume sitzend vorgefunden haben, wenn er zu Besuch kam.

Seit 1921 hat Élisabeth ein junges Dienstmädchen, Jeanne. Diese wurde als Kind von der Kirche ihren Eltern weggenommen, die Alkoholiker waren und sie geschlagen hatten. In kirchlicher Obhut hat sie eine Bildung erhalten und Nähen gelernt. Als sie 14 Jahre alt war, vertraute man sie meiner Großmutter an. Sie sollte ihr gesamtes Arbeitsleben in der Familie bleiben, bis sie in ein Altersheim in Montignac zog, wo sie ihre Zwillingsseele fand und heiratete! Sie klagte nie über ihr Schicksal, das in Anbetracht ihrer Ausgangslage wesentlich schlimmer hätte sein können. Sie begnügte sich damit, auf ihre aufeinander folgenden Herrinnen zu schimpfen, also meine Großmutter, dann deren Schwester und schließlich deren ältere Tochter. Neben Jeanne beschäftigt Élisabeth auch ein Paar, das sich um den Garten kümmert.

Germaine schließt die höhere Schule ab, was für ein junges Mädchen damals noch etwas Besonderes ist. 1930 heiratet sie im Alter von 21 Jahren einen Jugendfreund, Pierre, Arzt und später Militärchirurg. Dieser macht seine Karriere überwiegend in Marokko, erst militärisch in Fes, dann, nach Verlassen der Armee, in Rabat. Die beiden bekommen 1932 eine Tochter, die sie Élisabeth nennen. Marguerite durchläuft die gleiche Schulausbildung, ihre Leistungen sind jedoch bescheidener. Das macht sie mit ihren menschlichen Qualitäten wett.

Marguerite ist 19, als ihre Schwester Germaine das Haus verlässt und mit ihrem Mann erst nach Versailles, dann nach Marokko geht, das mehrere Tagesreisen mit dem Zug und Schiff entfernt liegt. Marguerite bleibt allein mit ihrer kränkelnden Mutter, mehreren Tanten und ihrem 75-jährigen Großvater mütterlicherseits zurück, der krank, zunehmend taub und blind ist, einen schlechten Charakter hat und ihr vorwirft, sich nicht genug um ihn zu kümmern! Ihre Mutter wünscht sich, dass auch Marguerite eine Familie gründet. An guten Partien, wie man damals sagt, mangelt es nicht unter den Freunden der Familie, aber kein Mann löst bei Marguerite den Wunsch aus, mehr als eine rein freundschaftliche Beziehung zu haben.

Der Winter 1930–31 ist besonders hart für sie. Sie fällt in eine schwere Depression und hegt Selbstmordgedanken. Zum Glück vertraut sie sich ihrer Schwester an, mit der sie ziemlich regelmäßig korrespondiert und die ihr hilft, wieder auf die rechte Spur zu kommen. Auf Marguerites Hilferuf antwortet Germaine:

Du darfst nicht so verzweifeln, du wirst schöne, sehr schöne Augenblicke im Leben haben, vielleicht schon eher als du denkst, man weiß nie. Sei nicht zu traurig, [...], geh spazieren, das muss man, lies, arbeite und die Zeit vergeht schnell. Du hast schlimme Gedanken, sich in deinem Alter umbringen zu wollen, das ist abscheulich! Setze einen solchen Plan auf keinen Fall in die Tat um, du wirst geradewegs in die Hölle kommen, wo du sicher 100 mal unglücklicher sein wirst als auf Erden. Warte geduldig auf bessere Tage, die für dich kommen werden wie für jeden anderen auch.
Versailles, 3. März 1931

Und es kommen bessere Tage. Eines Tages lernt Marguerite Jacques Leroux kennen. Jacques ist der einzige überlebende Sohn – seine beiden Brüder sind mit vier beziehungsweise 14 Jahren an damals unheilbaren Krankheiten gestorben – von Maurice Leroux, Schiffbauingenieur und Offizier der

Ehrenlegion, und dessen Frau Germaine. In der Pariser Gegend aufgewachsen, ist er seinen Eltern gefolgt, die Ende 1931 ein im Wald gelegenes Herrenhaus, *Le Coustal*, im Périgord erworben haben. Es befindet sich gut 30 Kilometer südlich von Montignac in der Nähe des Städtchens Sarlat. Nach dem Tod seines Vaters 1933 hat er dieses ganz zu seinem eigenen Heim gemacht und modernisiert.

*Die beiden
Schwestern
Germaine und
Marguerite mit
Germaines
Tochter Zabeth
Mitte der
1930er Jahre*

Jacques ist sehr technisch interessiert und entwickelt unter anderem eine Konstruktion, die als das erste Wohnmobil in die Geschichte hätte eingehen können. Mit Anfang 30 ist er – sehr zum Leidwesen seiner Mutter – noch nicht verheiratet, sondern hat nur verschiedene Affären hinter sich. Doch bezaubert vom Anwesen Joseph Vacquiers, über den er versichert ist, bedauert er mit der Zeit, dass dieser keine Tochter zum Heiraten hat. Stimmt, Joseph hat keine Tochter, aber er hat eine Nichte. Der alte Assekurant und seine Frau, die keine Nachkommen haben, denken sicher, dass sie hier eine gute Karte in der Hand haben. Und so kommt es, durch einen gut geplanten „Zufall", dass Jacques und Marguerite sich begegnen.

Bei beiden ist es Liebe auf den ersten Blick, aber Marguerites Familie ist gegen eine Heirat. In der Tat hat mein Vater nicht gerade das Profil eines idealen Schwiegersohns mit seinem fragwürdigen Junggesellenleben. Und seine letzte Partnerin, die nicht akzeptiert, dass er sie verlassen hat, lässt das die ganze Region wissen.

Doch meine Mutter, die sich auf sanfte Art behaupten und ihren Willen durchsetzen kann, wenn sie will, gibt nicht nach. Und so wird am 30. April 1935 in Lourdes Hochzeit gefeiert, in kleinem familiärem Rahmen, um zu verhindern, dass die Feier von der Ex-Maitresse gestört wird. Es folgt eine lange Hochzeitsreise: Schottland, England, Marokko, in der Hoffnung, dass die Ex endlich aufgibt.

Jacques' Mutter, die ihre Schwiegertochter anbetet, ist sehr froh über diese Heirat. Sie überhäuft Marguerite dermaßen mit Geschenken, dass die Beziehung zu leiden beginnt. Denn meine Mutter kann aufgrund der relativen Armut ihrer eigenen Familie diese außerordentliche Freigiebigkeit immer schwerer ertragen. Außerdem verhält sich Germaine Leroux mehr wie eine Mutter als wie eine Schwiegermutter und bleibt im Leben ihres Sohnes und des Paares sehr präsent.

Marguerite bei ihrer Hochzeit mit Jacques Leroux im April 1935

Auch wenn das vorherige Junggesellenleben meines Vaters etwas Anderes befürchten ließ, bin ich überzeugt, dass er ein vorbildlich treuer Ehemann war. Marguerite wird ihm gesagt haben, dass sie keine Untreue akzeptieren würde – außer vielleicht mit einer Zigeunerin. Damals faszinierten die in langen Kleidern Flamenco tanzenden Zigeunerinnen die Männer, aber auch die Frauen, und es ist gewiss kein Zufall, dass sie ihren Namen und ihr Bildnis einer französischen Zigarettenmarke gegeben haben. Zweifellos, weil sie schlank und dunkelhaarig war, wurde Marguerite von einem ihrer Freunde „meine Zigeunerin" genannt.

Von 1935 bis 1939 verleben meine Eltern vier glückliche und ziemlich sorglose Jahre. Sie führen ein Leben als *Gentlemen-Farmer* mit Personal für Haus und Anwesen. Mal sind sie in Paris, mal anderswo auf Reisen, sie treiben Wintersport und nehmen am gesellschaftlichen Leben teil. 1938 macht meine Mutter den Führerschein. Am Ende der Fahrprüfung fragt der Prüfer sie: „Wer hat Ihnen das Fahren beigebracht?" Sie antwortet: „Mein Mann". Er darauf: „Gratulieren Sie ihm!" Sie fährt sehr gut und schnell. Endlich hat meine Mutter ein angenehmes, leichtes Leben! Im Mai 1936 kommt der erste Nachwuchs: Jean, auf die Welt.

Soviel ich weiß, sind die einzigen Schatten in jener Zeit eine Fehlgeburt meiner Mutter 1938 und der Sturz ihrer Schwiegermutter bei der Abfahrt eines der berühmten Aussichtsbusse, die die Pariser so lieben. Ihr Kopf knallt heftig gegen ein Metallstück, wodurch sie das Bewusstsein verliert und am 20. Juni 1939 stirbt. Für meinen Vater, der sie sehr verehrte, ist das ein harter Schlag.

Zweiter Weltkrieg

„Muschi und Flocki zanken sich"

Sonja Richter

Eine der ersten Erinnerungen, die Erika noch 75 Jahre später an ihren Vater hat, ist ein Tag im Spätsommer 1939. Da soll er zu seiner viereinhalbjährigen Tochter gesagt haben: „Ich muss jetzt in den Krieg. Und das ist etwas ganz Schlimmes". So jedenfalls hat sie es mir erzählt. Ob Johannes das tatsächlich so gesagt hat? Zu einem kleinen Kind? Gedacht hat er es vermutlich schon, denn von seiner jugendlichen Kriegsbegeisterung von 1914 war er längst geheilt.

Im Sommer 1939 hat Johannes eine gute Stelle, Frau und Kinder, ein Haus im Grünen und will nach den beruflichen Turbulenzen in den letzten Jahren endlich wieder ein normales, gut situiertes bürgerliches Leben führen. Als Reserveoffizier ist er allerdings bereits 1937 und 1938 mehrere Wochen zu militärischen Übungen herangezogen worden, und wenige Tage vor dem Überfall der Deutschen Wehrmacht auf Polen hat man ihn eingezogen. Sein Einsatz bei den Divisionsnachschubtruppen 257 beginnt am 26. August, also sechs Tage vor dem Kriegsausbruch, wo ihm als Rittmeister der Reserve die Führung der Fahrkolonne anvertraut wird.

Auch Elfriede ist alles andere als begeistert davon, in ihrem gerade 34 Jahre währenden Leben nun schon den zweiten Krieg zu erleben, und das nun auch noch als Mutter von zwei kleinen Kindern. Am 24. September schreibt sie in das Tagebuch, das sie für Tochter Erika angelegt hat:

Seit dem 2. Sept. ist wieder einmal Krieg, leider! Man hätte den Kindern so gern eine friedliche und glückliche Jugend gegönnt. Hoffentlich dauert es diesmal nicht wieder 4 Jahre wie der Weltkrieg von 1914–1918, den die Mama als Kind mit durchgemacht und in höchst unangenehmer Erinnerung hat.

Ihren Mann vermutet sie zu diesem Zeitpunkt in Polen, Genaues wisse sie nicht. Ansonsten geht das Leben auch ohne Mann im Haus erst einmal recht normal weiter.

Vorläufig belastet die Kriegssorge die Kinder noch nicht u. das ist nur gut. Erika ist mollig und stabil wie immer u. sieht aus wie das blühende Leben.

Über Johannes' Kriegserfahrungen im Zweiten Weltkrieg ist im Gegensatz zum Ersten nur wenig überliefert. Kein einziger Feldpostbrief von ihm ist erhalten. Gesprochen hat er darüber auch nicht viel, zumindest nicht mit seinen Kindern. Auch nach dem Krieg hüllte er sich offenbar in Schweigen. Die einzigen Informationen, die wir heute besitzen, sind Angaben aus seinem Entnazifizierungsverfahren, einige Bemerkungen in Elfriedes Tagebüchern sowie ein paar Fotografien. Eine gewisse Vorstellung von seinem Kriegseinsatz geben uns aber offizielle Berichte über den Kriegseinsatz der Divisionen, in denen er Dienst tat. Das war zunächst die im Berliner Raum aufgestellte 257. Infanterie-Division, auch „Berliner Bären-Division" genannt. In einem 1955 erschienenen Buch über diese Division heißt es:

Mit der Mobilmachung, am 26. August 1939, trat die Division unter Gen. Lt. v. Viebahn in den Ortschaften um den Truppen-Übungsplatz Döberitz zusammen. Die brandenburgische 23. Inf. Div. war ihre Kraftquelle. Sie gab die Stämme an Offizieren und Unteroffizieren her. Wehrbezirke des Berliner Südwesten und Südosten füllten die Reihen. Kämpfer des ersten Weltkrieges fanden sich mit kurzfristig ausgebildeten Freiwilligen und Ersatzreservisten zusammen. Wenige Tage mußten reichen, um in kurzem Exerzierdienst und in Waffen- und Bekleidungsappellen den inneren Halt der Truppe zu festigen und auf Schießständen und in Gelände-Übungen das halbvergessene waffentechnische und taktische Können wieder aufzufrischen.

Viele Waffen kommen allerdings erst einmal gar nicht zum Einsatz, denn die Division wird erst in der zweiten Septemberhälfte über Oberschlesien nach Polen geschickt, als dieses schon geschlagen ist. Sie soll im Süden in der Gegend um Krzeszowice, Krakau, Chrzanów und Bielsko-Biała (Bielitz) dazu beitragen, „das eroberte Gebiet zu sichern und wieder geordneten Zuständen entgegenzuführen" und insbesondere für „das Wiederaufleben des Wirtschaftslebens" sorgen.

Neben der Suche nach versprengten Soldaten und „ein paar Unternehmen zur Aushebung von übriggebliebenen Widerstandsnestern" kümmert sie sich vor allem um die Wiederingangsetzung der örtlichen polnischen Verwaltung und die Versorgung der Bevölkerung mit Lebensmitteln und Heizmaterial, heißt es in dem Bericht. Allerdings wird die Division bereits Ende Oktober wieder abgezogen und an die Westfront verlegt.

Ein halbes Jahr lang gehört Johannes' Division nun zu jenen Truppen, die im „Sitzkrieg" mit Frankreich den Westwall, die seit 1930 gebauten Befestigungsanlagen vor der Grenze zu Frankreich, bewachen und ausbauen und auf einen möglichen Einsatz warten. Sie sind im Raum Zweibrücken östlich von Saarbrücken stationiert. Erst im Mai 1940 wird es ernst, als die Deutschen zum Angriff übergehen und über Belgien und Luxemburg, die Maginotlinie umgehend, in Frankreich einfallen. Hier ist Johannes' Division aber nicht in vorderster Linie dabei, sondern erst einmal mit der Aufgabe betraut, an der Maginotlinie „durch Stoßtruppunternehmen Kräfte des Gegners zu fesseln". Mitte Juni beginnt dann eine Großoffensive auf die feindlichen Stellungen, und am zweiten Tag gelingt der Durchbruch. „Das Ziel, den Gegner im Rücken zu packen, ist erreicht", so der Bericht, was das Ende des Frankreichfeldzuges um viele Tage beschleunigt habe. Ein beteiligter deutscher Hauptmann beschreibt die Gegend nach dem Ende der Kämpfe: „Riesentrichter unserer Stukabomber an den Bunkern; von Art.-Feuer umgewühlte Feldstellungen; zerfetzte Bäume, Stacheldrahtverhaue und künstliche Überschwemmungen." Die dann noch belagerte Festung Bitsch wird von den Franzosen aufgrund des inzwischen erfolgten Waffenstillstandes zwischen Deutschland und Frankreich kampflos übergeben. Als die Division nach Deutschland zurückkehrt, werden sie als die ersten „siegreich heimkehrenden Truppen" von der Bevölkerung festlich empfangen.

Im folgenden Jahr zeigt sich der Krieg für die Division und damit offenbar auch Johannes von seiner gemütlichen Seite. Sie wird wieder nach Südpolen verlegt, das nach wie vor von den Deutschen besetzt ist und wo die Soldaten zum

Krieg führen kaum gebraucht werden. So beschränkt man sich aufs Krieg üben – Fahrschule, Reitunterricht, Schießübungen – und vertreibt sich ansonsten die Zeit mit Sportfesten, beruflicher Fortbildung, Vorträgen, Theateraufführungen, Spaziergängen, Tauschhandel und im Winter mit Skifahren und Rodeln, so der Bericht aus dem Jahr 1955. Viele können als Urlauber nach Hause fahren, und in umgekehrter Richtung kommt manche Ehefrau angereist, „trotz strengsten Verboten".

Zum Umgang mit der polnischen Bevölkerung und besonders mit den Juden schweigt der Bericht diesmal. Nur so viel: „Die polnische Bevölkerung bewahrte aber den Deutschen gegenüber eine betonte Zurückhaltung."

Anfang Mai 1941 wird Johannes zur 170. Infanteriedivision in das mit Deutschland verbündete Rumänien versetzt. Diese soll den Rumänen helfen, ihre Grenze zur Sowjetunion zu schützen, und wird auf das „Unternehmen Barbarossa", den geplanten Angriff auf die Sowjetunion, vorbereitet, an dem sie als Teil der 11. Armee teilnehmen soll. Man wird wohl davon ausgehen können, dass Johannes in seiner Funktion als Rittmeister und künftiger Führer der Divisionsnachschubtruppen nicht zu den letzten gehört, die über die Angriffspläne im Bilde sind.

Von solchen Plänen berichtet er natürlich nichts nach Hause. Stattdessen schickt er Anfang Juni seinen Geschwistern eine Feldpostkarte, die ihn selbst hoch zu Ross zeigt, und schwärmt darin von seinem neuen Pferd:

Das ist meine Arabervollblutstute „Suleika"; ist sie nicht schön? Ich reite sie lieber, als daß ich meinen 5 l Chrysler

fahre.Erledigung von Post ist mir seit Anfang Mai aus Zeit-
mangel nicht möglich. Verzeihung!

Wenige Wochen später beginnt der Feldzug gegen die Sowjetunion.

Der Morgen des 22. Juni 1941 graute, als die Kp.-Chefs
von einer Offiziersbesprechung zu ihren im Straßengraben
rastenden Kompanien zurückkehrten und ihnen sagen muß-
ten: ,Heute nacht um 3.15 Uhr begann der Krieg mit Ruß-
land'!

So stellt es die Geschichte der 170. Infanterie-Division von
1953 dar, die im Rahmen der Heeresgruppe Süd gemeinsam
mit anderen deutschen und rumänischen Armeeeinheiten
von Südwesten aus in die Sowjetunion eindringt. Die ersten
Vorstöße auf sowjetisches Territorium erfolgen laut diesem
Bericht „mit Späh- und Stoßtruppunternehmen über den
Grenzfluß Pruth, an denen sich vor allem die Radfahrschwa-
dron der 170. I.D. und das I.R. 391 rege beteiligten". Wichtig ist zunächst der Übergang über den Pruth. Als Teil der
Heeresgruppe Süd kämpft sich die Division in meist glühen-
der Sommerhitze immer weiter nach Osten vor, überschrei-
tet den Dnjestr, den Bug und den Dnjepr bis nordöstlich der
Krim. Ein verlustreicher Bewegungskrieg, der aber in dieser
Phase erfolgreich für die deutschen Truppen verläuft.

Einige Fotos, die Johannes aus der damaligen Zeit aufgehoben hat, vermitteln ein eher harmloses Bild dieses Feldzu-
ges. Da mutet der Krieg geradezu beschaulich an, ein bisschen wie ein Campingurlaub. Zelte, Tische unter schattigen
Bäumen, an denen gemütlich gegessen wird, junge Männer

mit freien Oberkörpern, die fröhlich im Gras sitzen, Johannes beim Baden in einem breiten Fluss oder See. Ein Bild indes zeigt auch mehrere Uniformierte, die vor einem Flugzeug posieren, ein weiteres eine Gruppe von Offizieren, darunter Johannes, die um eine Landkarte versammelt offenbar gerade die militärische Lage erörtern. Da ist er schon auf der Krim.

Unter dem Kommando von General Erich von Manstein soll die 11. Armee die gesamte Krim einschließlich der Festungsstadt Sewastopol einnehmen, was sich als schwieriger erweist als gedacht, da die sowjetische Armee hier besonders erbitterten Widerstand leistet. Bei den heftigen Kämpfen wird spätestens jetzt wohl auch Johannes die ganze Härte des Krieges erlebt haben, auch wenn er nicht an vorderster Front im Einsatz war.

Als erstes wird die Küstenstadt Feodosija erobert, dann – unter großen Anstrengungen und hohen Verlusten – die gesamte östliche Halbinsel Kertsch. Der Bericht aus dem Jahr 1953 lässt uns Anteil nehmen an den Strapazen, die das für die Soldaten bedeutet, sowie an den Opfern auf beiden Seiten.

Der Vormarsch ging weiter, bei heftigem Regen, weiter durch tief eingeschnittene, verschlammte Schluchten, die nur unter Aufbietung aller Kräfte überwunden wurden. Das Gelände war mit Minenfeldern durchsetzt, die durch elektrische Zündung zur Explosion gebracht wurden. Immer wieder stießen die Infanteristen auf stark ausgebaute Widerstandsnester.

Lagebesprechung auf der nördlichen Krim im Herbst 1941

Am 16. November 1941 ist die Halbinsel in deutscher Hand und die Division erhält ein dickes Lob von der militärischen Führungsspitze.

Als Nächstes soll sie helfen, Sewastopol an der Westküste zu erobern. Kaum dort angekommen, müssen die Soldaten jedoch „über vereiste Gebirgsstraßen und bei heftigem Schneesturm" wieder nach Feodosija zurückmarschieren, das die sowjetische Armee zurückerobert hat. „Ungeheure Anforderungen wurden an Mensch und Tier gestellt. Viele Pferde starben vor Erschöpfung." Am 18. Januar 1942 ist Feodosija wieder von den Invasoren besetzt, aber bis Mai ziehen sich die Kämpfe um die Herrschaft über die Halbinsel Kertsch hin, die von den Russen erbittert verteidigt wird. Bei der Stadt Kertsch kommt es

... zu starken Gegenangriffen und erbitterten Häuserkämp-
fen mit dem auf engem Raum zusammengepreßten Gegner.
Schwer zu schaffen machte den Infanteristen der russische
Panzerzug, der, hin- und herfahrend, aus dem Hüttenwerk
Wojkow pausenlos schoss.

Schließlich besetzen die Deutschen das Hüttenwerk und
brennen es nieder. Am 20. Mai sind die Russen geschlagen.
Damit ist die gesamt Krim mit Ausnahme der Region Sewastopol in deutscher Hand.

Anfang Juni kann die Division wieder bei Sewastopol
eingesetzt werden, das bereits seit einem halben Jahr bela-
gert ist, aber noch nicht eingenommen wurde. Seit dem 27.
Mai 1942 wird die Stadt pausenlos bombardiert, am 7. Juni
beginnt der Angriff am Boden. Johannes' Division hat die
Aufgabe, die vor der Stadt gelegenen, stark befestigten Sapun-Höhen zu erstürmen.

Für die Härte des Kampfes gab es bis heute keinen Ver-
gleich. Schritt um Schritt wurde der Angriff vorgetragen
und die Ausgangsstellung für den Sturm auf die entschei-
denden Sapun-Höhen erreicht. Am 29. Juni war es soweit.
Aus zahllosen Rohren aller Kaliber sprühten Tod und Ver-
derben auf den gewaltigen Steilhang. Das Art. Rgt. des
Obersten Hertz, Heeresartillerie, 8,8-cm-Flak schossen
pausenlos. Stukas und Schlachtflieger des VIII. Flieger-
korps unterstützten hervorragend den Angriff, der um 2.30
Uhr in der Nacht begann. An der Spitze räumten die Pionie-
re die Minenfelder. Unterstützt durch die Pz.Jäger-Abt. 240,
durch die Flakkampfgruppen, durch die Sturmgeschützab-
teilung 429 und die Panzerabteilung 300 brachen die Infan-

teristen und Pioniere der Division den Widerstand in den
Unterständen und in den Betonbunkern.

Am 4. Juli sind Sewastopol und die noch bis zuletzt verteidigte Halbinsel Chersones in deutscher Hand, die Krim ist,
in der Sprache der Sieger, „feindfrei". Rund 250 Soldaten
von Johannes' Division sind bei den Kämpfen gefallen,
mehr als 1.300 verwundet worden, 98 gelten als vermisst.
Insgesamt haben die Deutschen und ihre rumänischen Verbündeten etwa 4.000 Tote und an die 30.000 Verwundete
und Vermisste zu beklagen, auf sowjetischer Seite sollen
zwischen 10.000 und 20.000 Soldaten umgekommen und
mehr als 90.000 gefangen genommen worden sein. Über die
Zahl der getöteten Zivilisten habe ich keine Zahlen gefunden. Die Stadt Sewastopol ist vollständig zerstört, fast alle
Häuser sind ausgebrannt oder Trümmerhaufen.

Was genau der Beitrag meines Großvaters während der
gesamten Krim-Eroberung gewesen ist, konnte ich nicht
herausfinden, aber ein Foto zeigt ihn in gemütlicher Runde
an einem Tisch mit führenden Militärs bei der Siegesfeier
im Innenhof des Liwadija-Palastes bei Jalta. Im Januar 1942
wurde ihm die Wiederholungsspange zum Eisernen Kreuz I.
Klasse verliehen, und bereits Ende Oktober 1941 hatte er
nach eigenen Angaben das Kriegsverdienstkreuz I und II
„wegen Verdiensten um die Versorgung der Truppe" erhalten. Anfang 1942 wurde er zum Major befördert. Und wie
alle anderen Krim-Kämpfer auch wurde er mit dem Krim-
Schild ausgezeichnet, das den Soldaten an den linken Ober-
arm ihres Waffenrockes geheftet wurde. Es zeigt den
Reichsadler, das Hakenkreuz und die Krim, dazu die Daten
1941 und 1942.

In einer Zeitschrift für Militärgeschichte habe ich das Programm der „Siegesfeier der 11. Armee anlässlich des Falles von Sewastopol im Park von Liwadia am 5.7.1942" gefunden: Begrüßung auf der Schlossterrasse, Anmarsch des Großen Zapfenstreichs, vier Märsche, Ansprache des Oberbefehlshabers, Gefallenenehrung mit dem Lied „Ich hatt' einen Kameraden", Großer Zapfenstreich, Sieg Heil auf den Führer, die deutsche und die rumänische Nationalhymne, Abmarsch. Anschließend Imbiss an kleinen Tischen, musikalisch begleitet durch zwei Musikkorps. Unklar ist, ob es sich dabei um dieselbe Feier handelt, die das Bild mit Johannes zeigt, denn darauf hat dieser vermerkt: „Siegesfest unserer Division im Zarenschloß Liwadia bei Jalta (Krim) am 8.7.42 nach dem Fall von Sewastopol, wo unsere Divis. von 93.000 allein 53.000 Gefangene gemacht hatte. Festteilnehmer über 200 Offiziere."

Siegesfest im Palast Liwadija bei Jalta auf der Krim im Juli 1942 nach dem Fall von Sewastopol, Johannes im Gespräch mit einem anderen Offizier

In selbigem Palast, einst Sommerresidenz der russischen Zaren, wird nur zweieinhalb Jahre später – da haben die Sowjets die Krim schon wieder zurückerobert – die Konferenz von Jalta stattfinden, bei der die Alliierten über die Nachkriegsordnung verhandeln.

Bereits zu Beginn der Krim-Eroberung hatte Manstein bekräftigt, dass das „jüdisch-bolschewistische System" ein für alle Mal ausgerottet werden müsse, Erhebungen, die meist von Juden angezettelt würden, seien im Keim zu ersticken. In den darauffolgenden Wochen wurden in den Städten Kertsch, Feodosija und Simferopol insbesondere die jüdischen Einwohner, aber auch die Minderheiten der Krimtschaken und Roma in gezielten Aktionen von Sonderkommandos der SS mit Unterstützung der Feldgendarmerie der Wehrmacht massenhaft erschossen. Ob sie etwas gegen die Besatzer unternommen hatten, war allerdings völlig unerheblich. Ziel der NS-Führung war ihre möglichst vollständige Vernichtung – der systematische Völkermord, mit dem die deutschen Invasoren schon im Sommer in der Westukraine begonnen hatten. Was hat Johannes davon mitbekommen? Nach dem Krieg wird er behaupten, nichts davon gewusst zu haben.

Zu Hause meistert Elfriede so gut es geht den Alltag, kümmert sich um Haus, Garten und die Kinder, die ständig von irgendwelchen Krankheiten geplagt werden, sich aber ansonsten weiter gut entwickeln. Im Februar–März 1941 fahren sie zum Skifahren und Rodeln nach Spindelmühle, im Juni in die Sommerfrische nach Hambühren. Ab und an kommt der Papa auf Heimaturlaub, ansonsten gewöhnen sich die Kinder daran, dass er nicht da ist. Zum Tagebuchschreiben ist Elfriede seit Kriegsausbruch nicht mehr gekommen, erst der Feldzug gegen Russland lässt die noch einmal zur Feder greifen. Am 28. Juni 1941 notiert sie:

Immer noch Krieg. Nach Polen, Belgien, Holland, Frankreich, Norwegen, Jugoslawien, Griechenland, England nun auch noch Rußland. Aber auch das wird hoffentlich bald überstanden sein. Dem Papa geht es gut, er ist jetzt von Rumänien aus wieder gegen Rußland mit dabei.

Dann folgt eine längere Beschreibung all der Kinderkrankheiten, die Helmut und Erika in den letzten Jahren durchstehen mussten.

Für den Grundschüler Helmut zeigt sich der Krieg neben der Abwesenheit des Vaters in kleineren Beeinträchtigungen des Alltags, zum Beispiel dass es bestimmte Dinge jetzt nicht mehr zu kaufen gibt, dass nachts verdunkelt wird und dass er in eine andere Schule gehen muss, weil in seiner Schule ein Lazarett eingerichtet wurde. Ansonsten findet er – wie vermutlich die meisten Jungs in seinem Alter – Krieg ziemlich spannend. Mit Begeisterung verschlingt er Berichte von Kämpfen in Zeitschriften und speziellen Kriegsheften und baut aus Bastelbögen Kriegsschiffe, Flugzeuge und Panzerwagen zusammen. Und wenn der Papa mal auf Heimaturlaub kommt, was sogar mitten im Krim-Feldzug im Winter 1941/42 möglich ist, löchert sein neunjähriger Sohn ihn: „Papa, erzähl vom Kriege!". Doch der weigert sich. Wenigstens fällt ab und an mal ein Souvenir ab. Helmut später in seinen Erinnerungen:

Das Größte war, wenn er mir ein abgelegtes Uniformteil, z.B. eine Offiziers-Achselklappe, schenkte; die montierte ich mir dann auf meine Jacke.

Im Juni 1942 schreibt Elfriede zum letzten Mal etwas in ihr Helmut-Tagebuch:

Es ist immer noch Krieg u. kein Ende abzusehen. Unser Vater ist vom 1. Tage an dabei, aber bis jetzt ist er Gottlob immer noch gesund geblieben. Auch wir sind noch heil u. ganz trotz gelegentlicher feindlicher Fliegerangriffe. Nur Krankheit hat uns während der 3 Kriegsjahre oft heimgesucht, vor allem die Kinder, am meisten aber Erika [...]. Helmut wird nun schon bald 10 Jahre u. ist ein großer strammer Junge mit einem durchaus friedensmäßigen Appetit. Die Schule schafft er bisher spielend u. wenn es wirklich etwas zu lernen gibt, macht sie ihm auch Spaß. Aber leider ist der Unterricht im Kriege oft recht dürftig, was die Mama ja aus eigener Erfahrung von 1914/18 her kennt.

Mitte Juli 1942 schreiben Helmut und Erika ihrem Vater eine Feldpostkarte aus Hambühren:

Lieber Papa! Hier in Hambühren gefällt es mir sehr gut. Leider ist schlechtes Wetter. Viele Grüße, Helmut
Weil schlechtes Wetter ist, lese ich meistens. Mit Muschi spiele ich auch. Viele Grüße, Deine Erika

Wann und wo Johannes diese Karte wohl erreicht hat? Nach der Eroberung der Krim warten nun neue Aufgaben auf ihn. Diesmal im hohen Norden.

In Rangsdorf bei Berlin muss Elfriede ab September 1939 allein ihre Kinder aufziehen. Ihren Vater sehen diese nur noch bei gelegentlichen Heimaturlauben.

Seine Division soll verhindern helfen, dass der seit fast einem Jahr bestehende Belagerungsring um Leningrad nicht von sowjetischen Truppen durchbrochen wird. Für den Herbst ist zudem ein erneuter Versuch geplant, die Stadt zu erobern. Den ganzen Herbst und Winter über nimmt die Division an schweren Kämpfen östlich und südlich der Stadt teil. Eine Vorstellung davon vermittelt das Tagebuch eines gefangen genommenen russischen Oberleutnants. Am 27. September 1942 notiert der:

Die Artillerie zerhackt die ganze Zeit den Wald, der Jahrhunderte unangerührt war. Er ist bis zur Unkenntlichkeit zerschlagen. Die Heimaterde ist aufgegraben, verwundet. Alles das, was sie schmückte, ist zerschlagen und zu Staub verwandelt. Grausam ist dieser Krieg und seine Gesetze sind unerbittlich. Ich denke oft an das Schicksal meiner Generation.

Was Johannes damals tut oder gar denkt, darüber können wir nur spekulieren. Ob ihm bewusst ist, dass sein Einsatz dazu beiträgt, Hunderttausende von Zivilisten in Leningrad verhungern zu lassen? Denkt er über den Sinn dieses Krieges nach? Zu seinem Denken und Verhalten während des Zweiten Weltkrieges gibt es nur ein einziges schriftliches Zeugnis, und dessen Glaubwürdigkeit unterliegt gewissen Zweifeln, da es sich um eine Erklärung im Zusammenhang mit Johannes' späterem Entnazifizierungsverfahren handelt, die ihn in möglichst positivem Licht darstellen soll. Hier bezeugt einer seiner Untergebenen in der Zeit der Leningrad-Kämpfe:

Herr Dr. Richter war ein guter Soldat, aber kein Militarist. Er war streng gegen sich und andere, aber stets gerecht und wohlwollend und fürsorglich gegen seine Untergebenen. Niemals setzte er die Truppe unnötigen Gefahren oder Strapazen aus, um etwa für sich Lorbeeren zu ernten. Er war völlig frei von ungesundem Ehrgeiz und hat wiederholt das Missfallen seiner Vorgesetzten in Kauf genommen, wenn er sich gegen Einsatzbefehle wehrte, um seine Truppe zu schonen. Bei seinen Offizieren und Soldaten war er beliebt. Auch Vorgesetzten gegenüber trat er für seine Untergebenen ein und wahrte seine Meinung.

[...] Die Zivilbevölkerung konnte sich immer unter seinem Schutz sicher fühlen. Gegen Plünderungen und andere Übergriffe ging Herr Dr. Richter schärfstens vor. Mutwillige

Zerstörung von Gebäuden und Brücken, auch in aussichtsloser Lage, verbot er. In jeder Beziehung hielt er sich streng an das Völkerrecht. Er sorgte auch dafür, dass Kriegsgefangene ordentlich verpflegt und menschlich behandelt wurden.

Allerdings behauptet selbst dieses Schreiben, das Johannes zudem als Gegner der NS-Führung darstellt, nicht, dass Johannes den Sinn dieses Krieges an sich in Frage gestellt habe. Es sei Johannes zufolge ein „uns aufgezwungener Krieg" gewesen, und die Deutschen hätten sich „gegen äußere Feinde wehren" müssen. Obwohl Deutschland die Sowjetunion überfallen hatte, einen brutalen Eroberungskrieg führte und Johannes mit seinen Soldaten sich tief im Inneren der Sowjetunion befand. Doch vielleicht hielt auch er den Kampf gegen den Bolschewismus für unabdingbar.

Über seine Division erfahren wir weiter, dass sie im Frühjahr 1943 in die Gegend von Puschkin marschiert, sich dort in gut ausgebauten Stellungen einrichtet und es dort den ganzen Sommer über kaum zu Kampfhandlungen kommt. Stoßtrupps versuchen Gefangene zu machen, hin und wieder schießt die Artillerie aufeinander, ansonsten haben die Soldaten Gelegenheit, sich bei den einstigen Zarenschlössern mit dem davor liegenden See zu ergehen.

Von der Feldpost, die damals hin- und hergeht, sind nur einige Briefe von Helmut und Erika an ihren Vater erhalten. Am 27. Dezember 1942 teilt Helmut ihm mit, was er zu Weihnachten bekommen hat:

1. einen Baukasten, 2. ein Spiel „Ohne Halt", 3. sechs Soldaten, 4. zwei Bücher, „Das blutige Blockhaus" und „Das Buch von der Luftwaffe", 5. einen Papierkorb für meine

Schnippeleien, 6. zwei Modellbogen für einen Schützenpan-
zerwagen und für eine Ju 88 mit je einer Tube Klebstoff, 7.
einen Zeichenblock und 8. Süßigkeiten. Ein Buch habe ich
schon durchgelesen und bin jetzt dabei, die Ju88 zu bauen.

Im März schreibt Erika aus Hambühren einen niedlichen
Brief mit vielen kleinen Bildern im Text. Darin nimmt sie
auch Bezug auf den Kriegseinsatz ihres Vaters:

Muschi [die Katze] *und Flocki* [der Hund] *zanken sich. Zum*
Brüllen!! Genau wie Rußland und Deutschland. [Muschi]
war Deutschland, und [Flocki] Russland. Ich will dir mal
ein Bild dafon malen! paß auf!

Das Bild zeigt Muschi, wie sie Flocki mit der Pfote auf die
Schnauze haut.
   Im Juni 1943 berichtet Helmut ausführlich vom Reichs-
jugendwettkampf, an dem er als Pimpf in der Hitlerjugend
teilgenommen hat. Ende August gratuliert er seinem Vater
zum Geburtstag und berichtet von Fliegerangriffen auf Berlin, die er von Rangsdorf aus oder auf dem Schulweg miterlebt. Allmählich bekommt er auch die zerstörerischen Wirkungen des Krieges zu spüren.

Die Schöneberger Gaswerke sind getroffen, nun haben wir
kein Gas! Die Bahnstrecke ist auch kaputt. [...] Gestern
habe ich gesehen, daß sie bei einem Zug, der nur bis Rangs-
dorf fuhr, eine S-Bahn hinter die Lok gehängt haben. Das
sah komisch aus! Die S-Bahn kann nämlich nicht fahren,
weil der Strom weg ist.

Major der Reserve Johannes Richter auf seiner Vollblutaraberstute Suleika vor Leningrad im Sommer 1943

Die Lust am Krieg spielen ist ihm damit aber nicht vergangen.

Ich habe jetzt ein Sturmgeschütz gebaut. Sehr schwere Arbeit, besonders die Raupenkette machte Arbeit, aber es sieht prima aus. Vielleicht hast du mal Gelegenheit, Dir so'n Ding anzusehen. Ich habe jetzt 20 Modelle, 15 [Flugzeuge], 2 [Kriegsschiffe] und 3 [Panzer].

Für Johannes wird es Anfang 1944 wieder ernst. Mitte Januar startet die Rote Armee eine erneute Offensive zur Entsetzung von Leningrad, wo inzwischen etwa eine Million Einwohner verhungert sind. Unter großen Verlusten auf beiden Seiten gelingt ihr diesmal der Durchbruch, und die Wehrmacht und ihre Verbündeten treten den Rückzug an. Johannes' Division kommt nun an der Narwa in Estland zum Einsatz. Im Mai wird Johannes verwundet, offenbar ziemlich schwer, denn die nächsten fünf Monate verbringt er im Lazarett. In dieser Zeit gelingt es der Roten Armee, die Deutschen immer weiter zurückzudrängen.

Im Oktober 1944, als Johannes an die Front zurückkehrt, sind die Russen bereits bis an die Memel, die Vorkriegsgrenze Deutschlands, vorgerückt. Jetzt geht es für die deutschen Truppen nicht mehr darum, sowjetisches Land besetzt zu halten, sondern Ostpreußen soll gegen die Invasion durch die Rote Armee verteidigt werden. Johannes ist nun Führer der Versorgungstruppen des Versorgungsregiments 1561, das der Ende Juli neu gebildeten 561. Volksgrenadier-Division untersteht. Das Regiment ist bei Tilsit eingesetzt, es kann die Einnahme der Stadt am 20. Januar 1945 jedoch nicht verhindern.

Wenige Tage später wird Johannes erneut verwundet. Er glaubt nicht mehr daran, dass er das noch überleben wird, aus gutem Grund. Das Baltikum ist bereits vom restlichen Deutschen Reich abgeschnitten, die Lage der Divisionen dort ziemlich aussichtslos. Doch die Verwundung erweist sich als Johannes' Rettung. Per Schiff wird er über die Ostsee nach Westen in Sicherheit gebracht und liegt dort bis Kriegsende friedlich in einem Lazarett in Lüneburg, während seine Division Anfang April bei der Schlacht um Königsberg vernichtend geschlagen wird. Dabei hat er sogar doppeltes Glück. Denn das Schiff, mit dem er evakuiert wurde, die General Steuben, wurde bei der nächsten Fahrt am 10. Februar 1945 von einem sowjetischen Torpedo versenkt.

Die Verwundung und Evakuierung meines Großvaters erweisen sich nicht nur als Glücksfall für ihn, sondern auch für seine Familie. Die macht sich nämlich zunehmend Sorgen wegen der vorrückenden Roten Armee. Schon viele Flüchtlinge haben Elfriede, Helmut und Erika von weiter östlich kommen sehen, einige wurden auch in ihrem Haus einquartiert. Als „Pimpf" hat Helmut sogar die Aufgabe, Flüchtlinge vom Bahnhof zu ihren Unterkünften zu begleiten. Nun wird es allmählich auch im Raum Berlin brenzlig und Elfriede beginnt, die Flucht der eigenen Familie vorzubereiten. Eine Zugfahrkarte gibt es aber nur bei Vorlage einer Reisegenehmigung. Doch die erhält kaum noch jemand, denn die Regierung will nicht, dass die Menschen fliehen. Das Auto ist schon lange dem Krieg zum Opfer gefallen. Ob Elfriede darüber nachgedacht hat, zu Fuß zu fliehen? Zum Glück muss sie es nicht, denn, so Helmut rückblickend:

Unsere Chance bot sich, als ein Telegramm von Papa (von dem wir monatelang nichts gehört hatten) aus Lüneburg eintraf, wo er verwundet im Lazarett lag. Das reichte zu einer Genehmigung. Mutti bat die Flüchtlingsfamilie sowie Frau Ziemssen, das Haus zu versorgen, und Anfang März machten wir uns mit viel Gepäck auf die Reise. Vorher waren schon viele Pakete abgegangen, hauptsächlich nach Hambühren, wo Familie Mertens in relativer Sicherheit lebte (keine Bombengefahr). Wegen der Luftangriffe fuhr der

Zug einen Umweg, aber wir gelangten doch glücklich nach Lüneburg. [Dort] fanden wir Papa mit einem Bein voller Granatsplitter, aber in guter Stimmung vor. Mutti hatte ihm u. a. eine Kiste Zigarren Marke „Dannemann" mitgebracht, für die er, wie er sagte, „auf dem Bauch bis nach Deutschland gekrochen wäre".

Johannes bleibt im Lazarett, Elfriede und die Kinder kommen bei Mertens in Hambühren unter, wo sie früher ihre Ferien verbrachten. Dort erleben sie die letzten Kriegswochen, die Helmut später so in Erinnerung hat:

Am Himmel zogen jeden Tag in großer Höhe die amerikanischen Bombergeschwader vorbei. Ich ging sogar noch einige Wochen lang in Celle zur Schule. Das Schwierigste dabei war der Schulweg. Die Züge verkehrten wegen der Tiefflieger nur unregelmäßig. Fahrräder hatten wir nicht mehr. Gelegentlich fuhr ich per Anhalter mit Militärfahrzeugen; zu diesem Zweck gab mir Mutti einige Zigaretten mit, die ich am Straßenrand winkend hochhielt. Oft ging ich auch die 6 km zu Fuß.

Wir älteren Kinder hatten sogar noch Dienst in der Hitlerjugend. Wir sollten mit der „Panzerfaust" umgehen lernen. Man hörte auch etwas vom „Werwolf"; das sollte eine Untergrundtruppe nach erfolgter Besetzung durch den Feind werden. Mutti und Mertens schärften mir ein, nicht etwa auf dumme Gedanken zu kommen und dort mitmachen zu wollen.

Anfang April gab es einen Bombenangriff (den einzigen) auf Celle, der sich gezielt auf den Bahnhof richtete und auch einige umliegende Häuser zerstörte. Die Straßenunter-

führung direkt neben dem Bahnhof brach zusammen und be-
grub zahlreiche Menschen unter sich, die sich während des
Angriffs dorthin geflüchtet hatten – unter ihnen auch eine
Freundin von Waltraud Mertens [die Tochter des Hauses],
die als Krankenschwester in Celle arbeitete. Bei diesem Angriff – so hörten wir tuscheln – sei auch ein Häftlingstrans-
port getroffen worden und einige „KZler" seien in die Wälder geflüchtet, wo sie dann mit Hunden gejagt wurden.

Kurz nach dem Bombenangriff wurde die Lage kritisch.
Die Schule wurde geschlossen. Über die Straßen strömten
die abgerissenen Soldaten der Wehrmacht; Kämpfe gab es
nicht. Eines Tages war plötzlich das ganze Dorf voller Engländer und Amerikaner.

„Für meine Pein gibt es keine Worte"

François Leroux

Zwei Tage, nachdem die deutsche Wehrmacht Polen überfallen hatte, erklärt Frankreich Deutschland den Krieg. Jacques Leroux wird eingezogen und ins Elsass geschickt, zum Nachrichtendienst der 5. Armee, wo er den Rang eines Unteroffiziers und bald eines Stabsunteroffiziers hat. Auf dem heimischen Anwesen übernimmt seine Frau die Zügel, und sie kommt so gut zurecht, dass es Jacques neun Monate später, als er wegen der Geburt seines zweiten Sohnes François (das bin ich) im April 1940 demobilisiert wird, schwer hat, wieder seinen Platz einzunehmen. Marguerite ist Herrin der Güter geworden und wird vom Personal und den Nachbarn respektiert und geschätzt.

Kurze Zeit nach der Rückkehr meines Vaters, im Mai 1940, findet die deutsche Invasion statt, die dazu führt, dass ein großer Teil der Bevölkerung aus dem Norden und Osten Frankreichs und dann auch aus Paris und dem Pariser Umland Richtung Westen und Süden flieht. Das hat zur Folge, dass meine Eltern bis zu 25 Personen gleichzeitig aus der nahen und fernen Verwandtschaft, Freunde oder Bekannte der einen oder anderen aufnehmen, von denen sie manche gar nicht nicht kennen und die manchmal ganz überraschend aufkreuzen.

Bemerkenswert an meiner Mutter ist nicht die Aufnahme der Flüchtlinge an sich, was unter den gegebenen Umständen ziemlich normal ist. Sondern dass sie es tut, ohne ihre Ruhe, gute Laune und Gelassenheit zu verlieren, und das trotz der vielen Probleme und Belastungen, die damit einhergehen. Es ist eine sehr intensive, warmherzige und bestärkende Zeit, in der meine Mutter all ihre Qualitäten in menschlicher Hinsicht und als Hausherrin einsetzt. Das Haus ist eine Art Arche Noah geworden für Flüchtlinge, die es unterzubringen, zu ernähren und beschäftigen gilt. Dieses Refugium könnte ein kleines Paradies sein, wenn es nicht immer wieder schlechte Nachrichten gäbe: von getöteten oder verwundeten Angehörigen und natürlich im Hinblick auf die katastrophale und beschämende Lage unseres Landes.

Marguerite mit Jean und Mutter Élisabeth im Winter 1940

Am 22. Juni 1940 gibt sich die französische Regierung geschlagen und akzeptiert die Besetzung des nördlichen Teils des Landes sowie der gesamten Atlantikküste. Der Süden einschließlich der Region, in der meine Eltern mit uns leben, bleibt zunächst unbesetzt und wird die nächsten zweieinhalb Jahre vom so genannten Vichy-Regime regiert, das mit den Deutschen kollaboriert.

Marguerite mit ihren Söhnen Jean und François im Sommer 1941, wenige Monate vor ihrem Unfall

Der Krieg macht das Fahrrad zum fast obligatorischen Transportmittel, um von einem Ort zum anderen zu kommen. Fahrtüchtige Privatautos sind abzuliefern. Allerdings sind die Straßen in der Gegend nicht gepflastert, uneben und in schlechtem Zustand. Im Oktober 1941 ist Marguerite auf einer dieser Fahrbahnen, die mit Steinen übersät und voller mit Kalkstaub gefüllter Löcher sind, gemeinsam mit ihrer jungen Kusine Janine unterwegs. Janine folgt in größerem Abstand, denn meine Mutter fährt genauso Fahrrad, wie sie vorher Auto fuhr, schnell, sehr schnell, zweifellos zu schnell. Als die Kusine sie einholt, liegt meine Mutter auf dem Seitenstreifen, vor ihrem Fahrrad, bewusstlos und voller Blut.

Um diesen Unfall und die zehn schrecklichen Tage danach zu beschreiben, gebe ich die Tagebuch-Aufzeichnungen von Christiane Bernard wieder, die zu Hause war, als der Unfall passierte. Christiane war eine 23 Jahre alte Kusine meines Vaters, die aus Dünkirchen geflohen und Ende 1939 von meiner Mutter aufgenommen worden war. Es folgen zwei lange Briefe, die Élisabeth an ihre ältere Tochter Germaine geschrieben hat, die zwei Wochen zuvor nach Marokko zurückgekehrt war. Diese Zeugnisse sind spontaner Ausdruck eines Dramas, das all jene, die meine Mutter kannten, tief geprägt hat und bis heute prägt.

30. Oktober [1941] – Ich schreibe, bevor ich bei Guite wachen gehe in ihrer letzten Nacht in Le Coustal. Was für eine Abfolge sich überstürzender Ereignisse seit dem 22.

Mittwoch [der 22.] – Ich begebe mich nach Sarlat, während Guite und Janine ins Tal fahren. Besuch beim Schulleiter in Maries.

Auf der Rückfahrt, auf der abschüssigen Straße von Ma-dras, Guite im Graben, Janine ruft mir zu, ich solle schnell Jacques Bescheid geben. Ich begegne ihm am Waldrand. Anruf beim Arzt. Niemand kommt, was ist los? Noch ein An-ruf, dann ins Krankenhaus. Schließlich, gegen 9.30 Uhr, An-kunft von Madame Vacquier. Ich komme an. Guite hat einen Schädelbruch, glaubt man. Sie ist bewusstlos. Schwere Er-schütterungen. Trauriger Abend. Ich schlafe nahe bei Fran-çois und Jean.

Donnerstag, der 23. – Alles unverändert. Mademoiselle de Cézac [Schwester meiner Großmutter] *und Mademoisel-le Ardillets* [ihre Freundin] *bei Guite. Alle sind erschüttert. Arme Guite. Es ist kalt draußen.*

Freitag, der 24. – Kalt. Ich fahre runter, um Guite zu se-hen. Arme, liebe Guite. Ihr Gesicht ist aufgedunsen, die Au-gen geschwollen und rot-braun. Sie atmet mit offenem Mund und macht unkoordinierte Bewegungen. Beängsti-gend.

Samstag, der 25. – Ich rufe um 8 Uhr an. Um 3 Uhr hat sie einige Male „ja" gesagt. Die Ärzte sagen, sie werden sie retten. Wir freuen uns vielleicht zu sehr!

Sonntag, der 26. – Messe um 10 Uhr. Der Jesuit früh-stückt bei uns. Es ist kalt. Wir warten. Guite ist etwas bei Bewusstsein. Sie hat Sekt getrunken und Apfelkompott ge-gessen.

Montag, der 27. – Eher schlechter. Ihr Zustand hat sich verschlechtert, aber wir verzweifeln nicht. Und wir verfol-gen nichtsdestotrotz weiter unsere Pläne für ihre Rückkehr. Ich besuche sie, ihr Gesicht ist viel weniger geschwollen. Die Augen sind immer noch geschlossen, aber ganz schwach sagt sie „ja".

Dienstag, der 28. – Ihr Zustand ist unverändert. Am Morgen ist Mademoiselle de Cézac besorgt, dann fasst sie wieder Mut. Ich habe Zahnschmerzen. Am Nachmittag gehe ich zur Telefonzelle, Jacques kehrt sehr besorgt zurück. Eine halbe Stunde nach Mitternacht Anruf: „Es ist vorbei, wir fahren wieder ins Krankenhaus". Ich wäre auch gern gefahren, aber die Kinder sind da. Um 23.30 Uhr am Dienstag, den 28. Oktober ist Guite gestorben.

Wie soll man eine solche Katastrophe begreifen? Armer Jacques. Arme Mutter, arme kleine Kinder ohne Mutter: Jean und François, die niemals wieder „Mama" sagen werden. Und doch muss das Leben weitergehen. Mir ist, als ob ich eine große, sehr liebe Schwester verloren habe.

Mittwoch, der 29. – Es ist herzzerreißend. Um 10.30 Uhr besuche ich Guite. So ruhig, so schön, dass man glaubt, sie schläft. Ich küsse sie. Armer Liebling! Wir schleppen uns durch den Nachmittag. Am Abend bei Jacques, herzzerreißend.

Donnerstag, der 30. – Um 2.30 Uhr Aufbahrung. Ich bereite das Haus vor. Der ganze Raum ist geschmückt. Blumen für sie, die sie so liebte.

Die Servas [Onkel und Tante meines Vaters] kommen an, dann ihr Sohn. Nachbarn sind gekommen und weinen. Sie, die so gut, einfach und barmherzig war, ist sicher davon ergriffen. Ich gehe jetzt Totenwache halten.

Freitag, der 31. – Ich habe bis Mitternacht gewacht. Dann von 4 bis 7.30 Uhr. Unterschiedliche Gefühle haben mich bewegt beim Anblick des blumenbedeckten Sarges. Um 10 Uhr ein kräftiger Regenguss. Viele Bauern. Wir laufen einen Schritt hinter dem Wagen. An der Kirche angekommen wird der Sarg getragen. Großes Gedränge in der Kir-

*che. Einfacher Gottesdienst. Der Priester spricht gut. Dann
Rückkehr nach Le Coustal. Trister Nachmittag.*

*Samstag, der 1. – Allein mit den Kindern, besser um sich
zu sammeln.*

Am 26. Oktober, vier Tage nach dem Unfall, begann Élisabeth Vacquier einen Brief an ihre Tochter Germaine zu
schreiben:

Mein liebes Töchterchen,

*das schreckliche Martyrium lässt nach... Notre Dame de
Lourdes muss unsere vielen Gebete gehört haben...*

*Freitag war ein furchtbarer Tag... die Ärzte waren
machtlos... Ihr armer Kopf wurde geröntgt. Natürlich in
ihrem Zimmer. Eine Trepanation wurde nicht gemacht. Die
ganze Verletzung ist oben links ... ihre armen, geschwolle-
nen Augen waren und sind geschlossen. Sie hatte Fieber –
38,4 – ihr Mund war offen, ihr Gesicht blutrot und aufgedunsen. Ab und an setzte ihr Atem aus. Niemand wollte mir
die Wahrheit sagen, aber ich habe sie gefühlt. Unser lieber
Monsigneur Delmont ist gekommen, um ihr die letzte Ölung
zu geben, mit ganz viel Herz, Güte und bewundernswertem
Glauben. Jacques an ihrem Bett kniend, betend und weinend, meine Schwester, Yvonne, ich, eine Nonne. Was für ein
Bild der Verzweiflung.*

*Yvonne war zwischen den beiden Abendbussen nach
Montignac gefahren und mit Jacques Garelly zurückgekehrt, der sehr liebenswürdig ist. Er verbrachte die Nacht
mit Jacques und meiner Schwester... die letzte, wie wir
dachten. Um drei Uhr morgens hörten sie ein schwaches
„ja" auf eine Frage, man gab ihr das Becken... mit Erfolg.*

Sie konnten es nicht glauben..., sagten, es sei ein Wunder, und die leichte Besserung hält an. Die Ärzte haben wieder Hoffnung geschöpft... und sagen, dass sie es schaffen wird. Gelobt sei Gott! ... Ich habe die Nacht betend und weinend verbracht... Ich weiß nicht, wie wir weiterleben sollten... wenn dieses geliebte Kind von uns ginge!

Gestern war ich bei ihr, ihr Gesicht schwillt ab, sieht wieder lebendiger aus, sie hat Jacques und mich geküsst, ein Wort gesagt... aber die ganze Zeit geschlafen und kaum ihre lieben Augen geöffnet – kein Fieber mehr, die Waschung hat gewirkt. [...]

Heute Morgen Messe hier. Ich bin bei den Kindern geblieben und der Jesuit ist zum Essen gekommen. Als er wieder ging, hat Jacques ihn begleitet und sich mit den Hausangestellten zum Krankenhaus begeben. Ich war untröstlich, dass ich nicht mit konnte, aber es war zu kalt. Guite soll „ja" und „nein" gesagt, Sekt und Kompott getrunken und heute Morgen um Kakao gebeten haben. Doch es werde lange dauern und sie werde viel Schonung brauchen. Morgen will ich sie besuchen. Es regnet und wird wärmer. Umso besser... Jacques schläft heute Abend hier. [...] Und der schreckliche Krieg geht weiter und unser armes Frankreich wird wegen einiger Verrückter immer mehr unterdrückt.

Mittwoch – Ich lasse diesen Brief, wie ich ihn geschrieben habe... aber seither ist alles nur noch Verzweiflung.

Gestern, Dienstag, ging es deiner kleinen Schwester ganz schlecht. Ich habe mir wieder wahnsinnige Sorgen gemacht. Um elf Uhr abends ist Jacques in mein Zimmer gekommen und hat gesagt: „Mama, wir müssen los". Ich bin aufgestanden, Jeanne ist gekommen, Christiane, Jacques und ich sind aufgebrochen. Der liebe Doktor erwartete uns, *sie sei ohne zu leiden, mit einem Seufzer gestorben. Es war furchtbar. Sie war so schön auf ihrem Bett, so hübsch frisiert von Yvonne – ihre regelmäßige, kindliche Figur, so erholt, fast keine Wunden mehr. Der mitfühlende Doktor sagte zu mir: „Madame, ich kenne Ihre Qualitäten und bewundere Ihren Mut", und wir sind geblieben, die alten Damen, Jacques und ich, um zu beten und zu weinen.*

Diesen Morgen, zurück in Le Coustal, [...] und all diese tapferen Leute, die kommen, um mit uns zu weinen. Um fünf sind wir zurückgekehrt, und Louise und ich verbringen die letzte Nacht bei ihr, Jacques war mit Jeannot da, um seine kleine Mama zu küssen. Jacques tut mir leid. Unser Liebes war umgeben von Grün, Efeu, Grünpflanzen und Nelken, alle so hübsch arrangiert von den guten Schwestern Marguerite und Yvonne. [...]

Morgen um zwei wird sie nach Hause gebracht. Louise wird die Aufbahrung vorbereiten. Am Freitag Messe und Trauerfeier in Saint-André, und um zwei Uhr wird sie in Montignac auf den Friedhof in die Nähe ihres lieben Vaters gebracht. Was für eine Verzweiflung. Wie soll man eine solche Prüfung überstehen.

Und du, Liebes, ich denke an deinen Schmerz fern von uns. An die liebe Zabeth, die Guite so gern hatte. Ich denke an eure traurige Abreise vor zwei Wochen. Mein Gott! Wie fern ist das, und welcher Abgrund von Traurigkeit hüllt uns nun ein. [...]

Viele Küsse, Liebes, möge Gott uns helfen.

Am Freitag, den 31. Oktober, begann Élisabeth morgens um sechs einen weiteren Brief.

Mein geliebtes Kind,

unsere so liebe, süße Guite geht in kleinen Schritten ihrer letzten Ruhestätte, nah bei ihrem Vater, entgegen. Bis
zum letzten Moment war sie hübsch, fein und bezaubernd.
Gestern um eins sind wir ins Krankenhaus zurückgekehrt,
Jacques, Tantine und ich. Jeanne und Françoise waren bei
ihr. Wir haben traurig auf den Sarg gewartet. Vater Delteuil
ist gekommen, um bei ihr zu beten, unser Erzpriester hat ihr
den letzten Segen gegeben, dann wurde sie mit unendlicher
Sorgfalt in diesen abscheulichen Kasten auf Kissen mit
schönen Hortensien gebettet, die sie so geliebt hatte. Die
guten Schwestern waren mit liebevoller Fürsorge um uns
und haben uns erst im letzten Moment verlassen. Als wir in
dieses Auto [den Hotchkiss] einstiegen, das sie so geliebt
hat und den Jacques zurückbekommen konnte, damit wir
ihrem Sarg folgen konnten. Dieser ist in einem ziemlich
hässlichen Wagen, aber mit den schönsten Blumen bedeckt,
der Wagen von einem tapferen, den Vacquiers ergebenen
Mann gefahren, den sie gekannt hatte, hier angekommen.
Im großen Salon, den sie so liebte, in der Einbuchtung, wurde sie aufgebahrt. Tantine hatte alles wunderschön herge-
richtet, und es gab unzählige Kränze. Sie ist unter den Blumen fast verschwunden. Welche Schönheit in der Verzweiflung. Zwei kleine elektrische Lampen am Kopfende, Sessel
rundherum und gestern Abend die angemessene Ehrenwa-
che: zwei Hausangestellte, alle Frauen und sechs oder acht
tapfere Bäuerinnen. Ich bin bis zehn geblieben. Jacques
musste bis zwei Uhr morgens bleiben und Christiane, die
genauso erschüttert war wie wir, musste die Wache danach
übernehmen. [...]

Freitag Abend – Bei Schneefall wurde heute Morgen deine liebe Schwester zur Kirche Saint-André gebracht, begleitet von allen Bauern, die weinten und rührend waren in ihrer Zuneigung. [...] Monsigneur le Doyen sprach sehr gut, auch anschließend auf dem Friedhof. Deine Schwester wurde nahe bei ihrem Vater beigesetzt. Ich kann es nicht glauben, es ist grauenhaft. Ich war nicht bei der Trauerfeier. Jacques wollte auch Jean mitnehmen, der gar nicht verstanden hat, was los ist. [...]

Ich habe dein Telegramm an meine Schwester gelesen und sehr bewegt auch jenes, das heute angekommen ist. Ich glaube wirklich, dass es unvernünftig wäre zu kommen und Pierre und Zabeth zu verärgern. Es ist besser, nicht diese schwierige und teure Reise zu unternehmen... aber ihr solltet an eine endgültige Rückkehr nach Frankreich denken. Es ist zu schrecklich, so weit auseinander zu sein, und jetzt brauche ich euch in meiner Nähe. Ich flehe euch an, darüber nachzudenken. Welch großen Kummer macht mir der Tod unserer so süßen, vortrefflichen Guite. Ich denke unaufhörlich daran und kann ihr Bild nicht aus meinem Kopf kriegen. Welch ein Martyrium! Dieses gute Kind! Was für ein Unglück! Was für eine Erschütterung in meinem Leben. Man ist versucht, sich zu empören... aber das wäre zu schlimm! Ich höre auf. Für meine Pein gibt es keine Worte. [...]

Viele Küsse, Liebes. Möge Gott uns helfen.

Deine Mama

„Wir schlossen uns ein in eine Blase"

François Leroux

Unsere Mutter war die Seele, das Herz und das Licht unserer Familie und der kleinen Gemeinschaft gewesen, die uns umgab. Ihr Tod hat wohl bei allen ein Gefühl großer Leere, Erstarrung und Finsternis ausgelöst. Zum Glück zwangen die Anforderungen des Alltags jeden, seine Aktivitäten wieder aufzunehmen und allmählich ein neues Gleichgewicht zu finden.

Mein Vater konnte diesen Tod nie verwinden, genauso wenig wie den seiner Mutter zwei Jahre zuvor und den seiner Großmutter zehn Jahre zuvor. Er würde sein Leben lang immer wieder sagen, dass sie die einzigen Menschen waren, die er geliebt hatte, was bedeutete, dass mit ihrem Tod auch sein Gefühlsleben abgestorben war. Wenigstens wussten wir so, was wir in Sachen väterlicher Liebe zu erwarten hatten.

Auch Jean und ich, er fünfeinhalb Jahre und ich 18 Monate alt, als unsere Mutter starb, haben ihren Tod nie verwunden. Wenn auch das materielle Leben gesichert war, so reduzierte sich doch das emotionale und soziale Leben, zumindest zu Hause, auf ein Minimum. Und wie sollen kleine Kinder ihre Mutter vergessen? Besonders eine so vollkommene Mutter. Wir schlossen uns alle drei ein in einer Blase, mit unserem ganz persönlichen Drama, ohne miteinander zu sprechen, gelähmt von einem Übermaß an Feingefühl und einer Überempfindlichkeit, die uns unser ganzes Leben lang begleiten sollte.

Selbst die Hündin meiner Mutter hat es nicht verkraftet, dass sie nicht mehr da war. Sie hörte auf zu fressen, und kurze Zeit später fand unser Vater sie tot unter einem der Fenster des Zimmers meiner Mutter!

Irgendwie geht unser Leben dennoch weiter seinen Gang. Trotz des Krieges gibt es Personal, das sich um das Haus und um die Bewirtschaftung des Anwesens kümmert. Kälber, Kühe, Schweine und Geflügel sichern unseren Lebensunterhalt.

In der ersten Zeit kümmern sich Christiane und dann unsere Großmutter Élisabeth um uns, die sehr präsent ist, obwohl es immer schwieriger wird, mit unserem Vater auszukommen. Meine Großmutter hat einen starken Charakter, wie ihre Schwester, was die Beziehungen zu unserem Vater nicht erleichtert, der nicht gerade ein Vorbild an Anpassungsfähigkeit und das Akzeptieren anderer Menschen ist. Ihre Schwester würde mein Vater zwar gerne als Köchin engagieren, aber unter der Bedingung, dass eine drei Meter dicke Mauer zwischen der Küche und dem Rest des Hauses gebaut wird. Wenn mein Bruder und ich indes bei unserer Großmutter in Montignac sind, haben wir nie Grund zur Klage, im Gegenteil. Ich erinnere mich weder an Konflikte noch an eine pedantische Disziplin. Es ging dort sehr entspannt zu.

Die ganze Haushaltsführung muss überdacht werden. Unsere Großmutter kümmert sich sehr um Personalangelegenheiten, was eine Quelle für weitere Konflikte mit unserem Vater ist. Dazu kommen finanzielle Sorgen aufgrund des Krieges und der Anwesenheit von Flüchtlingen, die nicht immer sehr rücksichtsvoll sind. Unser Vater wird so reizbar, dass er kaum zu ertragen ist. Nachdem jemand angestellt worden ist, um sich um Jean und mich zu kümmern, verlässt uns Christiane bald, um Hauslehrerin eines kleinen Jungen im Departement Creuse zu werden. Sie hat ein hervorragendes Verhältnis zu unserer Großmutter und ist unserer Mutter, Jean und mir immer sehr zugetan gewesen. Dass sie wegging, obwohl nichts sie dazu zwang, kann nur daran gelegen haben, dass die Atmosphäre sehr schlecht geworden war. Nur einmal kommt sie wieder, um eine Weihnachtsfeier zu organisieren. Dann schließt die „Arche Noah" – dieses Haus, das zu Lebzeiten meiner Mutter so gastfreundlich und fröhlich gewesen war – für immer ihre Tore.

Von 1942 an haben wir eine ziemlich betagte luxemburgische Gouvernante. Sie hatte sich zuvor um die Kinder des Besitzers eines Weinbergs in Bas-Armagnac gekümmert. Diese lebten in einem großen Schloss aus der Epoche Ludwigs XIII. Da unsere Gouvernante dort überwiegend vor dem Krieg in Diensten gestanden hatte, ist sie einen Lebensstil gewöhnt, der ganz und gar nicht mehr dem unseren entspricht, welcher sehr spartanisch geworden ist und ziemlich frostig in jeglicher Hinsicht. Unser Vater erinnert sie auch immer wieder daran. Die Arbeit bei uns ist nicht immer ein Vergnügen für sie, auch wenn mein Bruder und ich sie sehr gern haben und eher umgänglich sind. Sie tröstet sich mit unserem hausgemachten Johannisbeerlikör, was mein Vater schließlich dadurch unterbindet, dass er diesen durch Essig ersetzt. […] Sie kümmert sich um unsere Bildung, bis Jean 1946 in das Collège Saint-Joseph von Sarlat eintritt und ich 1947 in die dritte Klasse der lokalen Grundschule komme.

Meine Großmutter will unbedingt, dass mein Vater so schnell wie möglich wieder heiratet, damit sich eine Frau um uns, das Haus und ihn kümmert, sodass er gar nicht erst in Versuchung kommt, sein früheres Lotterleben wieder aufzunehmen. Sie schreibt an die Eltern unserer künftigen Stiefmutter, sicher ohne Wissen unseres Vaters, und fühlt wegen deren zweiter Tochter vor. Diese hatte sie kennen gelernt, als die Familie als Flüchtlinge erst bei uns und später in einem Hotel in Montignac gewohnt hatte.

Durch den tödlichen Fahrradunfall ihrer Mutter zu Halbwaisen geworden: die Brüder Jean und François im September 1943

Als untröstlicher Witwer würde unser Vater am liebsten ein Leben als Einsiedler inmitten seiner Wälder führen, wo er sich „näher bei Gott als in einer Kirche" fühlt. Dort könnte er mit seinen Erinnerungen und seinen Träumen leben. Aber er hat zwei kleine Kinder aufzuziehen und einen Haushalt zu führen. Also heiratet er im Juli 1943 eine junge Pariserin, die 16 Jahre jünger ist als er. Er kennt ihre Familie, seit er 13 war, denn sie sind entfernt miteinander verwandt. Sein neuer Schwiegervater ist ein bekannter Anwalt. Ihre Eltern, ihre ältere Schwester und sie selbst zählten zu den Dutzenden von Flüchtlingen, die unsere Eltern 1940 aufgenommen hatten. Aus dieser Zeit bei uns gibt es ein Foto, das mein Vater im Sommer 1940 gemacht hat. Meine Mutter ist im Hintergrund und blickt zum Himmel. Der Vordergrund besteht aus meinem Bruder mit seinem Fahrrad, Christiane, die mich im Arm hält, und ich habe einen Finger in der Hand jener Frau, die drei Jahre später meine Stiefmutter sein wird. Zu unseren Füßen liegt der Hund meiner Mutter.

Einige Zeit vor der Hochzeit, die in Paris gefeiert wird, kommt die Verlobte meines Vaters für einige Tage zu uns, begleitet von ihrer älteren Schwester, denn zu jener Zeit ist es undenkbar, dass ein junges Mädchen mit seinem Verlobten zusammen ist, ohne eine Anstandsdame dabei zu haben.

Diese Frau, Marie-Antoinette Deville, 25 Jahre alt, ist in keiner Weise auf das Leben, das sie erwartet, vorbereitet, und muss eine unmögliche Nachfolge antreten, sowohl bei ihrem Mann als auch bei allen Leuten, mit denen sie verkehrt oder die ihr unterstehen.

Obwohl unsere Großmutter die Ehe vermittelt hatte, führt diese Heirat ziemlich schnell zu einem fast völligen Abbruch der Beziehungen zwischen unserem Vater und seiner ersten Schwiegerfamilie, und besonders mit unserer Großmutter Élisabeth. Der Kontakt wird auf das unvermeidliche Minimum reduziert. Wir fahren nun allein zu ihr zu Besuch, und sie mischt sich nicht mehr bei uns ein. Mit unserem Vater hat sie nur noch brieflichen Kontakt, wenn es um unsere Ausbildung geht.

Die Eltern unserer Stiefmutter betrachten uns als integralen Bestandteil ihrer Familie. In allen Briefen unseres Stiefopas an seine Tochter ist dieser immer überschwänglich und voller Liebe, was uns betrifft: wir sind seine ersten Enkelkinder. Unsere Stiefmutter nennen wir „Mané". „Mama" ist unvorstellbar.

So wie sich die Beziehungen entwickelt haben, zieht es kein Mitglied der Familie und des Umfeldes meiner Mutter mehr in Betracht, in unser Haus zu kommen, sie wahren auch lieber die Erinnerungen an die glücklichen Jahre vor der Katastrophe. Mein Vater legt ohnehin keinen Wert auf Besuch, die einzige Ausnahme sind die älteste Kusine unserer Mutter, Geneviève, deren Mann und Kinder. Aber zum Glück verwehrt er es meinem Bruder und mir auch nicht, dass wir regelmäßig unsere Großmutter besuchen.

Die bekam übrigens, als die Wehrmacht ab November 1942 auch die so genannte „freie" Zone im Süden Frankreichs besetzte, Besuch von den Deutschen, die überlegten, ihr Anwesen zu beschlagnahmen. Dabei sahen sie Fotos meines Großvaters in Uniform mit seinen Orden und fragten meine Großmutter über ihn aus. Als sie von seinem Schicksal erfuhren, salutierten sie und zogen ab mit dem Versprechen, das Haus zu verschonen. Sie hielten ihr Versprechen!

Die deutschen Besatzungstruppen werden von Widerstandsgruppen der Résistance bekämpft. Und so ist es nicht verwunderlich, dass meine ersten eigenen Erinnerungen mit dem Krieg zu tun haben. Ich habe sie exakt datieren können dank eines Briefes vom 27. September 1944, den mein Bruder an unsere Kusine in Marokko geschrieben hat. Hier ein Auszug daraus:

Die Versorgung war schwierig, aber wir hatten alles, was wir brauchten. Wir haben Tag und Nacht die französischen Flugzeuge gehört. Das Jahr 1944 ist am schlimmsten gewesen. Am 26. Juni ist eine Kolonne von Deutschen hier vorbeigekommen. Den ganzen Tag war Geschützlärm zu hören, und es gab zehn Tote.

Einige Leute haben in Cantou [Name eines kleinen Hauses] geschlafen, Häuser wurden niedergebrannt. Aber zum Glück ist Le Coustal nichts passiert.

Man hat uns die beiden Lastwagen von Papa weggenommen, und wir haben jetzt nur noch den Eselskarren.

François geht es gut. Ihm wurden gerade die Mandeln und Polypen entfernt. Seit Mai habe ich einen kleinen Bruder, er heißt Maurice.

Seit März haben wir Mamie [die Oma] nicht mehr gesehen, der Bahnhof von Sarlat war beschädigt und die Busse fuhren nicht mehr. Aber seit acht Tagen fahren die Züge wieder und am 2. Oktober reisen wir ab nach Montignac, um zwei Wochen bei Mamie zu verbringen.

Meine erste Erinnerung ist, dass ich während meines Mittagsschlafs von Lärm geweckt werde, der von einem Sonderkommando der deutschen Armee kommt, das behauptet, den Weg zurück nach Sarlat zu suchen. Neugierig öffne ich die Vorhänge, sehe einige Militärfahrzeuge und kreuze den

Blick mehrerer Soldaten. Dann, als meine Neugier befriedigt ist und ich beruhigt bin, ziehe ich die Vorhänge wieder zu und setze meinen Mittagsschlaf fort. Das war also am 26. Juni 1944. Ich war vier Jahre alt.

Meine zweite Erinnerung betrifft unseren Zufluchtsort Cantou kurze Zeit später. Mehrere Tage lang gibt es in der Nähe heftige und mörderische Kämpfe zwischen der deutschen Armee und den Partisanen, die in der Region sehr aktiv sind. Zur Sicherheit haben wir uns einige hundert Meter entfernt von unserem Domizil in ein kleines Haus am Waldrand begeben, abseits von jedem Verbindungsweg. Meine Großeltern hatten es während der Arbeiten am Haupthaus genutzt. Ein gutes Dutzend Nachbarn sind uns dorthin gefolgt. Unsere Familie, bestehend aus unserem Vater, unserer Stiefmutter, meinem Bruder und mir sowie unserem ersten Halbbruder Maurice, der noch keine zwei Monate alt ist, haben ein Zimmer belegt, während unsere „Gäste" sich die anderen beiden Zimmer teilen. Wir haben unsere Gouvernante im Haus zurückgelassen, die fließend Deutsch spricht und behaupten könnte, dass wir die Region verlassen hätten, und rachsüchtige Besucher um Nachsicht anflehen könnte. Man muss wissen, dass die Schlösser und großen Herrenhäuser von Partisanen, die aktive Mitglieder der kommunistischen Partei waren, damals nicht unbedingt geschont werden. Zum Glück kommt aber niemand und wir können in unser Heim zurückkehren, als die Kämpfe aufhören – Kämpfe, die wir ganz deutlich von unserem Zufluchtsort aus hören konnten.

Meine dritte Erinnerung ist meine Rückkehr aus dem Krankenhaus von Sarlat nach der Mandel- und Polypenoperation im September 1944. Ich liege unter einer Plane, in einem Anhänger, der von unserer Eselin, unserer lieben Margot, gezogen wird – die einige Jahre später in Wurst verwandelt werden wird, aber nicht von uns! Größe und Niedergang: nach dem edlen Hotchkiss nun ein Esel als einziges Fortbewegungsmittel! Das ist der Krieg, ein Krieg, der unsere Region nicht verschont, aber unter dem wir Kinder nicht wirklich zu leiden haben. Dieser Anhänger, den mein Vater gebaut hatte, ist bequemer als ein Ochsenkarren, denn er ist mit Federn, Autorädern und Reifen ausgestattet.

Meine vierte Erinnerung habe ich an den Tag des offiziellen Kriegsendes. Ich bin mit meinem Vater zusammen, als die Sirene von Sarlat ertönt. Obwohl sie fünf Kilometer entfernt ist, können wir sie sehr deutlich hören. Mein Vater sagt mir sofort, dass sie den Waffenstillstand verkündet, und ich reagiere kurz etwas verschreckt, vielleicht habe ich zum ersten und einzigen Mal richtig Angst vor dem Krieg. Ich war gerade fünf geworden.

Wir hätten keinen Mangel in Sachen Ernährung gelitten, hat mein Bruder geschrieben. Das stimmt wohl, denn wir lebten auf dem Lande, fern der Großstadt, und verfügten über unsere eigene landwirtschaftliche Produktion sowie Personal, das sich darum kümmerte. Wir Kinder hatten Kontakt zu den Tieren und beteiligten uns an manchen Arbeiten wie Heumachen, Ernten, Dreschen oder der Weinlese.

Als die Region Mitte 1944 befreit wurde und die deutschen Truppen sich in Richtung Normandie zurückzogen, wurden deutsche Gefangene denen zur Verfügung gestellt, die Bedarf für sie hatten. Also holte mein Vater vier von ihnen aus einem Lager in Brantome nördlich von Périgueux.

Am Anfang hatten diese Deutschen weiterhin den Status von Kriegsgefangenen, und mein Vater sollte bewaffnet sein und sie ständig überwachen. Abgesehen davon, dass das in der Praxis gar nicht machbar war, erwies es sich als vollkommen überflüssig. Einer von ihnen setzte sich mit seinem Charisma und seiner natürlichen Autorität durch. Er übernahm das Kommando der kleinen Gruppe und sagte zu meinem Vater: „Wir werden Ihnen zeigen, wie Deutsche arbeiten können." Unterton: nicht wie Franzosen, diese Dilettanten.

Sie waren in der Tat bemerkenswert, jedenfalls so lange sie den Status von Kriegsgefangenen hatten. Als der Krieg vorbei ist, haben sie die Wahl, befreit zu werden und nach Hause zurückzukehren oder als freie Arbeiter da zu bleiben. Zwei verlassen uns, zwei bleiben, weil sie zu Hause keine Familie und keine ihnen nahe stehenden Menschen mehr haben. Aber als freie Arbeiter ohne Anführer lässt ihr Arbeitseifer deutlich nach. Vielleicht betrachten sie sich ja schon als Franzosen... Die Erfahrung dauert nicht lange.

Unsere Gefangenen führten wichtige Arbeiten aus. Da sich das Haus auf einer Anhöhe befindet, war die Wasserversorgung schwierig. Um das Problem zu lösen, ließ mein Vater die Deutschen mehr als einen Kilometer Gräben ausheben, die tief genug waren, um frostsicher zu sein, in einem sehr steinigen Boden, um dort eine Kanalisation zu legen, die uns mit Wasser aus dem Tal versorgen sollte. Sie bauten auch eine Zisterne und eine Pumpstation, holzten die ganze Strecke entlang des Grabens ab und hoben einen Kanal im Tal aus, um das Wasser abzuleiten und eine Wasserfläche zu schaffen, was aber nie einen Nutzen bringen sollte. Ihre einzigen Werkzeuge waren Spaten, Spitzhacken, Brechstangen ... und ihr Elan.

Für die übliche Kommunikation bei der Arbeit konnten sie ein wenig Französisch und mein Vater etwas Deutsch.

Und wenn es anspruchsvoller wurde, diente unsere Gouvernante als Dolmetscherin. Diesen Gefangenen verdanke ich meine ersten Brocken Deutsch. Aber ich habe nur einige üble Schimpfwörter behalten, die ich niemals benutzen würde. Weder meine Erziehung noch mein Charakter haben es mir erlaubt, solche Ausdrücke zu verwenden, zumal sie zu Hause auch nicht toleriert wurden. Unser Vater sagte immer: „Ihr müsst die Schimpfwörter kennen, aber ihr dürft sie nur bei den Leuten benutzen, die es selbst tun".

An wen sich diese Beleidigungen richteten, weiß ich nicht. Sicher ist, dass die Gefangenen bei der Arbeit einen rauen Umgangston pflegten. Aber wir haben nur gute Erinnerungen an ihren Aufenthalt, der uns einige Verbesserungen eingebracht hat. Dazu zählen die Wasserversorgung für unser Haus, von der ich gerade gesprochen habe und die uns sogar ermöglicht hat, einen Swimmingpool zu füllen, sowie ziemlich bemerkenswerte Möbel, die mit primitivem Werkzeug hergestellt wurden.

Meines Wissens gab es nur einen Vorfall, der auf ein kulturelles Missverständnis zurückzuführen war. Als einer der beiden krank wurde, wurde er – wie es bei uns üblich war – auf Diät gesetzt. Er dachte: „Wer nicht arbeitet, soll auch nicht essen". Nach einer kurzen Erklärung durch unsere Dolmetscherin bekam er wieder normales Essen und alles kam in Ordnung. Die Vorstellung, ihnen nichts zu essen zu geben, solange sie nicht arbeiten konnten, lag uns fern.

Der Weggang unserer Gefangenen bedeutete für mich das Ende der Beziehungen zu Deutschland für mehr als ein halbes Jahrhundert, wenn man von den vier Schuljahren absieht, in denen ich Deutsch als Fremdsprache lernte und die mit der Beurteilung meines Prüfers im Abitur endeten: „Sie wissen nicht viel". Hätte er mich doch bloß nach Flüchen gefragt statt mir einen Text von Goethe vorzusetzen...

Leider hatte er Recht: Ich war eine Niete in Deutsch. Ich habe das oft bedauert, vor allem jetzt, wo diese Sprache von einem Teil meiner Nachkommen benutzt wird. Und ihr großer Wohlklang ist mir ganz besonders aufgefallen, als ich meine Schwiegertochter beim Stillen mit ihrer Tochter sprechen hörte.

Nach den Kriegen

„...von ganz unten wieder hoch gekämpft"

Sonja Richter

Nach der Besetzung Celles am 12. April 1945 dauert es noch fast einen Monat, bis Deutschland kapituliert und der Zweite Weltkrieg in Europa endgültig zu Ende ist. Das Land liegt in weiten Teilen in Trümmern, vor allem die großen und größeren Städte, und neben der einheimischen Bevölkerung, darunter viele Ausgebombte, müssen Millionen von Flüchtlingen aus den Ostgebieten sowie zunächst auch befreite KZ-Häftlinge und Zwangsarbeiter untergebracht und versorgt werden. Das ehemalige Deutsche Reich ist in vier Besatzungszonen aufgeteilt, die mithilfe lokaler Behörden ihr jeweiliges Gebiet verwalten. Die Besatzungstruppen haben auch zu entscheiden, wie mit ehemaligen Trägern des Regimes zu verfahren ist.

Sowohl Hambühren als auch Lüneburg gehören zur britischen Besatzungszone. Dennoch reißt der Kontakt zwischen Johannes und seiner Familie erst einmal ab. Besuche im Lazarett sind nicht mehr möglich, und auch der Postverkehr ist eingestellt. Die Familie ist in großer Sorge. Helmut rückblickend über seinen Vater:

Irgendwie erfuhren wir, dass er aus dem Lazarett als Kriegsgefangener nach Munsterlager verlegt worden war. Als die Post wieder funktionierte, erlebten wir bald einen großen Schock: Eine Karte kam zurück mit dem Vermerk

„Adressat nicht mehr hier". Mutti machte sich – erst per Anhalter, später per Bahn – auf die Suche, doch Papa blieb monatelang verschwunden. Später stellte sich heraus, dass er – im Zivilberuf Ministerialrat – nicht wie die anderen Soldaten entlassen wurde, sondern in ein Lager für politische Gefangene gebracht worden war.

Partei-Funktionäre und höhere Amtsträger des NS-Regimes wurden nach dem Krieg erst einmal von den Alliierten verhaftet und kamen in spezielle Internierungslager, auf Englisch „Civil Internment Camps". Etwa 65.000 Personen sollen im ersten Jahr von den Briten interniert worden sein, einer von ihnen war mein Großvater. Ob er direkt aus dem Lazarett heraus verhaftet wurde oder erst ins Munsterlager kam, wo über die Entlassung deutscher Soldaten aus der Kriegsgefangenschaft entschieden wurde, ist unklar. Nach eigenen Angaben befand er sich seit dem 27. Juni 1945 im Internierungslager Westertimke und wurde von dort Mitte September nach Fallingbostel verlegt, beides ehemalige Kriegsgefangenenlager der Deutschen. Westertimke liegt nordöstlich von Bremen, Fallingbostel bei Walsrode, nur gut 40 Kilometer von Hambühren entfernt.

Es sind auf jeden Fall sehr schwere Monate für Johannes, denn zu der noch nicht ausgeheilten Verletzung kommt ständiger Hunger, da die Essensrationen nicht gerade großzügig bemessen sind. Ab und zu werfen die Engländer den Gefangenen Zigaretten hin und amüsieren sich darüber, wenn alle sich darauf stürzen. So gern Johannes immer geraucht hat, es ekelt ihn an, wie sich seine Mitgefangenen auf diese Weise erniedrigen lassen. In die Zeit der Internierung fällt Johannes' 50. Geburtstag. Ob er ihn wohl irgendwie gefeiert hat?

Wenigstens hat es seine Familie mit ihrer Unterkunft auf dem Lande erst mal ganz gut getroffen, denn bei Familie Mertens mit ihrer Nebenerwerbslandwirtschaft wird sie ausreichend versorgt. Doch Elfriede, Helmut und Erika können nicht mehr lange dort bleiben. Denn die Briten beschlagnahmen das Haus und lassen nur noch die Eigentümer darin wohnen. Die drei finden eine neue Bleibe in Celle, wo sie im Haus einer alten Dame ein möbliertes Zimmer beziehen, unmittelbar bevor für die Stadt ein Zuzugstopp verhängt wird. Mit den offiziellen Lebensmittelrationen, Liebesgaben aus Hambühren, Care-Paketen von einer in den USA lebenden entfernten Verwandten und Beeren Sammeln im Wald kommen sie auch hier über die Runden. Helmut schnorrt oder erhandelt mit Zigaretten das eine oder andere bei den britischen Soldaten.

Im Allgemeinen ist die Lage in der Region Celle besser als an vielen anderen Orten. Nur wenig ist im Krieg zerstört worden, obwohl es hier mehrere Munitionswerke, Truppenübungsplätze und Kasernen gab, und da hier viel Landwirtschaft betrieben wird und auch in den zahlreichen Gärten Essbares angebaut werden kann, gelingt es den Briten, die Versorgung der Bevölkerung mit Lebensmitteln einigermaßen sicherzustellen. Allerdings kommt es zunächst öfters zu Plünderungen und Gewaltakten durch ehemalige Zwangsarbeiter und Lagerinsassen, die die Einheimischen in Angst und Schrecken versetzen. Nicht weit von Celle entfernt liegt das ehemalige Konzentrationslager Bergen-Belsen, von wo aus befreite Häftlinge zum Teil durch die Gegend ziehen und sich bei der einheimischen Bevölkerung holen, was sie haben möchten. Verständlich, nachdem in den letzten Kriegsmonaten die Versorgung des Lagers völlig zusammengebrochen war und die Häftlinge massenhaft an Unterernährung und Krankheiten starben, darunter auch die durch ihr Tagebuch berühmt gewordene Anne Frank und ihre Schwester Margot. Allerdings werden die Überlebenden jetzt so gut es geht von den Briten versorgt.

Die anhaltende Zuwanderung von Flüchtlingen und Vertriebenen aus dem Osten führt zudem zu großen Engpässen bei der Versorgung mit Wohnraum. Baracken, Gaststätten, Pensionen, Schulen und Turnhallen werden mit Flüchtlingen und Ostvertriebenen belegt, aber diese werden auch zunehmend bei Einheimischen einquartiert, die davon meistens nicht begeistert sind und sich zum Teil erbittert dagegen wehren. Elfriede, Helmut und Erika können sich freuen, dass sie einstweilen gut untergekommen sind.

Erst ein knappes Jahr nach Kriegsende, im Frühjahr 1946, wird Johannes entlassen. Da sie nun zu viert sind, bekommen er und seine Familie ein weiteres Zimmer gestellt. Die Familie ist wieder vereint und hat ein Dach über dem Kopf, Helmut und Erika gehen wieder zur Schule. Doch beruflich steht Johannes erst einmal vor dem Nichts. An seine alte Stelle kann er nicht zurück, mit dem Zusammenbruch des NS-Staates ist seine Beamtenkarriere beendet. Doch auch anderweitig als Jurist zu arbeiten ist erst einmal nicht möglich, denn aufgrund seiner NS-Vergangenheit unterliegt er einem Berufsverbot. Nachdem er sich einigermaßen von der Internierungszeit erholt hat, sucht er erst einmal eine Möglichkeit, irgendwie etwas Geld zu verdienen, und findet sie bei der Celler Firma Berkefeld Filter, wo er, der einstige Ministerialrat, einfache Fabrikarbeiten verrichtet. Nach sechs Kriegsjahren und einem Dreivierteljahr in Gefangenschaft ist von seinem früheren Status nichts übrig geblieben. 50 Jahre alt und vom Krieg physisch und sicher auch psychisch gezeichnet, muss er beruflich noch einmal neu anfangen, und das von ganz unten. Aber wenigstens haben Johannes, Elfriede und beide Kinder den Krieg überlebt und sind endlich wieder im Frieden vereint – ein Glück, das Johannes' Geschwistern Minnie und Friedrich nicht vergönnt ist.

Vergeblich wartet Minnie, im Oktober 1943 in Hannover ausgebombt und seither in einer Behelfsunterkunft in Göttingen lebend, auf die Rückkehr ihres Mannes. Der war zuletzt als Offizier in Budapest im Einsatz, doch als die Sowjets die Stadt eroberten, verlor sich seine Spur. Auch ihr zweitjüngster Sohn Hermann, erst kurz vor Kriegsende an die Front geschickt, kehrt von seinem Einsatz im Osten nicht zurück. Minnies ältester Sohn Friedrich Wilhelm ist bereits während seiner militärischen Ausbildung an einer Lungenentzündung gestorben. Er hatte als Kriegsfreiwilliger in einem Offiziersanwärterkurs bei eisiger Kälte und schlecht bekleidet draußen trainieren müssen und trotz eines schweren Bronchialkatarrhs weiter Dienst getan. Geblieben sind Minnie, der für ihren Kinderreichtum Ende 1939 mit viel Pathos das „Ehrenkreuz der Deutschen Mutter" verliehen worden war, ihr Zweitältester Johannes, der den Fronteinsatz mit einer schweren Beinverletzung überlebt hat, Tochter Ina und der jüngste Sohn Martin. Sie wird noch viele Jahre vergeblich auf die Rückkehr ihres Mannes hoffen und bis zu ihrem Tod 1982 nicht erfahren, was aus ihm geworden ist. Das wissen wir trotz zahlreicher Nachforschungen leider bis heute nicht.

Verschwunden bleibt auch Johannes' jüngster Bruder Friedrich. Statt sich rechtzeitig in Sicherheit zu bringen, ließ er sich, womöglich direkt an seinem Arbeitsplatz im Propaganda-Ministerium, von den Sowjets in Berlin verhaften und landete, wie sich später herausstellte, wie Johannes in einem Internierungslager. Allerdings herrschten in sowjetischen Lagern noch deutlich schlimmere Zustände als in britischen und es ist anzunehmen, dass er dort verhungerte. Nachrichten an seine Familie, die im Haus von Johannes' Schwester Margarete in Göttingen Unterschlupf gefunden hat, kann er nicht mehr schicken. Auch Edith bleibt im Ungewissen über das Schicksal ihres Mannes, das bis heute nicht eindeutig geklärt ist, und muss jetzt ohne Versorger ihre Kinder durchbringen.

Heil durch den Krieg gekommen ist Bruder Wilhelm mit Frau Eva und den drei Kindern. Allerdings ist auch er seinen Posten als Bürgermeister los und übt nun erst mal einfache Bürotätigkeiten aus. Und auch die ewig leidende Margarete hat die schweren Kriegsjahre überlebt, allerdings körperlich und seelisch schwer angeschlagen und mit den Nerven am Ende, da sie mit Friedrichs Frau Edith, die mit ihren beiden Söhnen bei ihr untergeschlüpft ist, überhaupt nicht auskommt. 1946, wenige Monate nach Johannes' Rückkehr aus dem Internierungslager, stirbt sie – was materiell gesehen für ihre Geschwister und deren Familien ein kleiner Segen ist. Noch über 60 Jahre später erinnert Helmut sich genau, welcher willkommene Hausrat dadurch in den Besitz seiner Eltern kam:

Als im Sommer 1946 Tante Gretchen in Göttingen starb und einen kompletten Haushalt hinterließ, fielen natürlich alle verarmten Verwandten darüber her, und es gab intensive und wohl nicht immer harmonische Aufteilungsverhandlungen. Immerhin fiel einiges Nützliche für uns dabei ab: Geschirr und Küchengeräte, Bettwäsche und Bettzeug, kleinere Möbel, Bücher und Bilder, Kartenspiele, ein einfaches Mikroskop für mich sowie eine uralte Adler-Schreibmaschine mit Holzkoffer und doppelter Umschaltung und als weitere Rarität ein „Radio" von Onkel Wilhelm [...].

Auch ein Sparguthaben von mehreren Tausend Reichsmark wird aufgeteilt, nachdem Johannes als Jurist akribisch die Anteile ausgerechnet hat, die jedem Hinterbliebenen zustehen. Er selbst kann sich über gut 1.400 Mark freuen.

Die verbliebenen Richters halten Kontakt zueinander, besuchen sich gegenseitig und schicken die Kinder zu Tanten und Onkeln, trotz der schwierigen Umstände, in denen die meisten jetzt leben. Im August 1947 schreibt Elfriede an ihre Schwägerin Minnie:

Ich freue mich, dass Martin mal wieder ein paar Tage bei uns war, er verträgt sich immer prima mit unsern Beiden, wenn sie sich gelegentlich auch mal etwas kabbeln; das frischt die Liebe auf. Viel kann ich ihm hier in unserer dürftigen Häuslichkeit und bei den miesen Zeiten ja leider nicht bieten, aber die Kinder finden ja doch immer Unterhaltung.

Wie schon in früheren schlechten Zeiten profitieren alle Richters auch weiterhin von der bäuerlichen Verwandtschaft in Westfalen, die auch jetzt wieder gern besucht wird. So berichtet Johannes im gerade zitierten Brief an Minnie:

*Erika und ich sind am Montag von unserer Reise zurückge-
kommen. Es war sowohl bei Westmeyers als auch in Bottum
sehr nett und wir haben uns beide, glaube ich, ganz gut erholt. [...] Wilhelm war auch gerade vor uns in Bottum gewesen, und Fritz (aus Wesermünde) fuhr erst weg von da,
als wir schon beinahe da waren!! Aber es wäre für uns alle
kein Raum in der Herberge gewesen; ich musste sowieso
schon oben auf dem Flur schlafen, der sonst nicht benutzt
wird, weil alle drei Zimmer oben von Flüchtlingen bewohnt
werden, die natürlich dauernd dadurch laufen. Aber es ging
ganz gut, ich bin ja Kummer gewöhnt.*

Zum zweiten Mal in seinem Leben ist Johannes beruflich
abgestürzt. Diesmal ist er nicht nur seinen Posten, sondern
auch seinen Beamtenstatus los, und auch sein relativ hoher
Offiziersrang, seine Orden und alles, was er militärisch geleistet hat, sind nichts mehr wert. Hätte mein Großvater in
„normalen" Zeiten gelebt, hätte er, begabt, fleißig und gewissenhaft, wie er war, wohl eine geradlinige Juristenkarrie-
re gemacht und keine existenziellen Sorgen gekannt. Doch
das war ihm in den stürmischen Zeiten, in die sein Leben
fiel, nicht beschieden. Er war jedoch keiner, der sich von
Rückschlägen, so schlimm sie auch waren, unterkriegen
ließ. Immer wieder war er bereit zu kämpfen, für das, was er
für sein Recht hielt, und für ein besseres Leben für sich und
seine Familie. Der erste Schritt, sein Los und das seiner Familie zu verbessern, war für ihn nach dem Krieg die Arbeit
bei Berkefeld Filter, einem Celler Unternehmen, das Was-
serfilter herstellte. Hier bestätigt ihm seit Arbeitgeber eine
ausgesprochen hohe Arbeitsmoral, wie man sie von ihm
nicht unbedingt erwartet hätte:

Herr Dr. Johannes Richter ist auf Grund seiner politischen Belastung vom 10.10.1946 bis heute bei uns als einfacher Handarbeiter in der keramischen Abteilung tätig und hat sich während dieser Zeit in so beispielgebender Weise in seiner schwierigen Lage gezeigt und eine so gute Arbeit geleistet, daß er sich die größte Achtung der Arbeiter und Angestellten erworben hat. Er lehnte von vornherein jede Arbeitserleichterung ab, die ihm mit Rücksicht auf seine zarte Körperkonstitution angeboten wurde, und meldete sich stets auch zu schweren Arbeiten freiwillig. In seinem Wesen ist Herr Richter äußerst bescheiden, in seinem Verhalten in jeder Beziehung korrekt und sehr zurückhaltend.

Einerseits entsprach es sicher dem Charakter meines Großvaters, seine Aufgaben ernst zu nehmen und gewissenhaft zu erfüllen. Das hatte er schon immer getan. Zum anderen war ihm aber vermutlich auch daran gelegen, den bestmöglichen Eindruck zu machen. Denn wenn er etwas gewiss nicht wollte, dann für immer ein Geächteter zu bleiben. Er stellt seine besten Eigenschaften unter Beweis, um auch in den neuen politischen Verhältnissen wieder eine Chance zu bekommen. Er braucht gute Beurteilungen seiner Persönlichkeit. Johannes verfolgt das Ziel, möglichst bald wieder als Jurist arbeiten zu können. Dafür muss er erreichen, dass das Berufsverbot gegen ihn aufgehoben wird.

Und so arbeitet Johannes nicht nur hart, er bemüht sich alsbald auch um möglichst viele positive Beurteilungen seiner Persönlichkeit, die er der Entnazifizierungskammer vorlegen kann. Bei wie vielen Personen er angefragt hat, weiß ich nicht. Ich weiß auch nicht, ob er den einen oder anderen Text vielleicht selbst verfasst hat und ob die Personen aus alter Freundschaft, Mitleid mit ihm oder anderen Gründen ihn in ein besonders vorteilhaftes Licht rückten. Fest steht, dass er bis Ende 1947, als er das Entnazifizierungsverfahren durchläuft, mit zehn derartigen Bescheinigungen von politisch Unbelasteten aufwarten kann. Darin geht es nicht nur um seine beruflichen Verdienste, die allseits betont werden, sondern auch und ganz besonders um sein Verhalten im NS-Staat. Und was bescheinigt man ihm? Er sei ein Kritiker des Systems gewesen und habe sich nie etwas zu Schulden kommen lassen. Und nicht nur das. Er habe sogar persönliche Nachteile in Kauf genommen, um einem Juden zu helfen. Ein Rechtsanwalt Dr. Erich Borchers, der nach eigenen Angaben Johannes seit mehr als 20 Jahren gut kennt, gibt an:

Was ich an Herrn Dr. Richter besonders geschätzt habe, war der persönliche Mut, mit dem er auch gegen die damaligen Machthaber und in dem Bewusstsein, sich selbst damit schädigen zu können, aufgetreten ist. [...] Ich hatte einen jüdischen Sozius, Rechtsanwalt Dr. Adolf Adrian. Als 1933 der Widerruf der Zulassung jüdischer Anwälte ausgesprochen werden sollte, habe ich Dr. Richter gefragt, ob er sich als Parteigenosse wohl in der Gauleitung für Dr. Adrian einsetzen wolle, dass er Anwalt bleiben könne. Die Geschäfte des Gauleiters wurden damals geführt von Herrn Dr. Muhs. Dr. Muhs war Dr. Richter bekannt, und so glaubten wir, dass ein Eintreten für Dr. Adrian möglicherweise Erfolg haben könne.

Dass dieses Eintreten für einen Juden für einen Parteigenossen mit Gefahr verbunden war, dessen war sich Herr Dr. Richter durchaus bewusst. Herr Dr. Richter hat auch nicht einen Augenblick gezögert, sich mit seinen ganzen Kräften für Herrn Dr. Adrian einzusetzen und zwar einzig und allein deswegen, weil er ihn als einen anständigen Menschen schätzte und der Überzeugung war, dass Dr. Adrian es verdiente, Anwalt zu bleiben.

Der einzige Erfolg war dann der gewesen, dass man Dr. Richter dieses Eintreten für einen Juden außerordentlich verübelt hat. Mir ist bekannt, dass die Übernahme von Dr. Richter in den Staatsdienst 1936 allein wegen dieses tapferen Eintretens für Herrn Dr. Adrian von der Partei nicht befürwortet worden ist.

Frei erfunden, übertrieben oder tatsächlich so passiert? In das Bild, das ich von meinem Großvater in der Nazizeit habe, passt es nicht. Erinnern wir uns. In eben jenem Jahr 1933 hatte er in einem Brief nach Hawaii die gegen die Juden ergriffenen Maßnahmen mit den Worten verteidigt:

Die deutsche Regierung befreit das deutsche Volk von den auf allen Gebieten übermächtig gewordenen jüdischen Einflüssen. Sie tut das mit fester Hand und auf völlig gesetzmäßigem Wege.

Er selbst hatte in seiner Zeit im Landeskirchenamt versucht, Pfarrer jüdischer Herkunft aus dem Amt zu drängen. Dr. Muhs, an den er sich damals gewandt haben soll, hatte 1936, als Johannes sich nach seiner Zwangsbeurlaubung um ein Staatsamt bemüht hatte, erklärt, dass mein Großvater „weltanschaulich voll und ganz auf nationalsozialistischem Boden steht." Auch ist in der erhaltenen Korrespondenz zu Johannes' Übernahme in den Staatsdienst nirgendwo die

Rede von irgendwelchen pro-jüdischen Aktivitäten. Gegen seine Übernahme hatte sein kirchenpolitisches Engagement gesprochen. Und Johannes selbst hatte damals bei seiner Bewerbung auch ausdrücklich betont, „von jeher völkisch und antisemitisch eingestellt" gewesen zu sein.

Im Bereich des Möglichen liegt der geschilderte Fall für mich dennoch. Johannes scheint durchaus jemand zu sein, der sich für andere einsetzte, wenn er darum gebeten wurde. Und es ist zumindest denkbar, dass es einzelne Juden gab, die er persönlich schätzte und um die es ihm leid tat, wenn sie unter den allgemeinen Maßnahmen zu leiden hatten, auch wenn er diese grundsätzlich für richtig hielt.

Keine Fundamentalopposition, aber ein offen geäußerter Ärger über „Missstände in der Partei" wird Johannes in der eidesstattlichen Erklärung von Willy Schumacher bescheinigt, einem Gastwirt, der mit ihm im Russlandfeldzug war.

Herr Dr. Richter nahm oft Gelegenheit, im Kreise vertrauter Kameraden, Parteigenossen und Nichtparteigenossen, über Mißstände in der Partei und deren Abstellung zu sprechen. Sein Gedankengang war dabei folgender: Bei seinem Eintritt in die Partei habe er die Hoffnung gehabt, dass man gegen Mißstände und Auswüchse besser von innen als von außen wirken könne. Hierin habe er sich getäuscht. Auch die Hoffnung, dass der Führer den Schweinestall mit eisernem Besen auskehren werde, habe er verloren, nachdem Hitler die Kulturschande des Synagogenbrandes und die Verfolgung des Christentums zugelassen habe. [...] Austritt aus der Partei könne, solange wir uns gegen äußere Feinde wehren müssten, nichts nützen, sondern höchstens schaden, denn dann blieben die Minderwertigen in der Partei unter sich, und die Ausgetretenen müssten den Terror wehrlos über sich ergehen lassen. Aber wenn der uns aufgezwungene Krieg zuende sei, dann müsse und werde das zurückgekehrte Heer Ordnung schaffen. Er habe mit zahllosen Offizieren und Mannschaften gesprochen und die Gewissheit erhalten, dass der überwältigende Teil des Heeres so denke wie er. Herr Dr. Richter versuchte, seine Kameraden von der Richtigkeit seiner Auffassungen zu überzeugen, und seine von tiefem Ernst getragenen Ausführungen verfehlten ihre Wirkung auch bei manchem Nazi nicht.

Dass Johannes im Laufe der Zeit immer mehr von den Nazis desillusioniert war, ist anzunehmen. Aber hat er tatsächlich mit so vielen Menschen immer wieder darüber gesprochen? Schließlich konnte offen geäußerte Kritik lebensgefährlich sein. Andererseits hatte mein Großvater im Kirchenstreit gezeigt, dass er für seine Überzeugungen einstand, und dabei seine Karriere aufs Spiel gesetzt. Insofern ist es nicht ausgeschlossen, dass, wie ihm Borchers im Zusammenhang mit der angeblichen Hilfe für Dr. Adrian bescheinigt, Johannes den Mut hatte, „gegen die damaligen Machthaber und in dem Bewusstsein, sich selbst damit schädigen zu können" aufzutreten.

In seinem selbst verfassten „Politischen Lebenslauf" vom 20. Oktober 1947 stellt Johannes auch aus eigener Sicht sein Verhältnis zum Nationalsozialismus dar, von dem er sich zunächst positive Effekte wie „die Überwindung der furchtbaren Arbeitslosigkeit durch friedliche Arbeit" versprochen habe. Er schildert die beruflichen Probleme, die er durch das Eintreten für Dr. Adrian gehabt habe, verweist darauf, als Student Assistent bei einem jüdischen Professor

gewesen zu sein, Gewaltmaßnahmen gegen Juden verab-
scheut und nichts von der physischen Judenvernichtung
während des Krieges gewusst zu haben. Gerade Letzteres
mag man ihm aus heutiger Sicht allerdings wirklich nicht
abkaufen. Sein Sohn Helmut, der sich über eine mögliche
Mitschuld seines Vaters auch seine Gedanken gemacht hat,
hat es später so ausgedrückt:

*Da er als Kavallerist für den Nachschub hinter der Front
verantwortlich gewesen war und gelegentlich auch die Probleme mit den russischen Untergrundkämpfern („Partisanen") erwähnt hatte, ist zu vermuten, dass ihm die Exzesse
bei der Verfolgung der Partisanen und die Vernichtung der
Juden nicht verborgen geblieben waren. Es ist durchaus
möglich, dass er gelegentlich in irgendeinem russischen
Nest Ortskommandant war und als solcher das Kriegsrecht
durchzusetzen hatte – oder was man darunter verstand: also
Todesurteile gegen „Saboteure" oder „Partisanen" voll-
strecken, Lebensmittel requirieren usw. Wie wir jetzt wissen,
fielen auch Judenvernichtungen darunter, so dass man nur
hoffen kann, dass er damit nichts zu tun hatte. Er hat nur
immer wieder beteuert: „Erst mussten wir den Krieg gewinnen, dann hätten wir (also die Wehrmacht) mit der SS auf-
geräumt."*

Wie immer es auch um den Wahrheitsgehalt all der wohlwollenden Beurteilungen bestellt ist, sie verfehlen ihre
beabsichtigte Wirkung nicht. Am 23. Dezember 1947 wird
Johannes von der Entnazifizierungskammer „als nominelles
Mitglied bezeichnet und in die Kategorie IV ohne Beschrän-
kung eingestuft." In der Begründung heißt es:

Ausweislich der überreichten Entlastungszeugnisse hat sich Richter in mutiger Weise für Juden und andere Verfolgte eingesetzt und ist innerlich niemals ein Anhänger der NSDAP gewesen. Es wird ihm auch besonders angerechnet, dass er sich nach dem Zusammenbruch alsbald umgestellt und als einfacher Arbeiter seine Pflicht in vorbildlicher Weise getan und sich die allgemeine Achtung erworben hat.

Mit welcher Erleichterung Johannes und seine Familie die Entscheidung aufgenommen haben, können wir uns leicht vorstellen. Er darf nun wieder als Jurist arbeiten und bewirbt sich beim Oberlandesgericht um eine Anstellung als Richter. Aber auch mit „Persilschein" wird er nicht genommen. Denn ganz abschütteln lässt sich seine NS-Vergangenheit offenbar doch nicht: Von kirchlicher Seite werden Bedenken gegen ihn erhoben. Noch einmal bittet er seinen alten Bekannten Bosse, der ihn bereits beim Entnazifizierungsverfahren entlastet hat, sich für ihn zu verwenden. Falls der es tat, war es erfolglos, denn Johannes bekommt keinen Richterposten, sondern darf lediglich ab und zu Anwälte vertreten.

In der Hoffnung, dass eine vollständige Entlastung ihn beruflich weiterbringen könne, beantragt mein Großvater Anfang 1949 die Überprüfung seiner Einreihung im Entnazifizierungsverfahren. Zwar fällt auch in der Kategorie IV das Berufsverbot weg, aber man gilt immer noch als „Mitläufer". Erst in Kategorie V ist man vollständig „entlastet". Am 6. Januar 1949 schreibt Johannes an den Entnazifizierungshauptausschuss Celle Stadt:

Ich vertrete von Fall zu Fall Rechtsanwälte am Oberlandes-
gericht. Eine feste Anstellung habe ich leider noch nicht ge-
funden. Nach meiner Einstufung in Gruppe V hoffe ich
leichter eine Anstellung zu bekommen, die meinen Kenntnis-
sen und Fähigkeiten entspricht.

Johannes hat wieder Erfolg, am 12. Februar 1949 wird entschieden:

Der Betroffene, Dr. jur. Johannes Richter, ist entlastet (Ka-
tegorie V). Der Einreihungsbescheid der Mil. Reg. Lüne-
burg vom 31.12.1947 CAT/IV/T/C/696 wird aufgehoben.

Wie regimekritisch Johannes während der NS-Zeit tatsächlich war oder im Laufe der Zeit wurde, wird sich wohl nie
mehr klären lassen. Klar ist aber zumindest, dass er nach
dem Krieg und Untergang des Dritten Reiches keinerlei
Sympathien mehr für das Nazi-Regime hegt. So berichtet
sein Sohn Helmut folgende Anekdote:

Hitlers offizieller Dolmetscher Schmidt veröffentlichte seine
Memoiren und gab darin preis, was alles hinter den Kulis-
sen abgelaufen war und wie Hitler in internationalen Ver-
handlungen taktiert und auf den Krieg hingearbeitet hatte.
Nachdem wir beide dieses Buch gelesen hatten, schimpfte
Papa furchtbar darüber, dass „dieses Schwein (Schmidt)"
sein Wissen nicht für Protest oder Widerstand eingesetzt
hatte. Und als ich Schmidt dann damit verteidigte, er sei
doch bloß Dolmetscher und als solcher zu besonderer Ver-
schwiegenheit verpflichtet gewesen, gerieten wir in einen

Streit, der damit endete, dass er mir eine Ohrfeige gab (die einzige, die ich je von ihm erhalten habe!).

Diese Abwendung ist keineswegs selbstverständlich, denn es laufen nach dem Krieg noch genug Leute herum, die dem NS-Regime nachtrauern. Von seinem tief sitzenden Antisemitismus geheilt ist Johannes trotz allem nicht. „Komm mir bloß nicht mit einer Jüdin oder einer Katholikin nach Hause", ermahnt er seinen Sohn bei der Suche nach einer besseren Hälfte.

Langsam geht es wieder aufwärts: Johannes bei einem Spaziergang in der Heide in den 1950er Jahren

Die vollständige Entlastung, die Johannes 1949 erreicht hat, ist sicherlich eine große Genugtuung für ihn. Doch die erhoffte Anstellung bringt auch sie ihm nicht ein. So entschließt er sich schließlich, sich als Rechtsanwalt selbstständig zu machen. Die kleine Dreizimmerwohnung, in die er mit seiner Familie 1950 endlich ziehen kann, dient ihm als Praxis, Elfriede, die bisher als Schreibkraft andernorts gearbeitet hat, als Sekretärin.

Da mussten die Klienten [...] auf dem winzigen Flur sitzen und warten und u.U. Familienmitglieder aus dem Bade- oder Schlafzimmer huschen sehen.

So erinnert sich Helmut später an diese Zeit, die er trotz aller Schwierigkeiten in guter Erinnerung hat, denn es ging wieder aufwärts. Eine eigene Wohnung – für die Richters war das nach den vergangenen entbehrungsreichen Jahren ein kleiner Himmel auf Erden. Sie sei zwar „nach heutigen Begriffen winzig" gewesen,

... aber doch mit allem Nötigen ausgestattet: Wohnzimmer, Schlafzimmer, ein kleines, schräg geschnittenes Zimmerchen, in das ich einzog, Küche, Bad mit Klo, Keller, Dachboden – für uns einfach das Paradies! Endlich waren wir Herren in unseren vier Wänden, hatten Abstellraum und Platz zum Arbeiten – Papa beruflich, ich fürs Abitur.

Im Laufe der Zeit etabliert Johannes sich als Scheidungsanwalt. Außerdem gelingt es ihm, für seine frühere Beamtentätigkeit eine Pension herauszuschlagen, und etwas Geld gibt es aus dem Lastenausgleich. Er und Elfriede arbeiten hart, oft bis spät in die Nacht, um finanziell wieder auf die Beine zu kommen. Auch als Johannes längst das Rentenalter erreicht hat, hört er nicht auf. Noch mit über 70 übernimmt er ab und an einen Fall. Der Einsatz zahlt sich aus. Mitte der 1960er Jahre haben sie es wieder zu etwas gebracht und ein Reihenhaus in der Nähe des Celler Landgestüts erworben, in dem er und Elfriede – die Kinder sind längst aus dem Haus – noch zehn Jahre ihre alten Tage verleben können.

Er leistet sich ein eigenes Pferd und widmet sich seinen weiteren Hobbies Jagen und Kegeln. Bilder aus der damaligen Zeit zeigen ihn oft mit seinem Pferd, seinen Kegelbrüdern oder bei Familienfeiern. Endlich kann er wieder ein geordnetes Leben führen. „Ich tue jetzt nur noch, was mir Spaß macht", so sein Motto in der Erinnerung seiner Tochter Erika, zum Leidwesen seiner Frau, die gern auch mal mit ihm Kulturveranstaltungen genießen oder Reisen machen würde. Elfriede ist großer Fan der Musik von Richard Wagner und fährt, sooft es geht, zu den festlichen Opernaufführungen in der Wagner-Stadt Bayreuth. Johannes ist dafür nicht zu haben. Wann immer er kann, geht er reiten oder jagen, und auf seine alten Tage läuft er auch im Alltag fast nur noch in Reithosen herum. Elfriede ist daher überglücklich, als Helmut einmal eine große Reise mit ihr nach Norwegen unternimmt. In einem Brief an ihren Sohn bedankt sie sich überschwänglich für dieses unvergessliche Erlebnis.

Der wachsende Wohlstand der Eltern ermöglicht es auch, dass beide Kinder studieren können. Bei Erika heißt es zunächst, man könne nur Helmuts Studium finanzieren, doch dann reicht das Geld auch für sie. Sie beschließt, wie ihr Vater Jura zu studieren, Helmut wird Ingenieur. Beide heiraten, und riesig ist die Freude bei Johannes und Elfriede, als sie

1968 Großeltern werden. Als erstes und einziges Kind von Helmut und dessen Frau Inge, die aus einer Familie von Ostvertriebenen stammt, erblicke im Jahr des ersten bemannten Fluges zum Mond und der Studentenrevolution in Paris ich das Licht der Welt. Mehr Enkelkinder, auf die meine Großeltern hoffen, werden ihnen allerdings nicht geschenkt. Die kleine Sonja bringt noch einmal Freude in das von gesundheitlichen Problemen geplagte Rentnerdasein. Ein Bild, das dieses späte Glück für mich besonders symbolisiert: ich im Alter von vielleicht zwei Jahren auf einer Holzschaukel durch die Luft schwingend, davor gut gelaunt Opa in Reithose mit Hosenträgern, vermutlich als Anschubser dienend.

In den frühen Siebziger Jahren korrespondiert Johannes eine Zeit lang mit Christhard Mahrenholz, einem bekannten Theologen und Musikwissenschaftler, der wie Johannes in den 1930er Jahren im Landeskirchenamt gearbeitet hat. Die beiden kennen sich bereits aus Jugendtagen in Göttingen, da Mahrenholz mit Johannes' Bruder Friedrich in eine Klasse ging, öfters zu den Richters zu Besuch kam und für Minnie schwärmte. Diese Briefe sagen viel über Johannes' Gemütszustand in den späten Jahren seines Lebens aus. Die beiden berichten über Aktuelles, tauschen Erinnerungen aus und beurteilen Vergangenes. Dabei kommen sie auch auf Hitler zu sprechen, an den sie einst beide so geglaubt hatten. Johannes am 22. Januar 1973:

Lieber Mahrenholz!

Letzten Dienstag hatte ich das Vergnügen, Ihren Sohn, den Staatssekretär, bei einem Vortrag kennen zu lernen. Er ist seiner Mutter wie aus dem Gesicht geschnitten. Ich trug ihm Grüße an Sie auf und berichtete ihm, wie Sie vor 40 Jahren an unserm Radio die Rede Hitlers hörten und wie beruhigt und beglückt wir beide waren, als er sagte: „Ich sehe in den beiden großen christlichen Konfessionen die tragenden Säulen unseres Staates". Ich empfand das als einen historischen Augenblick, und Ihnen wird es nicht anders ergangen sein. Aber es war eine der gemeinsten Lügen aller Zeiten.

Hierauf antwortet Mahrenholz:

Die Stunde, als ich in Ihrer Wohnung mit Ihnen zusammen Anfang Februar 1933 die Hitler-Rede hörte, ist mir noch besonders eindrücklich in Erinnerung. Ich habe in der Zeit nach dem Kriege sehr viel Literatur über die Vorgeschichte und die Geschichte des Dritten Reiches gelesen. Dabei ist mir klar geworden, wie leicht man es Hitler gerade von der Seite, die so laut von der christlichen Basis der politischen Arbeit sprach, gemacht hat, sein unheilvolles, dämonisches Werk zu verrichten, das vielleicht gar nicht von Anfang an so konzipiert worden war, sondern als eine Frucht der Hybris wuchs, als sich Erfolg auf Erfolg häufte, der in 70% der Fälle der Feigheit der Gegenspieler zuzuschreiben war. Wieviel wirklich gutgläubige und von den Idealen einer inneren Erneuerung des deutschen Volkes begeisterte junge Menschen sind damals den Weg mitgegangen.

Hierin steckt womöglich auch ein gewisses Maß an Selbstkritik, die bei Johannes allerdings nicht ganz anzukommen scheint. Er erwidert:

Was Sie über Hitler schreiben, hat viel für sich. Aber Sie müssen mir meinen Haß und meine Verachtung lassen; es sitzt zu tief bei mir.

Es sieht ganz danach aus, dass sich Johannes bis zum Ende seines Lebens ausschließlich als Opfer der NS-Zeit begreift und bei sich selbst keine Schuld sieht. Sollte er sich jemals Vorwürfe gemacht haben, so hat er es vermutlich für sich behalten.

Besonders berührt hat mich dennoch sein erster Brief an Mahrenholz aus dem Januar 1973, in dem er resümiert:

Ich habe mich von ganz unten wieder hochgekämpft. Sie haben mir damals moralisch geholfen. Ich danke Ihnen noch jetzt dafür. Ich habe ein wechselvolles, erfülltes Leben gehabt, aber es war so schwer, daß ich nicht glaube, es ein zweites Mal durchstehen zu können. Jetzt bin ich dankbar für jeden Tag, der mir noch geschenkt wird, und genieße mein Leben auf meine Weise. Dazu gehört, daß ich noch jage und auch noch arbeite, damit der Geist nicht einrostet.

Am 21. Juni berichtet er Mahrenholz stolz, seinen 107. Bock seit 1917 erlegt zu haben, und dass es im August auf Hirschjagd gehe.

Als gesundheitliche Probleme zunehmen und sich die Hoffnung nicht erfüllt, den Lebensabend bei den eigenen Kindern verbringen zu können, ziehen meine Großeltern 1975 nach Göttingen in eine Altenwohnanlage oberhalb der Stadt. Ich kann mich noch erinnern, dass auch dort im Zwei-zimmer-Appartement das Wohnzimmer mit unzähligen Rehgehörnen geschmückt war. Zwei Jahre später stirbt Johannes und wird auf dem Friedhof im Stadtteil Geismar beigesetzt. So findet er seine letzte Ruhe in jener Stadt, wo er einst sein ruhiges Leben hinter sich gelassen hatte und hinaus in den Kampf fürs Vaterland gezogen war.

Spätes Glück: Johannes schaukelt Enkeltochter Sonja im Sommer 1970

„Frei wie die Hühner"

François Leroux

Der Krieg war vorbei, mein Vater hatte wieder geheiratet und die Familie vergrößerte sich: Im Mai 1944 wurde Maurice geboren, im Dezember 1945 Marie-Hélène, im Dezember 1948 Bernard, im September 1950 Louis-Henri und im Dezember 1958, als Jean und ich schon studierten, Béatrice. Mein Vater sagte immer: „Vor dem Krieg gab es sechs Hausangestellte und ein Kind, jetzt gibt es einen Angestellten und sechs Kinder."

Das Leben meines Vaters änderte sich dadurch nicht. Umso mehr das meiner Stiefmutter. Ich kann mich noch erinnern, wie sie für die ganze Familie die Wäsche mit der Hand wusch. Für eine junge Frau, die bis dahin den Komfort einer Wohnung im 8. Arrondissement von Paris genossen hatte, war das eine ziemlich große Umstellung. Nach einigen Jahren kaufte ihr Mann ihr schließlich eine Waschmaschine, die außer von ihr zum Wäsche waschen auch noch von unserem Vater benutzt wurde: Er machte darin seine Butter!

Wir Kinder wuchsen mit allerlei Tieren auf und mein Bruder und ich mussten bei einigen Arbeiten auf dem Hof mithelfen. Einmal kam mein Vater auf die Idee, meinen etwa zehn Jahre alten Bruder in den Bottich mit dem Traubenmost zu stellen, der zu Wein verarbeitet wurde. Das hat er nicht noch einmal getan, denn der Most setzte Kohlendioxid frei und mein Bruder verlor beinahe das Bewusstsein. Zum Glück brachte die frische Luft draußen schnell seine Lebensgeister zurück. Und einmal hatte mein Vater ein kleines Fass Monbazillac gekauft, den er in einem Keller in Flaschen abfüllte und dann in einem angrenzenden Kellerraum zukorkte. Mein Bruder und ich hatten die Aufgabe, ihm die Flaschen zu bringen. Aber weil wir fanden, dass sie etwas zu voll waren, und weil wir diesen süßen Nektar sehr lecker fanden, naschten wir etwas davon. Meinem Vater fiel nichts auf. Er war erst sehr überrascht und dann sehr besorgt über unseren Zustand, als einer von uns völlig betrunken und der andere tagelang ernsthaft krank war. Was mich betrifft, so war es das einzige Besäufnis meines Lebens – ich war höchstens acht Jahre alt.

Für unsere Schweine erwarb mein Vater eines Tages eine ausgemusterte Feldküche, mit der man ein ganzes Regiment ernähren konnte. Sie war perfekt geeignet, um darin das Futter für unsere Schweine zu garen, das aus allerlei Gemüse bestand: Rüben, Topinambur, Kartoffeln... Da letztere obenauf lagen, kamen mein Bruder und ich auf die Idee, etwas davon zu essen. Sie mundeten uns nicht besonders, es waren die gleichen, wie wir sie auch im Haus hatten. Erst 1964 sollte ich auf einer Reise nach Deutschland entdecken, dass diese Knolle auch schmecken konnte!

Unsere Ernährungsgewohnheiten während der Kriegs- und Nachkriegszeit waren sehr demokratisch: Die Herrschaften, das Personal und die Schweine aßen die selben Produkte. Doch nur die Schweine hatten ein besonderes Privileg: Spülwasser. Dieses Wasser, das alle kleinen Reste von den Tellern der Familie enthielt, wurde den Schweinen gegeben, ebenso die Schalen und alles, was für Menschen normalerweise ungenießbar ist. Das war sehr symbolisch, aber es galt, nichts zu vergeuden, auch nicht auf dem Lande. Ein- oder zweimal im Jahr wurde ein Schwein geschlachtet, zerlegt und das Fleisch verarbeitet. Zwei bis drei Tage waren alle damit zugange, auch mein Bruder und ich. Ich half auch bei der Kastration männlicher Ferkel. Dafür war ich nie bei der Geburt irgendeines Säugetieres dabei.

Wir hatten auch Hühner und Gänse. Mein Vater hatte mir aufgetragen, sie zu den Wiesen in einiger Entfernung vom Haus zu bringen und auf sie aufzupassen, bis es dunkel wurde. Man muss wissen, dass Gänse leicht aggressiv werden und ihr Schnabel, der viel Unheil anrichten kann, auf Gesichtshöhe eines Kindes ist. Ich war noch nicht zehn Jahre alt und fürchtete mich vor den Gänsen und vor der Dunkelheit. Als ich protestierte, ernannte mein Vater mich zum Oberbefehlshaber über die Gänse! Vergeblich, dieser hochtrabende Titel, der mir hätte schmeicheln können und mich hätte stolz und glücklich machen können, diese hochriskante Mission zu erfüllen, bewirkte nichts bei mir.

Die Äcker, die uns gehörten, wurden von Landarbeitern bearbeitet, aber bei manchen Arbeiten halfen wir auch mit. Um 1950 überließ mein Vater seine Felder und Wiesen den nächsten Nachbarn. Die Kühe und Schweine wurden verkauft, die Gänse geschlachtet. Wir behielten nur die Bienenstöcke, die Hühner und den Wald.

Wie es sich damals für katholische Familien gehörte, wurde mein Bruder Jean aus den Armen unserer Gouvernante direkt in die Sexta von Saint-Joseph, dem Jesuitenkolleg von Sarlat, eingeschult, das für seine strenge Disziplin bekannt war. Zu dieser kamen die Lebensbedingungen in Internaten, die nach dem Krieg sehr spartanisch waren: Eis, das man zerschlagen musste, um sich im Winter waschen zu können, trockenes Brot und grüne Bohnen, die es zu jedem Essen gab. Er ertrug es, ohne zu klagen.

Nach einem Jahr nahm unser Vater ihn wieder vom Kolleg runter, angeblich aus zwei Gründen: weil die Kosten für Unterkunft und Verpflegung um 40 Prozent gestiegen waren, was stimmt, und weil die Einrichtung Jean wegen seiner schlechten Noten und der Notwendigkeit, ein Jahr zu wiederholen, nicht habe behalten wollen, was nicht stimmt. Es waren ausschließlich finanzielle Gründe.

Da die Einnahmen aus seinem ererbten Vermögen, vor allem dem Haus in Paris, gering waren, erschien es ihm nicht leistbar, einen solchen Betrag – 50.000 F pro Jahr – für seinen Ältesten auszugeben, nun, wo er noch drei weitere Kinder hatte. Er bedachte dabei nicht, dass ein Krieg hinter ihm lag und dass die Chancen gut standen, dass sich seine Situation in den kommenden Jahren verbessern würde. Er schlug dem Kolleg vor, mit Brennholz zu bezahlen. Leider wurde das Angebot nicht angenommen, aus einem einfachen Grund: Dort wurde gar nicht geheizt!

Diese Entscheidung hat der Bildung und dem sozialen Leben meines Bruders, von mir und dann von unseren jüngeren Brüdern und Schwestern sicher sehr geschadet. Es war ein Drama für unsere Großmutter, die alles versuchte, um das zu verhindern, und ein sehr schmerzhafter Moment für unseren Vater, der im Büro des Jesuitenpaters in Tränen ausbrach, wie er in einem Brief an meine Großmutter bekannte. Er wusste, dass er den Willen meiner Mutter verriet, indem er seinen beiden Ältesten den weiteren Besuch des Kolleg Saint-Joseph nicht mehr ermöglichte. Er selbst legte keinen besonderen Wert darauf, dass wir das Kolleg besuchten, was auch an seinen eigenen schlechten Erfahrungen in einem englischen Internat zu Beginn des Ersten Weltkriegs lag. Hätte meine Mutter noch gelebt, so hätten wir sicherlich unsere gesamte höhere Schulbildung bei den Jesuiten erhalten, nicht nur aus religiösen Gründen.

Nach dem Jahr in Saint-Joseph wiederholte mein Bruder die Sexta zu Hause mit der Hilfe unserer Gouvernante, dann ging er auf die Quinta des Kollegs La Boétie de Sarlat, das öffentlich war und kostenfrei. Abends wohnte er bei einer Gastfamilie, die mit Brennholz bezahlt wurde. Bei mir und meinen jüngeren Geschwistern stellte sich die Frage gar nicht mehr: wir kamen direkt auf La Boétie, in meinem Fall gegen den Willen der Familie meiner Mutter.

Kinder zu bekommen ist für einen Mann eine leichte Sache. Sie aufzuziehen ist langwierig, schwierig und teuer. Unser Vater war sehr erfolgreich als Erzeuger, weit über seine Erwartungen hinaus, aber er taugte nicht als Erzieher. Er war so mit sich beschäftigt, dass er es uns selbst überließ, uns großzuziehen. Wir wuchsen in Freiheit auf, fast so wie unsere Hühner, frei innerhalb eines großen umhegten Geländes. Was unsere Studien betraf, so war alles, was er dazu sagte: „Ihr lernt für euch selbst". Selten schaute er sich unsere Zensuren und Schulmaterialien an, und wir fälschten seine Unterschrift, um keinen Ärger oder gar Schläge von ihm zu bekommen. Unsere Ergebnisse entsprachen der Aufmerksamkeit, die er unseren Studien widmete: Sie waren katastrophal. Dabei wären wir alle begabt genug gewesen, einem normalen Unterricht zu folgen, ohne sitzen zu bleiben. Wäre meine Mutter noch am Leben gewesen, hätte sie sicher unsere Bildung nicht der Initiative von Kindern überlassen, die immer Besseres zu tun haben, vor allem auf dem Land. Und wir hätten ein normales soziales Leben gehabt.

Wir lebten sehr isoliert. Es gab keine Cousins, keine Freunde, keine Kameraden, die uns ein gewisses Maß an Anregungen, Rat, Ermutigung und Ansporn, uns mit anderen zu messen, hätten geben können. Ich verdanke mein schulisches Überleben meinem Interesse an Mathe und Physik. Alle anderen Fächer interessierten mich nicht.

Sein Hang zum Eremitendasein, sein Interesse an technischen Basteleien und seine Liebe zur Natur hatten zur Folge, dass unser Vater die meiste Zeit in seiner Werkstatt und in seinen Wäldern verbrachte, in einem mehr oder weniger ölverschmierten Blaumann. Wenn ein Vertreter vorbei kam, traf dieser meist auf ihn und fragte ihn nach dem Eigentümer. Mein Vater antwortete dann immer, dass der niemals da sei, und der Vertreter zog enttäuscht ab.

„Le Coustal": hier wuchsen Jean und François mit ihrem Vater, ihrer Stiefmutter und einer wachsenden Zahl von Halbgeschwistern auf

In seiner Werkstatt baute oder reparierte er Fahrzeuge aller Art und machte ein kleines Geschäft daraus, alte Achsen von Autos oder Lastwagen in Achsen für landwirtschaftliche Anhänger zu verwandeln, die er dann an Landwirte in der Region verkaufte. Zu seinen Schöpfungen zählte ein Kleinlaster, mit dem wir aus dem Wald Holz holten. Es war oft von republikanischen Flüchtlingen oder Exilanten aus dem spanischen Bürgerkrieg gefällt worden. Mein Bruder und ich wurden mobilisiert, um ihm beim Beladen des Lasters zu helfen, dann beim Entladen in einem Schuppen, in den das Holz zum Trocknen kam.

Mein Vater zerlegte das Holz mithilfe einer selbst gebauten Kreissäge in Holzscheite. Nach und nach füllte er den Laster und holte uns dann nach der Schule ab, um das Holz an verschiedene Kunden auszuliefern. Als mein Bruder die Erlaubnis hatte, den Laster selbst zu fahren, fuhren wir damit zur Schule. Er stellte ihn auf dem Platz vor dem Eingang ab, und abends, bevor wir nach Hause fuhren, brachten wir das Holz zu den Kunden, wo wir es auf dem Bürgersteig abluden. Da ich mich dieser Arbeit schämte, hoffte ich immer, dass mich keiner meiner Klassenkameraden oder Lehrer sah.

Andererseits machte es mir nichts aus, das Holz aus dem Wald zu holen. Niemand sah uns dabei, und es war die einzige Zeit, in der wir drei unter uns waren. Wir unterhielten uns zwar kaum, aber es war ein sehr persönliches und wohlwollendes Miteinander. Außerdem war es eine gesunde Tätigkeit, bei der wir unseren Kopf frei hatten. Manchmal war es hart, vor allem im Winter, wenn es kalt war. Aber es war eine Zeit der Ruhe, die mit dem lebhaften Treiben zu Hause kontrastierte, wo sich nun die vielen kleinen Kinder der

„zweiten Serie" tummelten, wie unsere Halbgeschwister gern genannt wurden. Dafür mussten wir unserem Vater nur selten in seiner Werkstatt helfen, da er dort lieber alleine war. Ich ging manchmal hin, um ein paar technische Grundkenntnisse zu erwerben oder um mein Fahrrad auf Vordermann zu bringen, das mir meine Taufpatin zum 10. Geburtstag geschenkt hatte.

Außer unseren Studien und Hausaufgaben, die einen Großteil unserer Donnerstage und Sonntage einnahmen, waren wir völlig uns selbst überlassen. Mein Bruder, sportlich und viel aufgeschlossener für unser ländliches Umfeld, passte sich ganz gut an. Er spielte in der Fußballmannschaft der Gemeinde und der Schule, ging jagen und manchmal mit einem jungen Nachbarn angeln, Pilze sammeln und anderes mehr. Ich dagegen, introvertiert, unsportlich, bekannt für meine fragile Gesundheit blieb außerhalb dieses Umfelds, das mich für hochmütig und distanziert, ja snobistisch hielt.

Unsere Mutter, die aus dem Périgord stammte, wurde als eine der Ihren angesehen, und das wurden auch wir zu ihren Lebzeiten. Nach ihrem Tod aber waren wir Fremde, schlimmer noch, wir waren Pariser! Da sich in unserem Akzent beide Ursprünge vermischten, galten wir als Pariser bei uns und als Bauern in Paris.

Für mich gab es nur wenige schöne Momente in meiner Kindheit und Jugend, aber es gab welche. Dazu zählen unsere selbst gemachte Butter, unser Honig und unsere Marmelade. Und das reife Obst direkt vom Baum zu essen war so unvergleichlich, dass ich später keines mehr mochte, das man im Handel bekommt. So ging es mir auch mit den Tomaten.

Dann gab es da eine entfernte Kusine, Marie-Claude, die vier Jahre älter als mein Bruder und acht Jahre älter als ich war. Sie war eine junge Pariserin, deren Charme, Spontaneität und Unbeschwertheit kein männliches Wesen gleichgültig ließ. Sie behauptete, „13 Verlobte" zu haben und nicht zu wissen, welchen sie erwählen sollte. Sie kam einige Male mit ihrer Mutter zu Besuch. Zu dieser Zeit war auch eine entfernte Verwandte aus der Schweiz über den Sommer mit ihren beiden Söhnen da. Sie wohnten zwei Kilometer entfernt von uns, aber unsere Kusine und unser Pool waren sehr anziehend für sie. In dieser Zeit hatten wir viel Spaß, auch in der Kirche, während und nach der Messe.

Die Anwesenheit meiner Kusine war ein Alptraum für meine Stiefmutter, aber eine lebendige und glückliche Zeit – die einzige, die wir bei uns erlebten – für unseren Vater, der seine Lebensfreude wieder entdeckte, für meinen Bruder und mich. Leider schlug später ein weiteres Mal das Schicksal zu. Marie-Claude starb mit 30 Jahren an einer selbst durchgeführten Abtreibung. Sie hinterließ einen kranken Mann – den dreizehnten Verlobten – und drei kleine Kinder.

Zeiten der Fülle waren unsere Aufenthalte in Montignac, wohin mein Bruder und ich immer gerne fuhren. Dort befanden wir uns in einer ruhigen, wohlwollenden Umgebung, einer, in der unsere Mutter 24 Jahre ihres Lebens verbracht hatte. Mehr als anderswo war sie allgegenwärtig, auch ohne dass über sie gesprochen wurde, außer von Besuchern, wenn sie uns sahen. Im Gegensatz zu daheim spielten wir hier Karten, Krocket, Tischtennis und vieles mehr. Doch was immer wir spielten, da ich nicht verlieren konnte und ziemlich jähzornig war, endete es oft mit einer Rauferei mit meinem Bruder.

Bei der Familie meiner Mutter erhielt ich eine anspruchsvollere und kultiviertere Erziehung als zu Hause. Auch in kulinarischer Hinsicht. Die Küche dort war familiär und von guter Qualität. Die Backwaren meiner Tante waren vorzüglich, ebenso die Gerichte und Suppen unserer Großtante. Von ihr habe ich meine Grundrezepte und meine Vorliebe für einfache, aber stilvolle Gerichte. Meine Großmutter machte einen leicht alkoholisierten Sirup aus schwarzen Johannisbeeren, der traumhaft schmeckte. Manchmal tranken wir heimlich etwas aus der Flasche! Ihre Marmelade aus Williams-Birnen war ebenfalls ein Genuss. Ihre Enkelin, unsere Kusine Zabeth, macht sie bis heute auf genau die gleiche Art.

***

Über ihren Mann André, der 22 Jahre vor meiner Geburt ums Leben gekommen war, hat meine Großmutter – soweit ich mich erinnern kann – kaum gesprochen. Dennoch bildete ich mir eine Meinung über ihn, und die war nicht besonders positiv. Denn meine Oma erzählte mir, er habe damals im August 1918 einen Fehler gemacht, deshalb sei er umgekommen. Damit war die Sache für mich abgehakt und mein Großvater interessierte mich nicht weiter, fast mein ganzes Leben lang – bis zu Helmut Richters Brief im Jahr 2007. Dank dieses völlig unerwarteten Briefes aus Deutschland weiß ich heute, dass mein Großvater ein exzellenter Offizier war, der ganz viel Mut, Engagement und Kompetenz sowie Menschlichkeit gegenüber seinen Männern unter Beweis gestellt hat.

Was all die Jahre bis heute von André Vacquier geblieben ist, ist sein Haus in Montignac, „Le Jardin". Nach dem Tod Élisabeths wurde es noch einige Jahre von deren Schwester Marguerite bewohnt, und 1956, kurz vor deren Tod, gaben sich meine Kusine Zabeth, die mit ihren Eltern nach dem Zweiten Weltkrieg aus Marokko nach Europa zurückgekehrt war, und ihr Mann Yves-Pierre dort das Ja-Wort. Yves-Pierre mochte das Périgord und besonders „Le Jardin" mit seiner Lindenallee und der gut ausgestatteten Hausbibliothek sehr, und die drei Kinder der beiden, Jean-Luc, Agnès und Patrick, verbrachten dort viele Sommerferien in der Obhut ihrer Großmutter Germaine, die selbst bis ins hohe Alter jeden Sommer von Paris nach Montignac kam. Auch Jean-Luc und später Agnès heirateten in „Le Jardin". Zabeth kümmert sich bis heute um das Haus, und ihre Kinder hängen sehr daran.

Ich selbst habe nicht dort geheiratet und bin den größten Teil meines Lebens auch nicht mehr dort gewesen. Mich zog es schon in jungen Jahren in die weite Welt hinaus, mit 16 fuhr ich erstmals nach Afrika, später studierte ich in Bordeaux und Paris, wurde Ingenieur, machte noch viele Reisen in den Nahen Osten, nach Afrika, Asien und in andere Regionen und lernte auf einer dieser Reisen 1970 meine zukünftige Frau Claire kennen. Unseren gemeinsamen Lebensmittelpunkt bildet bis heute Paris. Aber ich habe das Gefühl, dass in diesem Haus in Montignac, wo meine Mutter aufgewachsen ist, auch meine Wurzeln liegen, mehr als in „Le Coustal", wo ich meine Kindheit verbracht habe.

Rückkehr in die Vogesen

Sonja Richter

Im Juli 1971 packt Helmut seinen Vater in sein Auto – passenderweise die französische Marke Renault – und fährt mit ihm ins Elsass. Schriftlich überliefert ist von der Reise nichts außer einer kurzen Erwähnung in einem Brief von Johannes sowie den Lebenserinnerungen meines Vaters. An „den Ort seiner Heldentat von 1918" sei man gefahren. Welche Heldentat da wohl gemeint war? Vermutlich die, für die mein Großvater das Eiserne Kreuz I. Klasse erhalten hat, das „Unternehmen Hilsenfirst" Anfang Juni. Aber auch für seinen Überfall am 30. August 1918 war er ja sehr gelobt worden.

Warum zieht es meinen Großvater dort noch einmal hin? Wegen der eindrucksvollen Landschaft, der besonderen Erlebnisse, die er dort hatte, wegen des Ordens, den er sich verdiente, oder weil Johannes noch einige Gegenstände im Schrank liegen hat, die ihn gerade an diesen Kriegsschauplatz erinnern? Ich kann nur spekulieren.

Vier Schwarzweißfotos zeigen ihn auf seiner Spurensuche in den Vogesen, in seinem damaligen Standard-Outfit: Schiebermütze auf dem Kopf, Reithose an den Beinen. Drei Bilder sind am Straßenrand aufgenommen, von wo aus Johannes mit Landkarte, Fernglas und – wie könnte es anders sein – Zigarre bewaffnet Ausschau nach den alten Kriegsschauplätzen hält, die sich vermutlich nur noch mühsam

auffinden lassen. Die beiden besuchen auch den Soldatenfriedhof am Hartmannswillerkopf, die Hauptgedenkstätte an
den Ersten Weltkrieg in der Region. Einmal sieht man Johannes mit Rucksack einen Waldweg abwärts stapfen. Was
ihm bei dieser Nostalgie-Reise durch den Kopf ging, werden wir wohl nie erfahren. Ob er auch André Vacquier noch
einmal vor seinem geistigen Auge sah, wieder spürte, wie er
mit dem schweren Gegner rang? Hat er die Stelle am Bergbach gesucht, wo sie den Leichnam des Franzosen über die
Frontlinie auf die deutsche Seite gezerrt hatten? Oder den
Ort, wo André Vacquier begraben wurde? Wie gern würde
ich ihn das fragen oder wenigstens meinen Vater, aber auch
der kann jetzt nichts mehr dazu sagen.

*Im Sommer 1971 fährt Johannes noch einmal in die
Vogesen auf der Suche nach den Kriegsschauplätzen
von 1918*

Juli 2016: François Leroux und Étienne Zahnd von der französischen Forstbehörde suchen die Stelle, an der André Vacquier gefallen ist

André Vacquier konnte nicht mehr zurückkehren, doch 39 Jahre nach meinem Vater und Großvater begeben sich seine Enkel François und Élisabeth ebenfalls auf Spurensuche in der Region, versuchen mit Hilfe zweier lokaler Führer den Ort zu finden, an dem ihr Großvater starb. 90 Jahre sind in jenem Jahr vergangen, seit Élisabeth Vacquier mit ihren Töchtern hier war, um den Ort zu sehen, wo ihr Mann und Vater für immer von ihnen ging.

Im Sommer 2016 schließlich besuchen François, Claire, Élisabeths Sohn Patrick und ich gemeinsam die Region und lassen uns vom regionalen Leiter der französischen Forstbehörde an den versteckt im Wald gelegenen Ort führen, an dem sich vermutlich der Überfall am 30. August 1918 zugetragen hat. Eine Böschung, das Rauschen eines Baches, der Rest eines Pfades. Ja, hier könnte es gewesen sein, auch wenn es schwer fällt, sich das vorzustellen. Fast 100 Jahre später hat die Natur diesen Kriegsschauplatz zurückerobert, auch wenn einer unserer Begleiter noch eine verrostetes Metallstück auf dem Waldboden findet.

Ob es künftige Generationen wohl auch noch mal an diesen Ort zieht, der für Feindschaft, Gewalt und Tod steht, aber auch, wenn man die Nachgeschichte kennt, für Versöhnung, Frieden, Freundschaft und Leben? Die Zeit wird es zeigen.

Epilog

Nach dem denkwürdigen Brief vom September 2007 tauschten Helmut Richter und François Leroux wiederholt Informationen, Gedanken und Gefühle im Zusammenhang mit dem Tod André Vacquiers, den Folgen und der Rückgabe der Erinnerungsstücke aus. Mit Auszügen aus einem Brief, den Helmut Richter unmittelbar nach dem Besuch von François Leroux und seiner Kusine Élisabeth im Juni 2008 an François schrieb, soll dieses Buch enden:

Lieber Herr Leroux,

[...] Zunächst möchte ich Ihnen beiden noch einmal für Ihren Besuch und Ihr freundliches Verständnis danken. Ich war sehr aufgewühlt danach, aber das lag an dem traurigen Thema, mit dem wir uns befassen mussten.

Es ist eine Sache, solche Berichte über einen Krieg in ferner Vergangenheit zu hören oder lesen, in denen der Tod irgendeines Soldaten erwähnt wird (was ja im Krieg normal war), aber etwas ganz Anderes, diesen Mann mit seiner Frau und seinen Kindern zu sehen und zu erfahren, wie sie erst warteten und für ihn hofften, als er vermisst war, dann die traurige Nachricht erhielten, dann nach seinem Grab suchten, dieses fanden und schließlich seinen Leichnam nach Hause überführten. Und zu hören, wie seine Töchter weiterlebten und Mütter und Großmütter wurden. [...]

Mir war lange bekannt, dass mein Vater 1918 dieses „heldenhafte" Abenteuer erlebt hatte, aber es ist noch nicht so lange her, dass ich diese „Andenken" daran zum ersten

*Mal in Augenschein nehmen konnte (meine Schwester hatte sie als „Teil des Familienerbes" behalten und gab sie mir, um sie meiner Tochter zukommen zu lassen). Jetzt, da ich weiß, dass eines der Kinder Vacquiers noch bis vor kurzem gelebt hat [*seine Tochter Germaine ist erst 2005 im Alter von 96 Jahren gestorben*], kann ich mich nur entschuldigen und mein großes Bedauern darüber zum Ausdruck bringen, dass wir nicht früher versucht haben, die Stücke an die Familie zurückzugeben. Man stelle sich nur vor, dass Germaine sich vielleicht noch an die Medaillen erinnert hätte, die ihr Vater erhalten hatte, damit sie ihn beschützen!*

Und wie viel hätte es ihr womöglich bedeutet zu lesen, wie ihr Vater umkam? Zu erfahren, dass er sozusagen als Held gestorben ist. Das ist übrigens der Grund, warum ich Ihnen eine Kopie [der Feldzeitung] *gegeben habe [...]*

Lassen Sie mich Ihnen schließlich sagen, wie froh ich bin, dass diese schrecklichen Zeiten vorbei sind, und dass es den Anschein hat, dass wenigstens wir Europäer die Lehren aus der ersten Hälfte des 20. Jahrhunderts gezogen haben. Gute Beispiele dafür sind unsere eigenen Familien: Ihr Sohn in Australien, verheiratet mit einer Deutschen. Und meine Tochter, die ständig von einem Land ins andere zieht.

Nur hätten wir diese Lehren eigentlich viel früher ziehen sollen, und es macht mich traurig, dass nach dem Ersten Weltkrieg, als sich alle einig waren, dass sich solch ein Horror nie wiederholen sollte, Deutschland noch einmal einen Krieg vom Zaun gebrochen hat, um die Ergebnisse des ersten Krieges zu revidieren. Und mit noch größerer Trauer erfüllt mich, welches Leiden wir in Europa verursacht haben, aber auch die Strafe, die unser Land danach zu erdulden

hatte mit dem Verlust all der herrlichen Landesteile im Os-
ten, die nun polnisch oder russisch sind.

Beeindruckt hat mich auch die enge Verbindung, die Ihre
Familie zu ihrer Herkunftsregion (Montignac/Dordogne)
hält. Möge sie prosperieren und die Erinnerung an ihren
tapferen Vorfahren bewahren!

Ganz herzliche Grüße an Sie und Ihre Kusine
Helmut Richter

Quellen und Fachliteratur (Auswahl)

Abiturarbeiten des Max-Planck-Gymnasium, MPG Nr. 179, Notabitur August 1914 und Juni 1918, Stadtarchiv Göttingen

Aus Sundgau und Wasgenwald. Feldzeitung einer Armee-Abteilung, Nr. 85, 10. Oktober 1918

Benary, Albert: Die Berliner Bären-Division. Geschichte der 257. Infanterie-Division 1939-1945, Verlag Hans-Henning Podzun, Bad Nauheim 1955

Bittgesuche um Fürsprache und Zeugnisse für Paul Jacobshagen und Dr. Johannes Richter, 1946–1948, N 006 Nr. 096, Nachlass Johannes Bosse, Landeskirchliches Archiv Hannover

Dornieden, Sebastian: Geistige Strömungen der Zeit im Spiegel Göttinger Abituraufsätze im Fach Deutsch 1905–1931, Magisterarbeit Philosophische Fakultät der Universität Göttingen, 2004

Dossier Militaire, Archives de l'Armée de Terre, Service Historique de la Défense, Vincennes

Dr. R.: „Die einige Kirche", in: Hannoverscher Kurier, Stadt-Ausgabe Nr. 322, Donnerstag, 13. Juli 1933, Morgen-Blatt

300 Jahre Schule im Kirchspiel Gehrde 1688–1988. Ein Beitrag zur Schulgeschichte des Artlandes, hg. v. der Fördergemeinschaft Historisches Gehrde e.V., Gehrde, im Selbstverlag 1988

Entnazifizierungsakte Johannes Richter, Nds. 171 Lüneburg Nr. 15831, Niedersächsisches Landesarchiv

Entnazifizierungsakte Wilhelm Richter, 4,66-I-8955, Staatsarchiv Bremen

Feldpostbriefe und -karten, sonstige Privatkorrespondenz, Tagebücher, Erinnerungen, Fotografien, Urkunden und andere Erinnerungsstücke in Privatbesitz

Göttingen. Geschichte einer Universitätsstadt. Band 3: Von der preußischen Mittelstadt zur südniedersächsischen Großstadt; hg. v. Rudolf von Thadden und Gunter J. Trittel, Vandenhoeck & Ruprecht in Göttingen 1999

Göttinger Tageblatt, 30. Juni 1914, 1.–12. August 1914, Stadtarchiv Göttingen

Grelle, Minnie: Erinnerungen an das Artland und an das alte Göttingen, Göttingen 1978

Jahresberichte über das Königliche Gymnasium zu Göttingen für die Schuljahre 1909–1910, 1910–1911, 1911–1912, 1912–1913 und 1914–1915, Göttingen 1910, 1911, 1912, 1913 und 1915, Stadtarchiv Göttingen

Journal de Marche du 83e Régiment Territorial d'Infanterie, 30. August 1918

Kardel, Hennecke: Die Geschichte der 170. Infanterie-Division 1939–1945, Verlag Hans-Henning Podzun, Bad Nauheim 1953

Kirchenkampfdokumentation, Bestand S. 1, Landeskirchliches Archiv Hannover

Klügel, Eberhard: Die lutherische Landeskirche Hannovers und ihr Bischof 1933–1945, Lutherisches Verlagshaus, Berlin/Hamburg 1964

Kreutzer, Heike: Das Reichskirchenministerium im Gefüge der nationalsozialistischen Herrschaft, Droste Verlag, Düsseldorf 2000

Leroux, François:: 14-18: Vie et Mort d'un Officier du Front. Témoignages, Les Éditions du Net, St. Ouen 2018

Leroux, François: Histoire d'une famille 1450–2015. Récits et Témoignages, Les Éditions du Net, Suresnes 2014

Leroux, François: André Vacquier. L'Ennemi retrouvé. Les Éditions du Net, Suresnes 2014

Le Livre d'Or de la Grande Guerre du Collège Saint-Joseph de Périgueux, 1923

Lindemann, Gerhard: „Typisch jüdisch". Die Stellung der Ev.-luth. Landeskirche Hannovers zu Antijudaismus, Judenfeindschaft und Antisemitismus, Schriftenreihe der Gesellschaft für Deutschlandforschung, Band 63, Duncker & Humblot, Berlin 1997

Nachlass Christhard Mahrenholz, N 48 I Nr. 163 D, N 48 II Nr. 299 und N 48 II Nr. 300, Landeskirchliches Archiv Hannover

Personalakte 1934–1989 Johannes Richter, Bestell-Nr. B 13 Nr. 372, Landeskirchliches Archiv Hannover

Personalakte des Justizministeriums R 3001 Nr. 83905, Bundesarchiv

Personalakte des Reichsministeriums für Wissenschaft, Erziehung und Volksbildung, R 4901, Nr. 23024, Bundesarchiv

Rapport du Lieutenant-colonel Chardon, commandant le 83e Régiment Territorial d'Infanterie au sujet de la disparition du Capitaine Vaquier, Pierre, Georges, André, de la 6e Compagnie, commandant provisoirement le 2e Bataillon, et le quartier Garibaldi, 31. August 1918

Richter, Helmut: Mein (halbes) Leben 1932–1970, 2011–12, unveröffentlichtes Manuskript

Richter, Oliver: Mansteins Meisterstück. Vollständiger Sieg auf der Krim, in: Militär & Geschichte Extra. Männer, die Geschichte schrieben, Sonderheft Nr. 4, S. 34–40

Satter, Alfred: Die deutsche Kavallerie im Ersten Weltkrieg, Fachbuch zur Neueren Geschichte, Books on Demand, Norderstedt 1994

Unruhige Zeiten. Erlebnisberichte aus dem Landkreis Celle 1945–1949, hg. v. Rainer Schulze, Oldenbourg Verlag, München 1990

Bildnachweis

Familienarchiv Leroux: 29, 128, 136, 172, 227, 229, 257, 258, 270, 309

Familienarchiv Richter: Titelbild, 14, 37, 40, 44, 51, 58, 78, 98, 106, 191, 194, 197, 198, 204, 208, 240, 243, 247, 251, 297, 303, 316

Sonja Richter: 54, 149, 317

Danksagung

Wir möchten allen danken, die zum Entstehen dieses Buches beigetragen haben: Helmut Richter, ohne den wir nie voneinander erfahren hätten, allen Vorfahren und Verwandten, die alte Fotografien und Unterlagen aufbewahrt und für unsere Recherchen zur Verfügung gestellt haben, auf deutscher Seite insbesondere Johannes Grelle, allen Archiven, die uns beim Auffinden wichtiger Dokumente geholfen haben, sowie allen Angehörigen und Freunden, die unser gemeinsames Buchprojekt mit Rat und Tat oder moralisch unterstützt haben.

Zeitfracht Medien GmbH
Ferdinand-Jühlke-Straße 7
99095 Erfurt, Deutschland
produktsicherheit@kolibri360.de